みんなが聞きたい

安倍総理への質問

山本太郎

集英社インターナショナル

みんなが聞きたい

安倍総理への質問

山本太郎

集英社インターナショナル

戦後七〇年——

二〇一五(平成二七)年九月一九日未明

参議院本会議にて〈安全保障関連法案〉可決

アメリカと経団連に
コントロールされた政治は止めろ
組織票が欲しいか
ポジションが欲しいか
誰のための政治をやってる

外の声が聞こえないか
外の声が聞こえないんだったら
政治家なんか辞めた方がいいだろう
違憲立法してまで
自分が議員でいたいか

みんなでこの国変えましょうよ
いつまで植民地でいるんですか
本気出しましょうよ
安倍総理
いいお土産が出来ましたね
ニューヨークに行くのに
ひっくり返しますからね

1

みんなが聞きたい　安倍総理への質問

1 我が国及び国際社会の平和安全法制に関する特別委員会

Q

2015.07.29

安倍総理、国民の生命、財産、幸福追求権、本気で守る気、あるんですか？

第一八九回国会（平成二七年一月二六日〜九月二七日）における、参議院「我が国及び国際社会の平和安全法制に関する特別委員会」での質疑第一回目は、政府提出法案が日本国憲法に明確に違反する違憲立法である事実に迫る。弾道ミサイルの脅威をうたい、法案成立を急ぐ総理に、「総理、日本にミサイルを向けている国は、本当にあるんですか？」「原子炉の近くに着弾した場合の状況は？　想定は？　シミュレーションは？」と問う。

山本太郎君　生活の党と山本太郎となかまたち共同代表の山本太郎です。党名は長いんですけれども質問時間はなかなか長くないということなので、是非簡潔にお答えいただきたいと思います。よろしくお願いします。

その前に、本日この審議を傍聴しに来てくださっているお客様の中に、六名の沖縄からのお客様がいるそうです。辺野古から来ていただいたということです。

過去四度、直近の選挙では沖縄の民意ははっきりとしました。辺野古に基地は造らせない[*1]、それが沖縄の選んだ民意、そしてそれが決めたこと。にもかかわらず、どうやら安倍政権はどうしても造る気満々のようです。一体、安倍さんが何を考えておられるのかということもこれからいろいろ聞いていきたいと思うんですけれども、**民主主義とは何なのか、立憲主義とは何なのかということを、今日お越しになっていただいている辺野古の皆さんにも是非お伝え願えたらと思います。よろしくお願いいたします。**

まず、総論としてのお話を始めたいと思います。

私たち生活の党と山本太郎となかまたちは、今回の政府・与党の言う平和安全法制[*2]、私たちから見れば紛れもない戦争参加法制だと思うんですけれども、これらの法案は明らかに憲法違反であり、それればかりでなく、安全を保障するどころか自衛隊員と日本国民全体の危機を高めるもので、断固反対、全力で反対いたします。

＊1　辺野古に基地は造らせない

一九九五年の沖縄米兵暴行事件、二〇〇四年の沖国大米軍ヘリ墜落事件を契機に高まった基地反対、返還要求運動と前後して普天間基地の名護市辺野古への移設案が浮上。その後、自民党および民主党政権下での国内外の候補地を含めた曲折を経る中、二〇一〇年の名護市議会議員選挙、二〇一三年の参議院議員選挙、二〇一四年一月の名護市長選挙、さらには同一一月の沖縄県知事選挙と、直近の選挙ではいずれも辺野古移設反対派が勝利するなど、県民の意思は明確に示されている。

にもかかわらず、第二次安倍政権は普天間飛行場の県内移設実現に向け、移設先である名護市辺野古沖の埋め立て申請を当時の知事（仲井眞弘多）

今回、この特別委員会で発言の場を得ましたので、私たちは**次の四つの視点を基本に質疑を行ってまいりたいと思います。**

第一、やはり何よりも今回の政府提出法案は日本国憲法第九条に違反する違憲立法だということです。

憲法九条には、自衛権を認めるとはどこにも書いてありません。明確に武力の行使、これ禁止されております。しかし、外部から日本に対して攻撃、急迫不正の侵害があり、ほかに手段がない場合は必要最小限度の実力行使が許されるという解釈で正当防衛のための自衛隊を保有しているんですよね。日本が攻撃されていないにもかかわらず、武装した自衛隊が海外で武力行使をするということは到底許されることではありません。

第二、後方支援は武力行使そのものだということです。

日本政府は後方支援と言っておりますけれども、国際法上、ロジスティックスは補給、兵たんであり、後方支援する自衛隊は、日本が支援するアメリカ等の敵対国あるいは敵対組織の軍事目標、攻撃目標に当然なります。アメリカの敵がそのまま日本の敵になる、有志連合国の敵がそのまま日本の敵になってしまうという話ですよね。

第三、国際法上の正当性についてです。

中東、アフガニスタンでのアメリカ等の爆撃や地上作戦に巻き込まれた市民、女性、

に承認させると、多くの市民の反対運動のなか事前測量を進め、二〇一五年一〇月末には埋め立ての本体工事に着手。これに対し、同一〇月半ばには翁長雄志知事による埋め立て承認取り消しが行われ、対抗措置として政府が不服審査を請求。その後は、国が承認取り消しの「代執行」に向けて県を提訴し、翁長知事側も抗告訴訟を起こすなど、現在係争中。現在キャンプ・シュワブ前では連日、座り込みで抗議する多数の市民はじめイラク、ベトナム戦争に行った米退役軍人らを東京から動員された機動隊員が排除、ごぼう抜きするなど、混乱は長期化の様相を呈している。

子供たちの殺傷、これ明らかに戦争犯罪です。国際法上の正当性、あるわけがございません。このようなアメリカ軍等の行為に日本の自衛隊が参加、協力すること、あってはならないです。自衛隊員の皆さんの危険が高まること、このことも重大な問題ですけれども、日本の自衛隊が非戦闘員の市民、女性、子供たちに対し誤って発砲し、加害者側、戦争犯罪者側になることは絶対にあってはなりません。

現場の情勢、刻一刻と変化します。戦場ジャーナリストの方々にお聞きすると、皆さん口をそろえてこうおっしゃる、身を守るために動くものは全て撃つ、そんな状況に陥るのが戦場だと。安全だと思われた場所もその先は分からないという話なんです。

我が国は海外ではあくまで集団安全保障、国連中心主義で行動すべきで、自衛隊の海外派兵は行わず、国連の人道支援活動を中心に参加、協力すべきです。

憲法違反の法案に対して、対案を出せ、これよく聞きますよね、声高に、与党側から。これはただの詭弁です。論点ずらし以外の何物でもない。憲法違反の法案に対する対案は廃案であると、先日、参議院本会議で民主党北澤筆頭理事がおっしゃいました。そのとおり。

続いて、**第四として、私たちの安全保障に関する政策**を主張していきたいと思います。

まず、日本の領域に対する急迫不正の侵害に対しましては、従来どおり個別的自衛

＊2 平和安全法制（16頁）　第三次安倍内閣が二〇一五年五月に閣議決定し、第一八九回国会に上程した「我が国及び国際社会の平和及び安全の確保に資するための自衛隊法等の一部を改正する法律」（平和安全法制整備法）と「国際平和共同対処事態に際して我が国が実施する諸外国の軍隊等に対する協力支援活動等に関する法律」（国際平和支援法）の二法案の総称。同七月一六日の衆議院本会議で強行採決の上可決し、九月一七日、参議院特別委員会での強行採決を経、九月一九日午前二時一八分、参議院本会議で可決・成立（二五〇頁～参照）したその内容は、前者が自衛隊法、国際連合平和維持活動等に対する協力に関する法律（PKO協力法）、周辺事態に際して我が国の平和及

権と日米安保で対処します。尖閣、小笠原、東シナ海の中国漁船等については、海上保安庁の能力を一段と高め、自衛隊はそれをサポートすべきです。南シナ海に対しては軍事力ではなく外交力で対処すべき。ASEAN諸国と連携し、APECの枠組みで海上輸送路の安全を確保すべき。中国に国際法に違反するような行為があったとするならば、APECやG7などとも協力して経済制裁をすることとし、そのことを抑止力とすべきではないでしょうか。中東につきましては、自衛隊は派遣せず、国連の人道支援活動への参加、協力に徹するべきだと思います。イスラムは日本の敵ではありません。[*3]これが私たちの政策、いわゆる対案です。

以上、四つの視点から質疑を行いたいと思いますけれども、今日は第一回目ですから、現在の我が国に差し迫った日本壊滅のリスクに関する重大な脅威について質問していきたいと思います。

衆議院で一〇〇時間以上を超える審議が行われたという話なんですけれども、でも、ほぼ誰も理解できていないんじゃないですか。総理でさえもあまり理解されていないんじゃないかなというふうに、先日のテレビでの分かりやすい説明とか見ているとそういうふうに思っちゃうんですけれども。安保法案に対して、それでも、テレビにも出演されて、[*4]いろいろかみ砕いてみんなに伝えようというお気持ちというのはすごく伝わってくるんですけれども、残念ながらますます混乱を深めているだけ。

び安全を確保するための措置に関する法律（周辺事態安全確保法）など、既存の一〇の法律を「一括改正」する法案であり、後者が同名の新法制定のための法案である。

法案提出の形式上の発端は、第二次安倍内閣が二〇一四年七月一日に行った集団的自衛権の行使を容認する歴史的な閣議決定であるが、実際には第一次内閣当時、二〇〇七年の「安全保障の法的基盤の再構築に関する懇談会」設置、さらには安倍自身の初当選時一九九三年の衆議院外務委員会などの連合審査会における「侵略に対して日米で共同で対処していくとき、これは当然集団的自衛権について今後真剣に議論をしていかなければいけないのではないか」との発言にまでさかのぼる。

理解を深めるコンテンツとして、今ちょっと話題がかなり盛り上がってきています、皆さん御存じだと思います、「教えて！　ヒゲの隊長」[＊5]、御存じですよね。本家本元のヒゲの隊長の方も盛り上がっていますけれども、その一方で、そのパロディー版が本家を超えるヒット数ということで、これ併せて見ていただくとかなり面白いと思うんですけれども。

まず最初の質問は、このヒゲの隊長さんの動画、その一こまをお借りして質問したいと思います。**（資料提示／本書二五頁①）**少数会派はセルフサービスです。それでは参りたいと思います。

この動画の中、ヒゲの隊長さんはあかりちゃんに対しまして、「実際に日本にミサイルを向けてる国があるの知ってる？」、このように聞いています。

安倍総理、実際に日本にミサイルを向けている国というのは存在するんですか、教えてください。

国務大臣（中谷元君）　中国、北朝鮮、ロシア、これは我が国に到達し得る多数の弾道ミサイル、これを保有をしております。しかし、それのみをもって我が国の安全に対する脅威と評価しているわけではありません。弾道ミサイルの能力のみならず、その時々の国際情勢、また当該国の言動、行動など総合的な分析、評価が必要となります。

＊3　イスラムは日本の敵ではない（19頁）

二〇一五年にふたりの日本人を惨殺したＩＳ（イスラム国）は「日本はＩＳから８５００キロも離れていながら、すすんで〝十字軍〟に参加した」との主張を展開。イスラム原理主義側にとって、イラク戦争時の陸上自衛隊派遣は〝十字軍のための宣伝の一環〟と見なされ、今回の安保法案が〝本格参加〟と位置付けられることは間違いない。

事実、二〇一五年九月一〇日のＩＳによるネット英字機関紙『ダビク』には「日本の外交使節をボスニアやマレーシア、インドネシアでねらえ」との呼びかけが掲載。同一〇月三日、バングラデシュ北部のランプルで同地に農業指導で滞在中の日本人男性が銃撃を受けその上で、政府として、北朝鮮による弾道ミサイル能力の増強等は我が国の安全に対する重大かつ差し迫った脅威と認識をいたしておりますが、これは、まず北朝鮮が国際社会の自制要求にもかかわらず、核・弾道ミサイル開発を継続している姿勢を崩していない、そして過去三回の核実験を通じて、核兵器の小型化、弾頭化の実現に至っている可能性を排除できない、そして日本を、大半を射程に入れる数百発もの弾道ミサイルを配備している、そして昨今、弾道ミサイルの発射訓練を繰り返している、そして我が国の具体的な都市名を挙げて弾道ミサイルの打撃圏内にあることを強調するなど、挑発的な言動を繰り返していることなどを総合的に分析、評価した結果でございまして、北朝鮮の軍事動向、これは我が国はもとより、地域、国際社会の安全保障にとっても重大な不安定要因となっております。

山本太郎君　ありがとうございます。

質問レクというのが質問をする前にございまして、そこでどんな質問をするかというのを、少しお互いにコミュニケーションできないといけないのでやり合うんですけれども、そのときに、ここはさくっといきたいですと、世間話をしているようにというようなお話があったんですけれども、丁寧に御説明をいただきました。ありがとうございます。

て死亡し、ISを名乗るグループが犯行を認めている。同一一月一三日にはフランスのパリ市街でISによる同時多発テロが発生し、死者一三〇名、負傷者三〇〇名以上の被害が出る。目的はシリア空爆への報復にあるとみられ、米国を中心とする世界に大きな衝撃を与えた。

＊4　安保総理、テレビ出演で説明(19頁)　安倍総理は二〇一五年七月二〇日放送のフジテレビ系『みんなのニュース』に出演。一六時五〇分から一八時二〇分近くまで約九〇分という、現役総理としては異例の長時間生出演となった。

番組中、総理は「安全保障関連法案は、泥棒からの戸締まりの強化」「米国の〝離れ〟が火事になり、日本に火が移り続きまして、ヒゲの隊長、もし現実にミサイル撃ってきたらどうするのと、どうするのとは言っていないです、どうする、あかりちゃんに聞いているんですよね。**安倍総理、そろそろ声を聞かせてください。もし現実にミサイル撃ってきたとしたらどうするんですかね。**

内閣総理大臣（安倍晋三君）　我が国に対して弾道ミサイルが発射された場合には、自衛隊が米軍と協力をしつつ、弾道ミサイル防衛システム[*6]によってこれを迎撃いたします。具体的には、イージス艦[*7]とPAC3[*8]により二段階で対応することを考えております。

その際、我が国に弾道ミサイルが飛来すると認められるものの、これが我が国に対する武力攻撃とは認められない場合には、自衛隊法[*9]第八二条の三に基づく弾道ミサイル等に対する破壊措置[*10]により対処することになるわけであります。

他方、我が国に対する外部からの武力攻撃に該当すると判断をし、我が国を防衛する必要があると認められる場合には、自衛隊が自衛隊法第七六条の防衛出動により対処をすることとなります。

また、武力攻撃事態などに該当すれば、事態の状況に応じて国民保護法等の関係法令や国民保護計画等に基づいて警報の発令や住民の避難等の措置を迅速かつ的確にとることになります。

そうなときに消火に行くことだ」など、これまでにも答弁で用いてきた〝たとえ話〟を展開し、法案の正当性を主張。池上彰氏ばりに家屋火災の、模型まで使っての説明に努めたものの、コメンテーターからは「人の家に火を放った側にくみすることもあるのでは」「火事の危険な現場で火に巻き込まれることもある」などの発言が相次ぎ、その矛盾と破綻があらためて露呈する結果に。ちなみに、視聴率は関東で5～6％台と、同時間帯の最下位にとどまった事実も付記しておきたい。

＊5 **「教えて！　ヒゲの隊長」（20頁）**
　安保関連法案に対する「国民の理解」を進める目的で、自民党が二〇一五年七月二日からインターネット上の動画共有サ

山本太郎君　ありがとうございます。丁寧に御説明いただきました。次は一言で答えていただけると助かります、時間の問題もありますので。安倍総理、「教えて！　ヒゲの隊長」だけでなくて、国会答弁でもよく出てくると思うんですよ、この**弾道ミサイルの問題、武力攻撃の問題、よく出てきますよね。我が国にとって重大かつ差し迫った脅威であるという認識でよろしいですか。**イエスかノーかでお願いします。

内閣総理大臣（安倍晋三君）　これは、当然、数百発のミサイルを保有していて、核を開発している、搭載能力を向上させているということについて脅威と考えております。

山本太郎君　ありがとうございました。

同じ答えを、以前出しました質問主意書、その中でお答えをいただきました。まさに脅威であると、我が国の安全に対する重大かつ差し迫った脅威となっていると認識しているというお答えを以前にいただいているんです。

これ、テレビを御覧になっている方々、御存じなかったらいけないので軽く説明させてください。

質問主意書というシステムがございます。何か疑問に思ったことがあれば、質問を書いて、それを政府に渡すと、それが答え、閣議決定として返ってくるというシステ

イトYouTubeで公開したPRアニメ。元陸上自衛官で二〇〇四年のイラク派遣では第一次復興業務支援隊長を務めた経験のある〝ヒゲの隊長〟佐藤正久参議院議員をモデルにしたキャラクターが、安保法案に関する質問に答える内容で話題となる。

とはいえ、その評判は必ずしも芳しいものではなく、内容以前に「あかりちゃんなる女子中高生風のキャラに説明するという必然性」や「あかりちゃんはなぜ質問と相槌だけなの?」といった、表現等について厳しい声が殺到。

一方、ほどなくアップされた作者不明の「ヒゲの隊長に教えてあげてみた」なるパロディ動画では、あかりちゃんがヒゲの隊長の説明に逐一ツッコミを入れる内容が人気を呼び、再生回数で本家

ムなんですね。非常にいいシステムですよね。

去年一二月、私は、政府に対しましてこの質問主意書を使って質問を出しました。どんな内容だったか。九州電力株式会社川内原子力発電所への弾道ミサイルによる武力攻撃に対する国民保護計画に関する質問主意書を提出しました。皆さんのお手元にあるのは配付資料の二（二八～二九頁②－１）です。あまりにも長くて、漢字だらけで、よく分からなかったでしょう。もしも川内原発に弾道ミサイルその他が飛んできたらどうするんですかということを質問主意書で聞いたというお話です。

進めます。その中で私は、弾道ミサイル攻撃等を含む武力攻撃による原子力災害への対処について、鹿児島県と薩摩川内市はそれぞれの国民保護計画の中に記載があると以前政府は答弁しましたが、政府自身は、九州電力株式会社川内原子力発電所に対する他国等からの弾道ミサイルによる武力攻撃を想定していますかと質問いたしました。安倍総理の名前で返ってきた答弁書、質問主意書に対する答えは安倍総理のお名前で返ってくるんです（三〇～三一頁②－２）。

他国等からの弾道ミサイル攻撃に関する想定については、政府として特定の施設についてお答えすることは差し控えるが、弾道ミサイル等の移転・拡散・性能向上に係わる問題は、我が国や国際社会にとっての大きな脅威となっており、特に、北朝鮮の核・弾道ミサイル開発は、我が国に対するミサイル攻撃示唆等の挑発的言動と相まっ

を抜き去るという皮肉な結果に――ヒゲ「もし、現実にミサイルを撃ってきたらどうする？」あかり「現実にミサイル撃ってきたら個別的自衛権で対応できるでしょ。あんたたちが無理やり押し通そうとしてる集団的自衛権の話とは関係ないよね。それにミサイル撃たせないようにすることが政治なんじゃないの？　ちょっとあおられただけで大さわぎするなんてプライドだけ高くて気が安いボンボンの発想だよね」といった辛辣かつ正鵠を射た内容は、法案の矛盾を鋭く突くこととなった。

＊6　弾道ミサイル防衛（BMD）システム（22頁）
空気抵抗の少ない高空を飛行する弾道ミサイルは、限られた推力で重い弾頭（たとえば核爆弾などの大量破壊兵器）を遠

①

2015 年 7 月 29 日　参議院我が国及び国際社会の平和安全法制に関する特別委員会　生活の党と山本太郎となかまたち：山本太郎
< 自民党公式 You Tube チャンネル「教えて！ヒゲの隊長」より、山本太郎事務所作成 >

て、我が国の安全に対する重大かつ差し迫った脅威となっていると認識している。政府としては、国民の生命・財産を守るため、平素より、弾道ミサイル発射を含む様々な事態を想定し、関係機関が連携して各種のシミュレーションや訓練を行っているところであると書いてありました。

総理、政府としましては、平素より、弾道ミサイル発射を含む様々な事態を想定し、関係機関が連携して各種シミュレーションや訓練を行っているということで間違いございませんか。

内閣総理大臣（安倍晋三君）　政府においては、国民の生命、財産を守るため、平素から、様々な事態を想定して、地方公共団体、関係機関を通じた対処能力の向上が図られるよう各種のシミュレーション、そして政府機関が連携した対処訓練や地方公共団体と共同した国民保護訓練を実施しているところでありま す。このうち、国民保護共同訓練については、各種テロや武装グループによる攻撃など緊急対処事態を主として、警察、消防、自衛隊など関係機関が参加した総合的な訓練を行っておりまして、原発に対するテロ攻撃を想定した訓練も行っております。

山本太郎君　ありがとうございました。やはり、有事に備えてしっかりとシミュレーションするんだ、訓練もするんだという総理のお仕事をちょっとかいま見られたよう

くまで運ぶことができるうえ、構造的・技術的にも単純。大気圏外から超高速で落下するため、通常の兵器では撃墜が不能。とりわけ日本およびアメリカにとって、自国本土を射程に入れたとされる北朝鮮の弾道ミサイルは防衛上喫緊の課題とされてきた。

これに対し、アメリカ合衆国国防総省ミサイル防衛局とアメリカ海軍が開発したのがイージス艦を用いた弾道ミサイル防衛システムであり、日本も開発に参加したうえで海上自衛隊がこれを導入。安保法案における集団的自衛権行使にあたっては、「共同でミサイル防衛にあたる米イージス艦が攻撃を受けた際に日本の自衛隊が反撃できるようにする」という事態が想定のひとつとして挙げられている。

な気がいたします。

では、お聞きします。総理、様々な事態を想定し各種シミュレーションを行っているそうでございますが、**川内原発の稼働中の原子炉が弾道ミサイル等攻撃の直撃を受けた場合、最大でどの程度放射性物質の放出を想定していらっしゃいますか、総理。**

政府特別補佐人(田中俊一君) 御質問ですが、航空機衝突を含めて、原発が大規模に損壊した場合の対処施設は規制要求として求めておりますが、弾道ミサイルが直撃した場合の対策は求めておりません。弾道ミサイルが直撃するような事態は、そもそも原子力施設の設置者に対する規制により対処すべき性質のものではないと考えています。

放射能が放出されるという事態は、したがって弾道ミサイルによって放出されるという事態は想定しておりませんが、川内一、二号炉の適合性審査では、原子炉格納容器破損の防止、あるいは放射性物質が異常な水準で敷地外に放出されることを防止するための対策を求めると同時に、厳しい事故を想定し、対策の有効性を確認しています。それによりますと、放射性セシウム一三七の放出量は、川内一、二号機の場合には約5・6テラベクレルと評価しております。ちなみに、この値は福島第一原発事故で放出された量の約千分の一以下という

＊7 イージス艦(22頁)

弾道ミサイル防衛(BMD)システムにおいて中核をなす艦艇であり、海上自衛隊はこれを四隻保有(一四年予算で二隻のBMD能力付加改修が決定)。フェーズドアレイレーダーと高度な情報処理・射撃システムを搭載し、二〇〇を超える目標を追尾したうえ、うち八~一〇個あまりを同時攻撃することができるとされる。BMDでは人工衛星、地上レーダーとイージス艦が超高空への上昇段階(ブースト段階)から弾道ミサイルを探知・追尾。大気圏外を飛行中にこれを撃墜するとされ、仮に北朝鮮のミサイルを想定した場合、発射からわずか一分後にブースト段階、着弾まで七分の猶予しかない日本では、発射段階で米国の早期警戒衛星等の情報に頼

②-1

質問第一四号

九州電力株式会社川内原子力発電所への弾道ミサイルによる武力攻撃に対する国民保護計画に関する質問主意書

右の質問主意書を国会法第七十四条によって提出する。

平成二十六年十二月二十四日

山本太郎

参議院議長 山崎正昭 殿

資料②
2015年7月29日　参議院我が国及び国際社会の平和安全法制に関する特別委員会
生活の党と山本太郎となかまたち　山本太郎
「九州電力株式会社川内原子力発電所への弾道ミサイルによる武力攻撃に対する国民保護計画に関する質問主意書(平成26年12月24日)」と「参議院議員山本太郎君提出九州電力株式会社川内原子力発電所への弾道ミサイルによる武力攻撃に対する国民保護計画に関する質問に対する答弁書(平成27年1月9日)」より、山本太郎事務所作成

九州電力株式会社川内原子力発電所への弾道ミサイルによる武力攻撃に対する国民保護計画に関する質問主意書

一　平成二十六年十一月十七日に私が提出した「九電川内原発を始めとした我が国の運転停止中の原発再稼働に係る「安全」及び原発事故発生後における政府の「責任」に関する質問主意書」（第百八十七回国会質問第八三号）に対する平成二十六年十一月二十五日付けの答弁書（内閣参質一八七第八三号。以下「答弁書」という。）の中で政府は、「国民保護法においては、都道府県知事及び市町村長は、国民の保護のための措置の実施に関し、国民の保護に関する計画を作成することとされており、鹿児島県及び薩摩川内

]安全法制に関する特別委員会
攻撃に対する国民保護計画に関する質問主意書(平成26年12月24日)」と「参議
道ミサイルによる武力攻撃に対する国民保護計画に関する質問に対する答弁書(平

市においては、当該計画を作成済みであるが、当該計画においては弾道ミサイル攻撃等を含む武力攻撃による原子力災害への対処についても記載があると承知している。」と答弁したが、政府自身は、九州電力株式会社川内原子力発電所（以下「川内原発」という。）に対する他国等からの弾道ミサイルによる武力攻撃を想定しているのか。川内原発の稼働中の原子炉が弾道ミサイル攻撃の直撃を受けた場合、最大でどの程度の放射性物質の放出を想定するのか。また、その場合の避難計画・防災計画作成の必要性は最大で何キロメートル圏の自治体に及ぶと想定しているのか。政府の見解を示されたい。

資料②
2015年7月29日　参議院我が国及び国際社会の平和安
生活の党と山本太郎となかまたち　山本太郎
「九州電力株式会社川内原子力発電所への弾道ミサイルによる武力攻
院議員山本太郎君提出九州電力株式会社川内原子力発電所への弾道ミ
成27年1月9日）」より、山本太郎事務所作成

二　政府が答弁書に記載した「鹿児島県及び薩摩川内市においては、当該計画を作成済みであるが、当該計画においては弾道ミサイル攻撃等を含む武力攻撃による原子力災害への対処についても記載があると承知している。」の記述について、平成二十一年三月三十一日作成（修正）の「鹿児島県国民保護計画」の何ページのどこにその記載があるのか。同じく、平成十九年二月作成の「薩摩川内市国民保護計画」の何ページのどこにその記載があるのか。具体的に示されたい。政府は鹿児島県及び薩摩川内市の国民保護計画が、他国等からの弾道ミサイル攻撃による原子力災害等から国民・住民の生命・健康等を守る上で、必要十分と考えているのか。政府の見解を示されたい。

右質問する。

資料②
2015年7月29日　参議院我が国及び国際社会の平和安全法制に関する特別委員会
生活の党と山本太郎となかまたち　山本太郎
「九州電力株式会社川内原子力発電所への弾道ミサイルによる武力攻撃に対する国民保護計画に関する質問主意書（平成26年12月24日）」と「参議院議員山本太郎君提出九州電力株式会社川内原子力発電所への弾道ミサイルによる武力攻撃に対する国民保護計画に関する質問に対する答弁書（平成27年1月9日）」より、山本太郎事務所作成

②-2

答弁書第一四号

内閣参質一八八第一四号
平成二十七年一月九日

内閣総理大臣　安　倍　晋　三

参　議　院　議　長　山　崎　正　昭　殿

参議院議員山本太郎君提出九州電力株式会社川内原子力発電所への弾道ミサイルによる武力攻撃に対する国民保護計画に関する質問に対し、別紙答弁書を送付する。

資料②
2015年7月29日　参議院我が国及び国際社会の平和安全法制に関する特別委員会
生活の党と山本太郎となかまたち　山本太郎
「九州電力株式会社川内原子力発電所への弾道ミサイルによる武力攻撃に対する国民保護計画に関する質問主意書(平成26年12月24日)」と「参議院議員山本太郎君提出九州電力株式会社川内原子力発電所への弾道ミサイルによる武力攻撃に対する国民保護計画に関する質問に対する答弁書(平成27年1月9日)」より、山本太郎事務所作成

参議院議員山本太郎君提出九州電力株式会社川内原子力発電所への弾道ミサイルによる武力攻撃に対する国民保護計画に関する質問に対する答弁書

一について

他国等からの弾道ミサイル攻撃に関する想定については、政府として特定の施設についてお答えすることは差し控えるが、弾道ミサイル等の移転・拡散・性能向上に係る問題は、我が国や国際社会にとっての大きな脅威となっており、特に、北朝鮮の核・弾道ミサイル開発は、我が国に対するミサイル攻撃の示唆等の挑発的言動とあいまって、我が国の安全に対する重大かつ差し迫った脅威となっていると認識してい

安全法制に関する特別委員会
攻撃に対する国民保護計画に関する質問主意書(平成26年12月24日)」と「参議
道ミサイルによる武力攻撃に対する国民保護計画に関する質問に対する答弁書(平

る。政府としては、国民の生命・財産を守るため、平素より、弾道ミサイル発射を含む様々な事態を想定し、関係機関が連携して各種のシミュレーションや訓練を行っているところである。
　また、「川内原発の稼働中の原子炉が弾道ミサイル攻撃の直撃を受けた場合、最大でどの程度の放射性物質の放出を想定するのか」及び「避難計画・防災計画作成の必要性は最大で何キロメートル圏の自治体に及ぶと想定しているのか」とのお尋ねについては、仮定の質問であり、お答えすることは差し控えたい。

二について

一

資料②
2015年7月29日　参議院我が国及び国際社会の平和
生活の党と山本太郎となかまたち　山本太郎
「九州電力株式会社川内原子力発電所への弾道ミサイルによる武力
院議員山本太郎君提出九州電力株式会社川内原子力発電所への弾
成27年1月9日)」より、山本太郎事務所作成

　九州電力株式会社川内原子力発電所における武力攻撃原子力災害への対処については、鹿児島県が作成した鹿児島県国民保護計画においては、第三編第十三章第四に記載されており、薩摩川内市が作成した薩摩川内市国民保護計画においては、第三編第十二章四に記載されているものと承知している。
　武力攻撃事態等における国民の保護のための措置に関する法律（平成十六年法律第百十二号）により、都道府県知事及び市町村長は、それぞれの国民の保護に関する計画の作成に当たり、都道府県知事にあっては内閣総理大臣に対し、市町村長にあっては都道府県知事に対し、協議することとされているところであり、同法第三十二条に規定する国民の保護に関する基本指針及び都道府県等の作成した国民の保護に関する計画との整合性について確認等が行われているところである。

二

資料②
2015年7月29日　参議院我が国及び国際社会の平和安全法制に関する特別委員会
生活の党と山本太郎となかまたち　山本太郎
「九州電力株式会社川内原子力発電所への弾道ミサイルによる武力攻撃に対する国民保護計画に関する質問主意書(平成26年12月24日)」と「参議院議員山本太郎君提出九州電力株式会社川内原子力発電所への弾道ミサイルによる武力攻撃に対する国民保護計画に関する質問に対する答弁書(平成27年1月9日)」より、山本太郎事務所作成

ことになっております。

山本太郎君　ということなんですが、今の答弁はあまりにも長過ぎて、テレビを御覧の方は何を言っているか全く分からなかった方、大勢いらっしゃると思います。要は、シミュレーションしていないんだと、シミュレーションしないんだということをおっしゃったんですよね、委員長。**弾道ミサイルが飛んできた場合、原子炉、その近くに着弾した場合、もしもそれが破損した場合に一体どのような状況になるか、その漏れ出すというものに対しては、それは計算されていないということですよね。**

今言われたものに関しては、言われましたよね、福島の千分の一、もちろん基準はあるんですよ。もしものことが起こった場合、千分の一だったり百分の一とかといううっすらとした、うっすらとした何かの基準は存在しているんです。だけれども、皆さんどう思いますか。弾道ミサイルが着弾したとする、そのほかにいろんなミサイルが着弾したとして、原子力施設を破壊されて、福島の東電原発の千分の一の放出量で済むと思いますかという話なんです。思えませんよね。どうしてそれをしっかりと計算しないのかという話になるんですけれども、あまりにもひどくないですか、これって。

これ、質問主意書で質問したんですよ。仮定の質問であり、お答えすることを差し

らざるを得ず、実効性には疑問も投げかけられる。

＊8　PAC3（22頁）
アメリカのレイセオン社がアメリカ陸軍向けに開発した広域防空用地対空ミサイル、MIM－104パトリオットの現行、最新の発射形態。弾道ミサイル防衛においては大気圏再突入後、着弾前の終末航程で撃墜することを目的とし、複数のミサイル発射機トレーラーを中心に、管制、レーダー、アンテナなど専用車両十数台が一つの射撃単位。ただし、その防衛範囲は20～35㎞にとどまるうえ、日本国内では、その配備が東京周辺（着弾目標として予想される）に限っても市ヶ谷、習志野、朝霞の陸上自衛隊各駐屯地にとどまるなど、目的とする北朝鮮の弾道ミサイルに対する防衛能力には

控えたいという話なんです。仮定の話というけれども、**仮定の話というと、やっぱりこれ、答えるの難しいものなんですかね、総理。これはお伝えしていなかったんですけれども、やっぱりそういう何が飛んでくるか分からないという状況の中で仮定の話というのには、なかなかそれは答えづらいものなんですか。**

内閣総理大臣（安倍晋三君）　武力攻撃事態は、その手段、規模の大小、攻撃パターンが異なることから、これにより実際に発生する被害も様々であり、一概にお答えすることは難しいということでございます。

山本太郎君　一概に答えるのは難しい、仮定では答えられない。そして、この安倍総理の名前でいただいた質問主意書でも、仮定の質問であり、お答えすることは差し控えたいというようなお答えをいただきました。

でも、考えてみてください。**今回の法案、中身、仮定や想定を基にされていないですか。**　A国がB国に攻撃を仕掛けた、友好国のB国から要請があり、新三要件*11を満たせば武力行使ができるのできないの、これ仮定ですよね。仮定でしょう。仮定でよく分からないとかってごにょごにょ言う割には、仮定でどんどん物事をつくっていこうとしているんですよ。仮定、想定で、そこからシミュレーションしていって物事をつくり上げていくというのは当然のことだと思うんです。都合のいいときだ

疑問視する声も大きい。

***9 自衛隊法（22頁）**　自衛隊の任務、自衛隊の部隊の組織及び編成、自衛隊の行動及び権限、隊員の身分取扱等を定める（第一条）法律として一九五四年に公布・施行され、防衛省設置法とあわせて「防衛二法」と呼ばれる。弾道ミサイル防衛に関する争点は、以前から議論となっている敵基地攻撃能力の有無について。具体的には北朝鮮がミサイルを発射しようとする場合、これを破壊することが自衛権の範疇で認められるか否かという問題。「予防攻撃」なのか、「先制的自衛」か、「反撃」にあたるのかという議論をはらむほか、そのタイミングについても一発めが発射された後なのか、攻撃着手が確認できた時点なのかなど論

け想定や仮定を連発しておいて、国防上ターゲットになり得る核施設に関しての想定、仮定できかねますって、これ、どれだけ御都合主義ですかという話だと思うんです。

我が国を取り巻く安全保障環境、著しく変化しているんでしょう。飛んでくるかもしれないんでしょう、ミサイル。中国が、北朝鮮が、いろんな話をされているじゃないですか。一〇分で到達します、飛んできたときは何もできていません。困りますよね、それ。本気で守る気あるんですか。この国に生きる人々の生命、財産、幸福追求権守るんだったら、一番脆弱な施設、しかも核施設をどのように防御するかということを考えなきゃいけないのに、その逃がす方法も。千分の一、百分の一、その程度の放出量でしかないなんて、これ何なんですか、意味が分からない。

続けます。

この先ほどお示しした質問主意書、避難計画、防災計画作成の必要性は最大で何キロメートル圏の自治体に及ぶと想定していますかと質問しました。でも、これ答えなかったんですよ。おかしくないですか。何かあったときにどの範囲で避難するか、どのような方法で避難するかということは決められていなきゃいけない。国民の生命、財産、幸福追求権守るんでしょう。どうして書かれていないんでしょう。

総理、もしも弾道ミサイルが飛んできて破壊された場合、何キロ圏ま

点は多い。

＊10 弾道ミサイル等に対する破壊措置（22頁）

自衛隊法第八二条の三に規定されている自衛隊の行動。内閣総理大臣の承認を得て防衛大臣が発令する「破壊措置命令」により発動される。具体的には弾道ミサイル等により、日本国内で重大な被害が生じる可能性がある場合、自衛隊の部隊が日本領空または公海においてその撃破を行う。

二〇〇五年に規定が設けられ、これまで二〇〇九年三月二七日、二〇一二年三月一六日、同一二月七日、二〇一三年四月七日の計四回発令されたが、いずれも弾道ミサイルの追跡にとどまり、実際に破壊はしていない。

一方で問題なのは、その際の命令書の公開状況で、前三回は公開された

での計画を作成するべきなのか教えてください。

政府参考人（大庭誠司君）　武力攻撃事態は、武力攻撃の手段、その規模の大小、攻撃パターンなどにより様々な想定があり得ることから、国民保護措置の実施に関する基本的な方針を閣議決定した国民保護基本指針においては、着上陸侵攻、ゲリラや特殊部隊による攻撃、弾道ミサイル攻撃、航空攻撃の四つの類型を想定しておりますが、特定の定量的な被害は記していないところでございます。

そして、弾道ミサイルなどの武力攻撃により原子力災害が発生した場合については、あらかじめ地域を定めて避難等の措置を講ずるものとするものではなく、事態の推移等を正確に把握して、それに応じて避難等の対象範囲を決定することとしております。

山本太郎君　先ほどの内閣官房の方にお聞きしたいんですけれども、後半部分よく聞き取れたんですけれども、いろんなパターンがあるからどういう状況になるかが分かりづらい。だから、**実際にそうなってみて、いろんな被害の状況を見たりとか実測値を測っていきながらその避難の範囲であったりということを決めていきたいという理解でよろしいでしょうか。イエスかノーかでお答えくださいますか。**

政府参考人（大庭誠司君）　事態の推移等を正確に把握してその対象範囲を決

ものの、二〇一三年については「わが国の手の内を明かすことになる」との理由で公開されておらず、国会による文民統制に逆行するものとして批判を受けることとなった。

＊11　新三要件（33頁）
第三次安倍内閣が二〇一四年七月一日に行った、集団的自衛権の行使を容認する閣議決定「国の存立を全うし、国民を守るための切れ目のない安全保障法制の整備について」と、これに基づく内閣官房の『国の存立を全うし、国民を守るための切れ目のない安全保障法制の整備について』の一問一答」により定義された、日本が武力行使をする際に満たすべき要件。

①我が国と密接な関係にある他国に対する武力攻撃が発生し、これにより我が国の存立が脅かさ

定するということでございまして、例えば放射性物質等の放出の状況とか武力攻撃事態の推移等、これらにつきましてなるべく正確に把握して避難等対象範囲を決定していきたいということを考えております。

山本太郎君　皆さん、分かりましたか、今の、テレビを御覧の皆さん。要は、前もってのちゃんとした避難計画であったりとかというものは、うっすらしか存在していないということなんですよ。今言いました事態の推移、この意味分かりますか。原発にもしも事故があったとしても、福島第一の、東電福島原発のような事故があったとしても、そしてそのほかに、今一番危険とされている、安倍総理、そして安倍内閣が声高に叫び続ける中国、北朝鮮からのミサイルの着弾が原子力施設にあったとして、被害があったとしても、これ、事態の推移、**要は、一度被曝していただくという話**ですよ。実測値で測っていくしかないんだという話ですよ。

こんないいかげんな話あるかよって、誰の税金で食べて、誰のお金でこの国会が成り立っていて、そして霞が関も、そして永田町もやっていけているんだって、誰の命を守るんだっていう話でしょう。どうして真剣にやらないんでしょうね。こんな、一日三億円近く掛かる国会の審議と言いますよね、予算割っていったら。それを九五日間も延長しておいて、実際その飛んでくるだ何だと言われているミサイル、もしもそれが着弾した後の最悪のパターンというものを考えていないんですか。あきれて物も

れ、国民の生命、自由及び幸福追求の権利が根底から覆される明白な危険がある（存立危機事態）

②国民を守るために他に適当な手段がない

③必要最小限度の実力行使にとどまる——場合に集団的自衛権が行使できるとする。

この場合、最も大きな問題は何をもって存立危機事態と判断するかの基準が明確でない点で、とうてい〝歯止め〟として機能しえないとの批判はまぬがれない。これに対し、安倍総理は二〇一五年七月三日の衆院特別委員会の答弁中、「存立が脅かされ……明白な危険」が「ない」と判断できない場合に行使に踏み切る可能性を示唆するなど論理を逆転させ、政府のフリーハンドに近い裁量となる恐れがあらためて浮き彫りとなった。

言えない。国民の生命、財産、幸福追求権、これを守れるとは到底思えない。何もやっていないに等しいと思います。

先に行きたいと思います。

配付資料の三（三八〜三九頁③）。去年五月二八日に発表されました、田中規制委員長が主導して、関係自治体の地域防災計画や防災準備に資する基礎的データを提供するために原子力規制委員会が作成したんです。要は、基準がなかったよねということなんです。基準がなかったから、それじゃちょっと避難計画とかいろんなものを立てづらいでしょう、いろんなものにお役立てくださいということで規制委員会が作ってくださった。田中委員長、専門家の方ですよね、作っていただいたということですよね。これがどれぐらいの数値だったかといいますと、先ほど一度出てきました東電福島原発の排出量の百分の一、先ほど千分の一という単位も出てきましたけれども、これは百分の一で間違いがないですよね。

その下に注意書きが書いてあるんです。「緊急時の被ばく線量及び防護措置の効果の試算について」という紙なんですけれども、これ、下に注意書きが書いてある。どんな内容か。「なお、本試算はこれ以上の規模の事故が起こらないことを意味しているものではない。」。

百分の一で計算していたらどえらい目に遭いますよ。我が国で起こった事故で一番

○炉停止から放出開始までの時間：１２時間
○環境中への放出継続時間：５時間（一定の割合で放出されると仮定。）
○放出高さ：５０m
○大気中拡散・被ばく線量評価に使用した計算コード：OSCAAR
（独立行政法人日本原子力研究開発機構（JAEA）安全研究センターの協力を得て実施。）
○気象条件：年間における１時間毎の気象データ(8,760 通り)から 248 通りをサンプリング（茨城県東海地区）。
○被ばく経路：外部被ばく（放射性プルーム、地表沈着によるもの）及び内部被ばく（吸入によるもの）
○評価方法：環境中に放出された放射性物質の挙動は、放出後の気象条件によって影響を受けるため一定ではない。このため、本試算では、年間の気象データからサンプリングされた気象条件に対して得られた結果(放射性物質の濃度)を昇順に並べたものの中間値及び95パーセント値(百分位数)を代表値として評価。換言すれば、95%値は、特殊な気象条件を除いた最大値といえる。

３．試算結果から得られる示唆

今回の試算結果から得られる示唆は以下のとおり。(試算結果については別紙参照。)

（１）ＰＡＺにおける防護措置

- ＰＡＺでは、放射性物質の放出前に、予防的に避難を行うことが基本。
- ただし、予防的な避難を行うことによって、かえって健康リスクが高まるような要援護者については、無理な避難を行わず、屋内退避を行うとともに、適切に安定ヨウ素剤を服用することが合理的。
- なお、コンクリート構造物は、木造家屋よりも被ばく線量を低減させる効果があることが知られている。また、病院等のコンクリート建物に対して放射線防護機能を付加することで、より一層の低減効果を期待できる。

（２）ＵＰＺにおける防護措置

- ＵＰＺでは、放射性物質の放出前に、予防的に屋内退避を中心に行うことが合理的。

（３）放射性プルーム通過時の防護措置

- 放射性プルームが通過する時に屋外で行動するとかえって被ばくが増すおそれがあるので、屋内に退避することにより、放射性プルームの通過時に受ける線量を相当程度低減することができる。

資料③
2015年7月29日　参議院我が国及び国際社会の平和安全法制に関する特別委員会
生活の党と山本太郎となかまたち　山本太郎
平成26年5月28日 原子力規制委員会提出資料「緊急時の被ばく線量及び防護措置の効果の試算について(案)」より
山本太郎事務所作成

③

資料2

緊急時の被ばく線量及び防護措置の効果の試算について（案）

平成２６年５月２８日
原子力規制委員会

１．趣旨・目的

原子力災害対策指針では、放射性物質の放出前に予防的防護措置を実施するための枠組や、事故の進展に応じて段階的避難等の追加的防護措置を実施するための枠組等、原子力防災体制の基本的考え方を示している。

原子力災害対策指針の考え方に基づき、関係自治体において、各地域の実情を踏まえて、地域防災計画の策定等が進められているが、原子力災害の様態は、事故の規模や進展の状況等によって多様であり、実際の原子力災害時には、状況等に応じて、柔軟かつ適切な対応が求められる。

このため、関係自治体において、リスクに応じた合理的な準備や対応を行うための参考としていただくことを目的として、仮想的な事故における放出源からの距離に応じた被ばく線量と予防的防護措置による低減効果について、全体的な傾向を捉えていただくための試算を行った。

本試算では、セシウム１３７が１００テラベクレル、その他核種がセシウム１３７と同じ割合で換算された量、さらに希ガス類が全量、環境中に放出されるような仮想的な事故を想定した。この想定は、東電福島第一原発事故を踏まえて強化された新規制基準への適合性を審査する上で「想定する格納容器破損モードに対して、Cs-137 の放出量が 100TBq を下回っていることを確認する」（注）とされていることを踏まえて設定したものである。

なお、本試算はこれ以上の規模の事故が起こらないことを意味しているものではない。

（注）『実用発電用原子炉に係る炉心損傷防止対策及び格納容器破損防止対策の有効性評価に関する審査ガイド』より抜粋

２．計算条件及び評価方法

○想定する事故：放射性物質が環境に放出されるが、具体的な事故のシーケンスは設定せず、以下の条件で計算。
○炉心内蔵量　：８０万 kWe 級加圧水型軽水炉（PWR）をモデル。
（事故直前まで定格熱出力(2,652MWt)比 102%の熱出力で 40,000 時間運転を継続したものとして算出。）
○格納容器への放出割合：米国 NRC の NUREG-1465 から引用。
○環境への放出割合：セシウム 137 の環境への放出量が 100 テラベクレルとなるように求めた係数を、NUREG-1465 から得られた各核種グループ（ヨウ素類等）の格納容器への放出割合に乗算して算出。ただし、希ガス類については、全量が放出されると仮定。

資料③
2015 年 7 月 29 日　参議院我が国及び国際社会の平和安全法制に関する特別委員会
生活の党と山本太郎となかまたち　山本太郎
平成 26 年 5 月 28 日 原子力規制委員会提出資料「緊急時の被ばく線量及び防護措置の効果の試算について（案）」より
山本太郎事務所作成

最大の数は何なんだという話ですよ。どうして百分の一にするんだって。それは、新規制基準というものを作りましたから。新規制基準を通過したものは、いくら事故があったとしても恐らく百分の一ぐらいにしかならないんじゃないかなという希望的観測じゃないですか、これ。これ、もしも事故があったとして誰か責任取りますか。想定外で終わりですよね。

現在も進行中の事故、福島、メルトダウンスリーとも言う、スリーメルトダウンとも言われているレベル7の事故三つ。[12] 収束の仕方も分からない、そんな事故があるにもかかわらず、誰も逮捕されない、強制捜査も入らない。分かりますよね、言っている意味。責任どうやって取るのかということを、覚悟を知りたいですよね。無理にやるんだろうって。安全保障の問題だ、エネルギー問題だっていろんなことを言っているけれども、実際はどうなんだって。もしものことが起こった場合、また泣き寝入りか、福島の事故のように。余りにもおかしいじゃないですか。百分の一なんていう数字、これじゃ試算できないはずです。人々の命は守れない。

総理、答えてくださいよ、これ、百分の一で十分だと思われますか。これ、伝えていないですけれども、総理に答えていただきたい。

内閣総理大臣（安倍晋三君） 武力攻撃による原子力災害への対処については、国民保護基本方針に基づいて、原発からおおむね5キロ圏内は直ちに避難、原

＊12 スリーメルトダウンとも言われているレベル7の事故三つ
原子炉内の燃料棒が溶解・崩壊し、冷却水との反応で水蒸気爆発を起こしたり、燃料が原子炉の底を溶かし（メルトスルー）、炉外に漏れ出し、地下水脈へ放射性物質が流出することによる大規模な汚染、さらには再臨界の恐れをもたらすのが「炉心溶融（メルトダウン）」。ここでいうスリーメルトダウンとは、一九七九年のスリーマイル島原子力発電所事故（アメ

発からおおむね30キロ圏内はまずは屋内退避といった対応を取ることがこれは基本であります。

他方、武力攻撃によって5キロ圏、30キロ圏といった範囲を超える大規模な放射性物質の放出が起きた場合には、そうした状況に応じて臨機応変に対処を行うことは当然でございます。指針も、事態の推移に応じて必要があると認めるときは、30キロ圏よりも外も30キロ圏内と同じ避難等の措置を行うとしています。

その上で、国は、汚染のレベル、武力攻撃の状況等に応じて避難地域、避難先を明らかにして、避難に関する措置を地方自治体に指示いたします。さらに、国は、自衛官、海上保安官による誘導避難を通じて、地方自治体とともに全力で住民の救援に当たってまいります。

山本太郎君　安倍総理、原子力規制委員会、原発に対する弾道ミサイル攻撃については関知していないんです。

これ、以前に自分の所属している内閣委員会でもお聞きしたことがあるんですよね。こうおっしゃっています。結論から申し上げますと、評価はしておりませんし、評価というのはそういう事故があった場合の評価はどうするのかということですよね、今後もやるつもりはありません。ミサイルはいろんな種類がありますので、どういった

リカ)、一九八六年のチェルノブイリ原子力発電所事故(旧ソビエト連邦、現ウクライナ)、そして二〇一一年の福島第一原子力発電所事故をさす(国際原子力事象評価尺度-INESによる評価では、チェルノブイリと福島がレベル7、スリーマイルはレベル5)。

一方、日本国内では巨大噴火による火砕流できわめて被害リスクの高い鹿児島県の九州電力川内原子力発電所が、新規制基準に基づいて再稼働したのを皮切りに、巨大活断層である中央構造線に近い愛媛県の四国電力伊方発電所が再稼働を決定するなど、見切り発車ともいうべき事態の進行を危惧する世論は根強い。

ものが飛んでくるかも分かりませんし、どういう状況になるかということも想定できませんので、やるつもりはありません。

これ、困るんじゃないですか。今、この法案、一〇本のものを一本に束ねて無理やりやろうとしているこの法案、ゆう活といいながらみんなの夏休みを奪っているこの法案。この法案、どうします。

これ、やっぱり試算しなきゃ駄目なんですよ。原子力災害対策本部長って誰でした、原子力災害対策本部。総理ですよ。そうですよね。ということは、委員長、自分で勝手にできない。ひょっとしたらやりたいかもしれない。まあやりたくないでしょうけれども。だったら、総理が決断するしかないんですよ。

これはシミュレーションしてもらってください。いかがでしょう、総理。総理に聞きたい。

内閣総理大臣（安倍晋三君）　このシミュレーションにつきましては、先ほど申し上げましたように、各種テロや武装グループによる攻撃など緊急対処事態を主として、警察、消防、自衛隊など関係機関が参加した総合的な訓練を行っております。

原発に対するテロ攻撃を想定した訓練も行っておりますが、この原発への弾道ミサイル攻撃についてでございますが、この武力攻撃事態は、武力攻撃の手段、その規模の大小、攻撃パターンなどによって様々な想定があり得ることから、国民保護措置の実施に関する基本的な方針を閣議決定した国民保護基本方針においては、着上陸侵攻、ゲリラや特殊部隊による攻撃、そして弾道ミサイル攻撃及び航空攻撃の四つの類型を想定しておりますが、特定の量的な被害は記していないわけであります。

そして、弾道ミサイルなどの武力攻撃により原子力災害が発生した場合には、あらかじめ先ほど申し上げましたような形で避難等の対象範囲を決定することとしております。

山本太郎君　ありがとうございます。

とにかく、答えは出せないんだと。それはそうですよね。これ、危機管理の基本って何だと。プリペア・フォー・ザ・ワーストですよ。最悪の事態に備える、これ当たり前です。でも、最悪の事態には備えていない。どちらかというと、見たくないものは見ない、耳は塞ぐ、でもやりたいことだけやっていく。それがたとえ国民のリスクにつながったとしてもやる。原発を見りゃ分かる。安全保障問題は誰のため。よく分からない。

本当に国民の生命、財産を守るためだったら、このミサイルが飛んできたらどうするかということに対して、核施設が直撃されたらどうするかということに対して、対策はもう既にできているはず。でも、それができていない。屋内退避ですって、その間に実測値測るって。なるほど、よく分かりました。

じゃ、お聞きします、田中委員長に。

これ、誰も教えてくれないんですよ。川内原発の場合、一号機原子炉内の核燃料一五七体の放射性物質全て放出された場合、また貯蔵庫の燃料六四体、使用済燃料プール一一二八体の放射性物質全て環境中に放出された場合、全てです、セシウム１３７基準でそれぞれ何ベクレルになるんですかと言って原子力規制庁と資源エネルギー庁に質問したんですけれども、誰一人答えられないんです。

専門家である田中規制委員長、お願いします、短めに。

川内原発ＰＷＲの燃料一体から最大で何ベクレルのセシウム１３７の放出があり得るんですかね。知っているか知らないか。知っていたらその後続けていただいて結構です。知らなかったらそこでおやめください。お願いします。

政府特別補佐人（田中俊一君）　燃料集合体の中の放射性物質というのは、燃焼度とか冷却期間とか、様々な条件によって変わります。当然、全体の量というものは把握しておりますけれども、全部が放出されるというようなことは想定しておりません。先ほど申し上げたとおりです。

山本太郎君　ありがとうございます。

計算のしようがないって。でも、分かりそうなものですけどね、計算したら。

で、お聞きしたいんですよ。これ、再稼働なんてできるはずないんですよ、川内原発。政府が川内原発に対する弾道ミサイルに対して危機感を持っている。もしも着弾した場合、弾道ミサイルが飛んできた場合の対処の方法はほぼないんですよ。再稼働させるんですか、ただでさえ避難計画むちゃくちゃで適当なのに。

それだけじゃない。**地震、断層ももっと広がってきているということが分かっている。火山も火山学会がおかしいと言っている。再稼働できるはずないでしょう。ミサイルどうやって防ぐんですか。再稼働するんですか、それでも。できるはずないですよ。**

お答えください、総理、お願いします。

内閣総理大臣（安倍晋三君）　これは、従来から政府の立場は御説明をしておりますが、原子力規制委員会において安全基準、これは非常に世界でも厳しい基準でありますが、この基準を満たしたものについては再稼働していく方針でございます。

山本太郎君　安倍総理の規制委員会への責任転嫁で、この質疑は終わりたいと思います。ありがとうございました。

Q

2015.07.30

アメリカに民間人の殺戮、当時、やめろと言えたんですか？　この先、やめろと言えるんですか？

第二回目の質疑は、航空自衛隊のイラク派遣について。「国連その他の人道復興支援および物資の輸送」を目的としたという総理の説明に対し、黒塗りの文書とともにその真偽を迫る。また、輸送後の爆撃の回数や犠牲者数の変化を把握済みであるか否か返答を迫り、我が国が今後、戦争犯罪に協力することはあり得ない、という言質を取るべく食い下がる。

山本太郎君　生活の党と山本太郎となかまたち共同代表の山本太郎です。

安保法案について質問いたします。総理、よろしくお願いします。

航空自衛隊がイラクに派遣されていたことは、総理は御存じですか。

内閣総理大臣（安倍晋三君）　航空自衛隊は、イラク特措法[*1]に基づきまして、平成一六年三月から平成二〇年一二月までの間、クウェートを拠点としてイラク国内の飛行場との間で人員、物資を輸送していました。

具体的には、イラクの復興状況や国連、多国籍軍の輸送ニーズ等を踏まえまして、国連、米軍等の要員や事務機器、医療機器、車両、航空機部品、テント等を輸送したわけでありました。その際、輸送対象となる人員が武器を携行することについては、それが常識的な範囲で通常携行するものであれば輸送の対象としていたわけであります。これらの内容は、活動期間中や活動終了後に国会に説明、報告するとともに、適切に公表をしております。

山本太郎君　丁寧に御説明をありがとうございました。

それはそうですよね、空自の先遣隊、クウェートに出発したときには自民党幹事長であられたんですもんね。ありがとうございます。

航空自衛隊、イラクで何を運んでいたんでしょうかというお話です。平成一九年四月二四日、衆議院本会議にて**総理は、航空自衛隊のイラク派遣について、国**

＊1 イラク特措法
正式には「イラクにおける人道復興支援活動及び安全確保支援活動の実施に関する特別措置法」といい、四年間の時限立法として二〇〇三年七月二六日未明に成立した（その後、二〇〇七年七月の期限切れを二年延長することが二〇〇七年三月三〇日の閣議で決定、それを受けて二〇〇九年七月に失効する）。

同法案をめぐる国会審議では、「戦闘地域」と「非戦闘地域」の区別が焦点となり、野党はそもそも「戦闘行為」イコール「国際的な武力紛争」との定義にも問題のあることを指摘。当時の小泉純一郎総理は「自衛隊のいるところが非戦闘地域」「どこが戦闘地域かなど私にわかるわけがない」との答弁に終始する。結果、この法律の解釈・

連その他の人道復興支援のための人員、物資の輸送を行っていると説明されました。これに間違いございませんか。

内閣総理大臣（安倍晋三君）　それに間違いはないわけでありまして、今御答弁申し上げたとおりでございまして、国連や多国籍軍の輸送ニーズを踏まえまして、国連、米軍等の要員や事務機器、医療機器、車両、航空機部品、テント等を輸送したわけでございます。

山本太郎君　そうですか。

皆さんのお手元の資料で一になります。お手元の資料の円グラフを御覧ください。

（資料提示／四九頁④）

元データは、二〇〇九年一〇月、防衛省が開示したもの、航空自衛隊がイラクでの活動を開始した二〇〇四年三月三日から最後の空輸となった二〇〇八年一二月一二日までの空輸実績の全記録、グラフ化しました。全体で四万六〇〇〇人輸送いたしましたと。

先ほどの平成一九年の総理の国会答弁だけを聞くと、輸送のメーン、輸送したメーンは国連の関係者がほとんどなのかなと勘違いしそうになりますけれども、**実際は、国連の関係者はたった6%ほど、その一〇倍、約60%以上が米軍や米軍属だったということなんですけれども。これ、何の目的だったんですかね。**

運用が自衛隊の派遣先に関する〝悪しき前例〟となったことは否定できない。

④

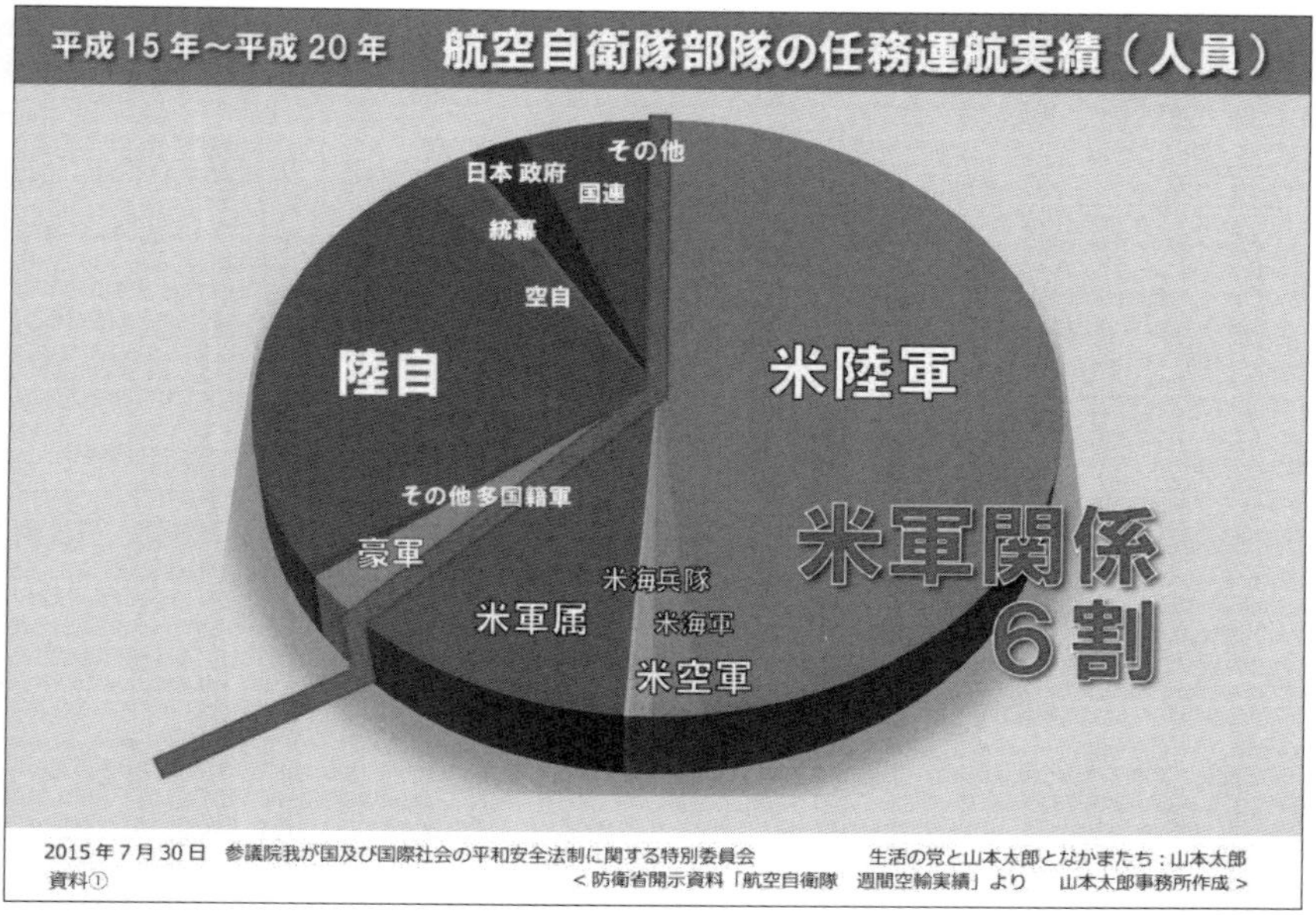
平成15年～平成20年　航空自衛隊部隊の任務運航実績（人員）
その他
日本政府
国連
統幕
空自
陸自
米陸軍
その他 多国籍軍
豪軍
米海兵隊
米軍属
米海軍
米空軍
米軍関係
6割
2015年7月30日　参議院我が国及び国際社会の平和安全法制に関する特別委員会　生活の党と山本太郎となかまたち：山本太郎
資料①
< 防衛省開示資料「航空自衛隊　週間空輸実績」より　山本太郎事務所作成 >

お伺いしていいですか。

国務大臣（中谷元君）　数字の話でございますが、御指摘のとおり、総人員が四万六四七九人、米軍人が約半数の二万三七二七人でございます。

この活動につきましては、特措法に基づいて人道復興支援活動を政策的に重視をしましたが、基本計画におきまして、派遣部隊の編成規模については人道復興支援活動を実施するために必要な規模という観点から定めるとともに、派遣部隊は人道復興支援活動に支障を及ぼさない範囲で安全確保活動、これを実施することといたしておりました。

イラクに派遣された航空自衛隊は、こうした方針の下で活動を実施いたしまして、米軍は、累次の安保理決議に基づいて、治安維持活動のみならず復興支援活動にも取り組んでいたということで、この二つの任務の中で活動したということでございます。

山本太郎君　蓋を開けてみたら60％がアメリカの軍人であったりとか軍属だったという結果があるわけですよね。

じゃ、**どうして国会の答弁において国連そのほかの人道復興支援のための人員、物資の輸送を行っているという答えをするのか、どうして一番多い人たちがそのほかという部分に込められるのか**という意味が分からない。

これ……（発言する者あり）そうですよ、もういちいち法律見ていたら、等と書いて、など、結局そこに全部集約されているんだろうって。国連関係と言いながら、メーンは米軍の輸送に使っていたんじゃないかって。

お手元の資料でございますけれども、二枚目の表と裏に週間空輸実績の一例、空白の、あります。黒塗りの資料、そして裏が、黒塗りが外された開示文書が御覧いただけます（五二～五三頁⑤－１・２）。

国連職員を運んでいると言いながら、その中身は実際ほとんどが米軍関係、自衛隊関係の人員だった。人道支援と言いながら戦闘員を輸送していたんじゃないのという話だと思うんですけれども、**自衛隊が運んだ米軍兵士も復興支援のための人員だったと、総理、そういうふうに宣言なさいますか。**大丈夫ですか、一言でお願いします。

内閣総理大臣（安倍晋三君）　これは、イラク特措法に基づく活動として、クウェートを拠点としたイラク国内の飛行場との間で人員の、物資の輸送をしたわけでありまして、あくまでもこの特措法に基づく活動をしていたわけでございます。

山本太郎君　なるほど、そうおっしゃるならば、**総理は、自衛隊がバグダッドまで輸送した兵士たち、お届けした兵士たちがその後何をしたのかという**

緊急区分　取扱区分
ウナ
至急

1
「注意」
支援集団運1第370号
18．11．1

統合幕僚長　殿
（運用第2課長気付）

航空支援集団司令官

週間空輸実績（報告）（自発報告）

実施期間	運航日数
18．10．23（月）～10．29（日）	4

1　人員

月日	発地	着地	所属（要求元）	人数	備考
10.23（月）	ｱﾘ ｱﾙ･ｻﾚﾑ	ﾊﾞｸﾞﾀﾞｯﾄﾞ	米陸軍× 51 米海軍× 4 米空軍× 1 米軍属× 5	61	陸軍:0×5,E×46 小銃1 海軍:0×3,E×1 空軍:0×1
	ﾊﾞｸﾞﾀﾞｯﾄﾞ	ｱﾘ ｱﾙ･ｻﾚﾑ	米陸軍	35	0×7,E×28 小銃2
10.24（火）	ｱﾘ ｱﾙ･ｻﾚﾑ	アリ	米陸軍× 44 米海軍× 2 米軍属× 5	51	陸軍:0×6,E×38 小銃1,拳銃1
10.25（水）	ｱﾘ ｱﾙ･ｻﾚﾑ	ﾊﾞｸﾞﾀﾞｯﾄﾞ	国連 × 5 米陸軍× 30 米海軍× 3 米空軍× 4	42	陸軍:0×6,E×24 小銃13,拳銃2 海軍:0×3 空軍:E×4
	ﾊﾞｸﾞﾀﾞｯﾄﾞ	ｱﾘ ｱﾙ･ｻﾚﾑ	国連 × 15 米陸軍× 43	58	陸軍:0×8,E×35
10.26（木）	ｱﾘ ｱﾙ･ｻﾚﾑ	アリ	米陸軍	21	0×2,E×19
	アリ	ｱﾘ [illegible]	米陸軍× 4 [illegible] × 1	5	陸軍:0×[illegible]
合計				273	

統合幕僚監部　受付　18.11.-1　第3450号
統合幕僚監部　運用第2課　18.11.-2　第1407号

統幕

整理番号	147	小隊長	
受信時刻	1522		

分類番号：C－20－090
保存期間：5年

2」

2　貨物

月日	発地	着地	品名	数量	重量(kg)	備考
10.25（水）	ｱﾘ ｱﾙ･ｻﾚﾑ	ﾊﾞｸﾞﾀﾞｯﾄﾞ	被服	1	17	空自
合計				1	17	

関連文書：支援集団運1第75号（18．3．27）
配布区分：防衛庁内部部局運用企画局長、航空幕僚長（運用支援）、空輸計画部長、
イラク復興支援派遣輸送航空隊司令

緊急区分　取扱区分
ウナ
至急

1
「注意」
支援集団運1第377号
18．11．9

統合幕僚長　殿
（運用第2課長気付）

航空支援集団司令官

週間空輸実績（報告）（自発報告）

実施期間	運航日数
18．10．30（月）～11．5（日）	5

1　人員

月日	発地	着地	所属（要求元）	人数	備考
10.30（月）	ｱﾘ ｱﾙ･ｻﾚﾑ	ﾊﾞｸﾞﾀﾞｯﾄﾞ	空自 × 3 米陸軍× 11	14	陸軍:0×8,E×3 小銃9拳銃9
	ﾊﾞｸﾞﾀﾞｯﾄﾞ	ｱﾘ ｱﾙ･ｻﾚﾑ	空自 × 3 米陸軍× 48 米海軍× 1 軍属 × 5	57	陸軍:0×4,E×44 海軍:0×1
10.31（火）	ｱﾘ ｱﾙ･ｻﾚﾑ	アリ	米陸軍× 46 米海軍× 1 米軍属× 4	51	陸軍:0×6,E×40 小銃1 海軍:0×1
	アリ	ｱﾘ ｱﾙ･ｻﾚﾑ	米陸軍× 62 米空軍× 2	64	陸軍:0×6,E×56 空軍:0×2
11.1（水）	ｱﾘ ｱﾙ･ｻﾚﾑ	ﾊﾞｸﾞﾀﾞｯﾄﾞ	空自 × 4 国連 × 32	36	
	ﾊﾞｸﾞﾀﾞｯﾄﾞ	エルビル	空自 × 4 国連 × 30	34	
	エルビル	ﾊﾞｸﾞﾀﾞｯﾄﾞ	空自 × 4 国連 × 34	38	
	ﾊﾞｸﾞﾀﾞｯﾄﾞ	ｱﾘ ｱﾙ･ｻﾚﾑ	空自 × 4 国連 × 35	39	
11.2（木）	アリ	ｱﾘ ｱﾙ･ｻﾚﾑ	米陸軍× 23 軍属 × 3	26	陸軍:0×3,E×20 小銃1
11.3（金）	ｱﾘ ｱﾙ･ｻﾚﾑ	アリ	[illegible]× 35 [illegible]×	40	陸軍:0×2,E×33

統合幕僚監部　受付　18.11.-9　第3535号
統合幕僚監部　運用第2課　18.11.13　第1451号

統幕

整理番号	22	小隊長	
受信時刻	1405		

分類番号：C－20－090
保存期間：5年

2」

月日	発地	着地	所属（要求元）	人数	備考
	アリ	ｱﾘ ｱﾙ･ｻﾚﾑ	米陸軍× 49 軍属 × 4	53	陸軍:0×4,E×45
合計				452	

2　貨物

月日	発地	着地	品名	数量	重量(kg)	備考
10.30（月）	ｱﾘ ｱﾙ･ｻﾚﾑ	ﾊﾞｸﾞﾀﾞｯﾄﾞ	被服	2	32	空自
合計				2	32	

関連文書：支援集団運1第75号（18．3．27）
配布区分：防衛庁内部部局運用企画局長、航空幕僚長（運用支援）、空輸計画部長、
イラク復興支援派遣輸送航空隊司令

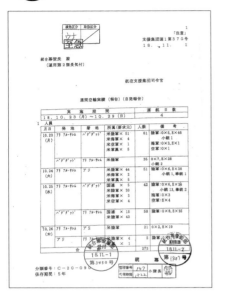

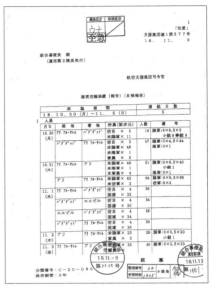

⑤-1

緊急区分	取扱区分
ウナ 至急	

1
~~「注意」~~
支援集団運1第370号
18．11．1

統合幕僚長　殿
（運用第2課長気付）

航空支援集団司令官

週間空輸実績（報告）（自発報告）

実　施　期　間	運　航　日　数
18．10．23（月）～10．29（日）	4

1　人員

月日	発　地	着　地	所属（要求元）	人数	備　考
[redacted]					
合　計				[redacted]	

18.11.-1 第3450号

第1407号

統　幕

整理番号	147	小隊長	
受信時刻	1522		

分類番号：C－20－090
保存期間：5年

2」

2　貨物

月日	発　地	着　地	品　名	数量	重量(t)	備　考
[redacted]						
合　計				[redacted]		

関連文書：支援集団運1第75号（18．3．27）
配布区分：防衛庁内部部局運用企画局長、航空幕僚長（運用支援）、空輸計画部長、
イラク復興支援派遣輸送航空隊司令

トータル P.82

緊急区分	取扱区分
ウナ 至急	

1
~~「注意」~~
~~支援集団運1第377号~~
18．11．9

統合幕僚長　殿
（運用第2課長気付）

航空支援集団司令官

週間空輸実績（報告）（自発報告）

実　施　期　間	運　航　日　数
18．10．30（月）～11．5（日）	5

1　人員

月日	発　地	着　地	所属（要求元）	人数	備　考
10.30（月）	[redacted]				

18.11.-9 第3535号

統　幕

整理番号	88	小隊長	
受信時刻	1405		

18.11 第145

分類番号：C－20－090
保存期間：5年

2」

[redacted]

合　計	[redacted]

2　貨物

月日	発　地	着　地	品　名	数量	重量(t)	備　考
[redacted]						
合　計				[redacted]		

関連文書：支援集団運1第75号（18．3．27）
配布区分：防衛庁内部部局運用企画局長、航空幕僚長（運用支援）、空輸計画部長、
イラク復興支援派遣輸送航空隊司令

トータル P.82

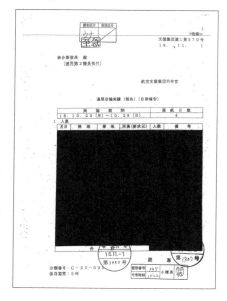

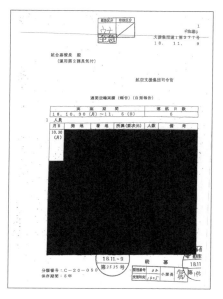

ことの詳細まで把握されているということでよろしいですよね。 ということは、それらの兵士の所属部隊であるとか従事した作戦まで知っていたという話になります。それが把握していたということになりますから。

もう一度お伺いします。把握していたということでよろしいですか。内容は結構です。把握していたか、していなかったか。

内閣総理大臣（安倍晋三君） この法律によって、まさにこれは人道復興支援活動と安全確保支援活動を行うということになっているわけでありまして、そしてまた、自衛隊の部隊は物品の輸送に際しては武器の輸送は行わないことにしているわけでございますが、今、私はその詳細についてはここで承知をしているわけではございません。

山本太郎君 なるほど、詳細は分からないんですよね、要は。そういうふうに聞かされているというお話ですよね。当時もそういう話を聞かされていたということじゃないんですか。

先に進みましょうか。総理は、航空自衛隊がバグダッドに、ああそうや、これ、資料請求[＊2]したいんですけど資料請求できますかね。総理、これ、把握されていていてという、今は把握していないけれども、昔聞いた話によるとそういうことだということだと思うんですけど、これ、本当に平和活動のみにその人たちが旅立っていったのか、バグ

＊2 資料請求

国会議員が国政調査権に基づいて行政機関等が保有する文書を資料請求した場合、それが特定秘密保護法の定める特定秘密情報である場合、資料請求をした国会議員やそのスタッフが同法によって罪に問われる恐れがあるか、ないか？

この点について、山本太郎議員は二〇一四年一〇月一六日の内閣委員会において質問を行い、政府参考人から「国政調査権は憲法第六二条に規定されている国会の権能であり、これに基づいて資料請求等が行われた場合、議員あるいはそのスタッフが処罰されることはない」との答弁を引き出している。

ダッドから、ということに関しての詳細というのは、これ資料を請求できますかね。応援してくれますでしょう、これ、隠したりしないんでしょう。出してもらえますか、資料。いかがでしょう。（発言する者あり）あっ、済みません、委員長に直接。

内閣総理大臣（安倍晋三君）　よろしいですか。

輸送した米兵については、イラク国内において復興支援または治安維持のいずれかの活動に従事していたというふうに認識をしております。

山本太郎君　へえ、なるほど、そうですか。じゃ、**総理は、航空自衛隊がバグダッドに米軍兵士らの輸送活動を行った二〇〇六年七月以降、それによって、それによってといいますか、市民、米兵の犠牲者数、どのように変化していったかということを把握されていますか。**

政府参考人（上村司君）　お答え申し上げます。

米軍の犠牲者数に関しましてでございますが、ある一定の期間を区切って米国が発表しているものではございません。我々が持っております数字は米国国防省の数字でございますけれども、二〇〇三年三月一九日から二〇一〇年八月三一日までのイラクの自由作戦全体の総数でございますが、四四二四名の犠牲者が出ているという数字は持っております。

山本太郎君　フリップお願いします。こちらのグラフ、お手元の配付資料三（五七頁⑥）

です。

イラクで犠牲になった亡きがら、この亡きがらの数をカウントしているNGO、イラク・ボディー・カウント[*3]が発表しているもの。御覧になれば分かるとおり、二〇〇七年の民間人の犠牲死亡者数二万四〇〇〇人にも上っている。で、自衛隊のクウェートへの輸送が始まったのは二〇〇六年の七月だと。この当時は安倍官房長官時代ですよね。

これ以後の約一年間、開戦直後の空爆が激しかった頃を別にすると最もイラク市民の犠牲が多かった時期であり、米軍兵士の犠牲も一番多かった時期だったそうです。

総理にお聞きしたいんですけれども、二〇〇七年の一年間、**この二〇〇七年の一年間といえば、総理が、これ、第一次安倍政権で総理になられたときですよね。この二〇〇七年の一年間で米軍が爆撃した回数って御存じですか。**

これ、通告していません。御存じか御存じでないかだけで結構です。ありがとうございます。


内閣総理大臣（安倍晋三君） 爆撃した回数は、回数までは今お答えすることはできません。

山本太郎君 済みません、突然の質問。
一四四七回、一年間、二〇〇七年。一年間で一四四七回も爆撃されたというのがイ

***3 イラク・ボディー・カウント（IBC）**
ボディー・カウントとは「死亡者集計」の意味。その名のとおり、二〇〇三年のイラク戦争の結果としてイラク国内で死亡したと報道された市民の数を独立的、総合的に公共データベース化する“人間の安全保障プロジェクト”のこと。占領段階においては、占領当局側が命を守る責務を負っているとされるすべての死者もカウントし、その結果はウェブ上のIBCカウンタにただちに報告される。

⑥

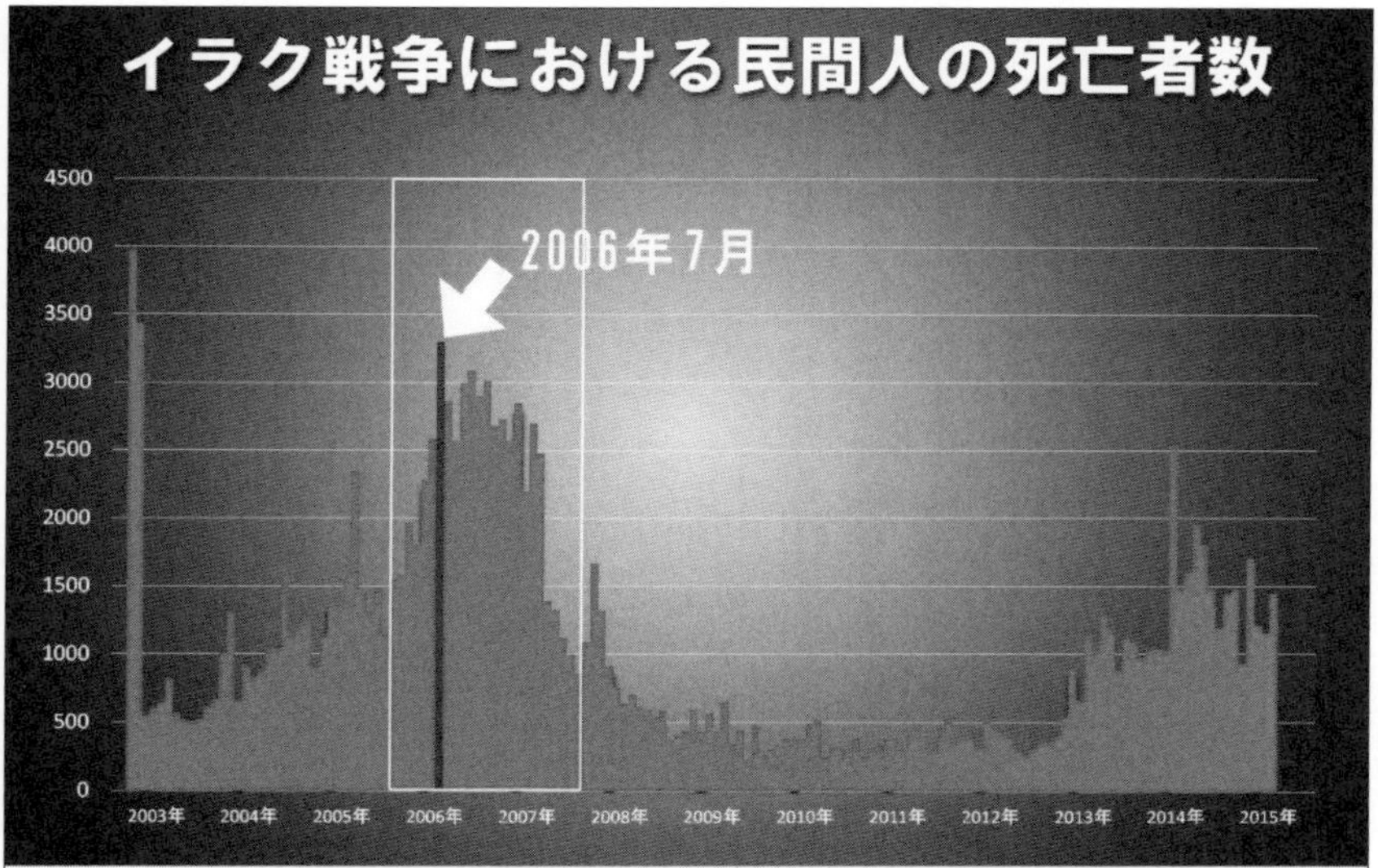

2015 年 7 月 30 日　参議院我が国及び国際社会の平和安全法制に関する特別委員会　生活の党と山本太郎となかまたち：山本太郎
資料③　<NGO「イラク・ボディカウント」ホームページより　山本太郎事務所作成 >

ラクの現状だと。いわゆるテロとの闘いと先進国が始めた戦争によって、子供、女性、お年寄り、多くの市民が犠牲になったと。イラク戦争に賛成したんですよね、安倍総理は。賛成していなかったら多分ここまで来られなかったですもんね、総理までね、途中で。で、アメリカ兵の輸送に関しても賛成されたわけですよね。これ、賛成されていなかったらここまで来られていないですもんね。

我が国の総理が、イラク戦争の実態、あまり詳しくは御存じないようなんですね。その一方で自衛隊の活動を拡大しようとしているって、アラブの人々、世界の人々が聞いたらどう思うんでしょうか。

航空自衛隊のイラクでの空輸活動については、二〇〇八年の名古屋高裁で違憲判決*4、憲法違反だという判決が確定しています。このことについては御存じですか。御存じか御存じでないかだけでお答えください。総理です。

国務大臣（中谷元君）　平成二〇年の四月一七日の名古屋高裁における判決について、違憲の確認及び差止めを求める訴えは不適法なものであると却下をされました。また、損害賠償請求は法的根拠がないとして棄却をされておりまして、国側が全面勝訴の判決でございました。

山本太郎君　総理とお願いしたんです。総理にお答えいただきたい。最高責任者なんでしょう。

***4　名古屋高裁の違憲判決**
二〇〇八年四月一七日、名古屋高等裁判所の青山邦夫裁判長は、自衛隊のイラク派遣についての違憲の確認と派遣の差し止めを求める原告市民団体に対し、全面敗訴の判決を下した。が、その際に傍論として、他の同種の訴訟に共通の事実認定を判断。航空自衛隊部隊が多国籍軍兵士をバグダッドに輸送している事実を〝戦闘地域での活動〟と認定し、「自らも武力の行使を行ったとの評価を受けざるを得ず……日本国憲法第九条に違反する活動を含んでいる」との問題点を指摘している。

この違憲判決、要は、イラクでの空輸はこれ違憲だ、憲法違反だという判決が出た。その要旨、中身を見てみると、政府と同じ憲法解釈に立ち、イラク特措法を合憲としても、憲法第九条一項に違反する活動を含んでいることが認められる。人道支援と言われるものの実態は結局米軍との武力行使一体化であったと、それがはっきりと司法によって判断された。イラク戦争でも我が国は多くの民間人を殺すことに加担していた可能性が高いということをこれ伝えているわけですよね。輸送した米兵の中では、ひょっとしたら戦場に向かって、人道復興支援だとかいうような話になっていたかもしれないですけど、表向きは、でもその中身は分からないということですもんね。

総理は衆議院での質疑で、国連憲章上違法な武力の行使を行っていれば、それは国際法上認められないことであり、我が国はそのような国を支援することはないと答弁されました。

総理、我が国がジュネーブ条約や国際人道法[*5]や国際人権法に違反する行為、つまり戦争犯罪に協力することなんてあり得ませんよね。一言でお願いしたいです。あり得るかあり得ないか。お願いします。

内閣総理大臣（安倍晋三君）　それは、我が国は、我が国として国連憲章上違法な武力の行使を行う国に対して支援や協力を行うことはないわけであります。

山本太郎君　ありがとうございます。

＊5　**国際人道法**
戦時、平時を問わず、人間の尊厳を保護することを目的とする国際法規範すべてを包括する概念で、国際人権法（拷問等禁止条約含む）や武力紛争法が含まれるとされる。具体的には、交戦国・交戦員の軍事作戦の行動の際の権利と義務を定め、国際武力紛争において敵を害する方法と手段を制約する「ハーグ法」と、戦争犠牲者を保護し、戦闘不能になった要員や敵対行為に参加していない個人の保護を目的とした「ジュネーブ法」をあわせた概念。第一次、第二次両大戦を通じた「戦争の世界化＝世界の戦争化」のなかで必然的に生まれた「抑止規範」。

夏休みでたまたま中学生がテレビを見ていたら国会やっていたという方もいらっしゃると思うんですね。今、私と総理との間でどういうやり取りがあったかといいますと、戦争には最低限ルールがあるんだよということなんです。もちろん皆さん御存じだと思います、中学生になれば。攻撃するのはあくまで戦闘員、軍事拠点であり、一般市民や民間施設は攻撃しちゃ駄目、当たり前ですよね。これに反するものは戦争違反とする、当然です。

アメリカが批准しているジュネーブ条約では、民間人に対する攻撃、殺人、傷害は禁止、病人の保護、文民病院の攻撃禁止、定められております。[*6]そして、今総理が言われたことは、ルール違反は許さないよと、そういうことですよね。恐らく、そういう違反をするような連中とは一緒にやっていかないからという強い意思を示してくださったと思うんです、今までの委員会での発言でも。

でも、総理、一番一体化、一体化と言ったらおかしいですか、一番きずなを深めたがっているアメリカ、米軍は、ジュネーブ条約など国際人道法、国際人権法違反の常習犯だそうです。安倍総理にとってはおじい様[*7]の時代から深く縁があるアメリカかもしれない、この法案が成立すればより一層そのきずなも深まるかもしれない、そのアメリカの軍隊は例に漏れずイラクでも戦争犯罪の常習犯との呼び声が高いそうです。

二〇〇四年四月、米軍はイラクのファルージャという都市を包囲、猛攻撃を行った。

＊6 民間人に対する攻撃～文民病院の攻撃禁止

アメリカに関しては、ジュネーブ条約の批准をしているにもかかわらず、空爆時やミサイル攻撃に関する誤爆の報告が後を絶たず、直近では二〇一五年一〇月三日にアフガニスタン北部のクンドゥズでNGO「国境なき医師団」の病院を〝誤爆〟している。

国連人権高等弁務官が「犯罪の可能性すらある」と断じたこの誤爆では、反政府勢力タリバンとの交戦中、同NGOスタッフが爆撃の事実をアフガニスタンとアメリカの軍事当局に電話で伝えたにもかかわらず、爆撃は約一時間も継続し、少なくとも一二人のスタッフと四人の患者、子ども三人が死亡。日本人ジャーナリストの志葉玲氏も、イスラム抵抗運動「ハマ翌月、国連の健康の権利に関する特別報告官が、ファルージャの攻撃で死亡したのは90％は一般市民だった、約七五〇人が殺されたという情報もある、国連は一刻も早く人権侵害行為に関して独立した調査を行うべきであるという声明も出している。

フリップをお願いします。先ほどお話ししました中学生の皆さんのためにもフリップ出してください。

救急車攻撃されていますよ。アメリカの攻撃ですよ、これ。二〇〇四年六月、現地入りしたジャーナリスト、志葉玲さんが撮影したもの（六三頁⑦）。黒焦げになった救急車。先ほどのお話です。国連の方が言うには、医療活動を妨害したのはアメリカ、そして救急車を攻撃したのもアメリカだという話なんです。あまりにもひど過ぎる。

じゃ、ファルージャ、どんな戦いだったのか。二〇〇四年の一一月から米軍の大規模攻撃を受けたんですけれども、この作戦に参加した米兵がこう言っている、「冬の兵士　良心の告発」というＤＶＤ*8の中で。

攻略戦の訓練を受けていた全員、みんなキャンプに行きますから、訓練受けますから、ある日、軍法、軍の法律ですよね、軍法の最高権限を持つ部隊の法務官に招集され、こう言われたと。武器を持つ人間を見たら殺せ、双眼鏡を持つ人も殺せ、携帯電話を持つ人は殺せ、何も持たず敵対行為がなかったとしても、走っている人、逃げる人は何か画策しているとみなし殺せ、白旗を掲げ命令に従ったとしても、わなとみな

ス」とイスラエル軍の戦闘が続くガザ地区で、イスラエル軍が負傷者を病院に運ぶ救急車を躊躇なく攻撃する事態を「戦争だからなにをやってもいいというわけじゃない！」と憤りをもって報道している。

＊7　安倍総理のおじい様（60頁）　第五六・五七代内閣総理大臣を務めた岸信介（一八九六～一九八七）その人。太平洋戦争開戦時に商工大臣だったことから極東軍事裁判でA級戦犯被疑者として三年半拘留されるも、不起訴放免。サンフランシスコ講和条約発効とともに公職追放も解除され、政界復帰後は保守合同を経て一九五七年に内閣総理大臣に就任する。

この間、一九六〇年には日米安全保障条約を締

し殺せと指示した。ファルージャで僕たちはその交戦規定に従った。米兵たちは、ブルドーザーと戦車を使って家屋を一つ一つひき潰し、人間は撃ち尽くしたから、犬や猫や鶏など動くものは何でも撃った。動物もいなくなったから死体も撃ったと。

これ、一部のおかしな米兵がやったことじゃないですよ。米軍が組織としてやってきたことです。ファルージャだけじゃない、バグダッドでもラマディでも。

総理、アメリカに民間人の殺戮、当時やめろと言ったんですか。そして、この先、やめろと言えるんですか、引き揚げられるんですか。お答えください。

内閣総理大臣（安倍晋三君） まず、そもそもなぜ米国、多国籍軍がイラクを攻撃したかといえば、大量破壊兵器、当時のサダム・フセイン独裁政権が、これはかつては間違いなく化学兵器を持ち、そしてそれをイラン・イラク戦争でも使用し、多くの人々を殺し、自国民であるクルド族に対してもこれを使用して、相当多くの自国民も殺したという実績があったわけでありまして、そしてそれを、既に化学兵器、大量破壊兵器はないということを証明する機会を与えたにもかかわらず、それを実施しなかったというわけであります。

そこで、国連決議において、国連憲章第七章の下で採択された決議六七八、六八七及び一四四一を含む関連の安保理決議によってこれは正当化されたと考

結するなど表向きは親米保守のスタンスを貫きつつ、半面で自主憲法制定や東京裁判による戦争責任の見直しなど、歴史修正主義的な姿勢も堅持。こうした、アメリカに対するある種ジレンマ的な政治姿勢（それこそが戦後日本の典型的メンタリティであるのだが……）が孫である安倍総理にも顕著に受け継がれている点は、いかにも興味深い。

＊8 「冬の兵士　良心の告発」（61頁）
イラク帰還兵の若者たちが戦争での無差別殺戮を証言、その記録をまとめたドキュメンタリー映像。監督はジャーナリストの田保寿一氏。二〇〇八年。

⑦

2015年7月30日　参議院我が国及び国際社会の平和安全法制に関する特別委員会　ⓒ 志葉 玲
生活の党と山本太郎となかまたち　山本太郎
資料④〈「ファルージャの破壊された救急車」フリージャナリスト志葉玲氏　2004年6月撮影　山本太郎事務所作成〉

えているわけでございます。（発言する者あり）

山本太郎君　ありがとうございます。今、突っ込みが入りました。八七八は関係ないというお話が入りました。

イラクに査察に入った国連の方々、七〇〇回以上ですよ、大量破壊兵器はなかったという話になっている。でも、無理やり踏み込んだのがアメリカとイギリスじゃないですか。その片棒を担いだのが日本なんですよ。その総括がなされずに、自衛隊をまた外に出す、遠くに出す、拡大させる。これ、総括必要ですよ。**総理、総括する必要あるでしょう、あなた自身が。**だって、ずっとその決定してきた組織の中にいて、いいポジションにいたんですから。

委員長（鴻池祥肇君）　山本君に申し上げます。

山本太郎君　ありがとうございます。

委員長（鴻池祥肇君）　終わりますか。

山本太郎君　質問を終わらせていただきます。

Q

2015.08.03

経済格差を利用して兵員を確保する、経済的徴兵制。サラ金みたいな奨学金制度。若い人の首、絞まっていますよね？

自衛隊は違法な武力行使に支援を行わないことについて、岸田外務大臣、中谷防衛大臣から言質を取る。続いて奨学金担当の日本学生機構と防衛省の間で交わされた「企業が二年間自衛隊に実習生として派遣するプログラムのイメージ」および全国の高校三年生に自衛隊から届いたDMを巡り、個人情報の保管法と活用について問い質し、さらには奨学金の無利子化を要請。

山本太郎君　生活の党と山本太郎となかまたち共同代表、山本太郎と申します。

七月三〇日のこの特別委員会で、私は安倍総理に対しまして、我が国がジュネーブ条約や国際人道法や国際人権法に違反する行為、つまり戦争犯罪に協力することがあり得るかあり得ないかと質問いたしました。安倍総理は、「それは、我が国は、我が国として国連憲章上違法な武力行使を行う国に対して支援や協力を行うことはないわけであります。」、このように答弁されました。

岸田外務大臣にお伺いしたいと思います。

我が国は、民間人に対する攻撃、殺人、傷害などを禁じたジュネーブ諸条約、国際人道法や国際人権法に違反する違法な武力行使を行う国に対して支援や協力を行うことはないということで間違いないでしょうか。

国務大臣（岸田文雄君）　仮にある国が、軍事目標主義、要は文民を攻撃してはならないとか、あるいは捕虜を人道的取扱いしなければならない、こうしたジュネーブ諸条約を始めとする国際人道法に違反する、こうした行為を行った場合に、我が国がそのような行為を支援することがない、これは当然のことだと考えます。

山本太郎君　**中谷防衛大臣にお聞きしたいと思います。**

日本の自衛隊員は、今後とも民間人に対する攻撃、殺人、傷害など

を禁じたジュネーブ諸条約や国際人道法や国際人権法に違反する米国などの違法な武力行使には支援や協力は行わないということでよろしいでしょうか。

国務大臣（中谷元君）　自衛隊が活動するに当たりましては、国際法を遵守をし、また国際人道法上違法な行為に対する支援を行わないというのは当然でございます。これは法案によって規定をされておりまして、例えば重要影響事態法[*1]、これによる我が国による後方支援活動の対象は日米安保条約又は国連憲章の目的の達成に寄与する活動を行っている外国の軍隊等に限られております。また、国際平和支援法におきましても、国際社会が国連憲章の目的に従い共同して対処していることが要件の一つでございまして、国連憲章の目的に反する活動を行っている相手に対しては我が国は支援を行わないということは国内法上担保されているということでございます。

山本太郎君　今日の私の質問のテーマなんですけれども、経済的徴兵制。

私は、今回の安保法制によって、日本の自衛隊が世界中のアメリカなどの戦争に参加、協力し、自衛隊員自身が殺されたり、拘束されて人質になるリスクが高まることももちろんこれ重大な問題なんですけれども、自衛隊員がアメリカ軍などの戦争犯罪に加担し、民間人殺害の共同正犯になることも非常に重大な問題だと考えています。

＊1　**重要影響事態法**
「重要影響事態に際して我が国の平和及び安全を確保するための措置に関する法律」略して重要影響事態（安全確保）法は、もと一九九九年に施行された「周辺事態に際して我が国の平和及び安全を確保するための措置に関する法律」を、平和安全法制整備法による一括改正のひとつとして改定するもの。
　具体的には、これまで「周辺」という表現により定められていた自衛隊活動の地理的制約がはずこれまでは専守防衛、正当防衛、災害救助など大義のある正義の行動だったものが、大義のない正義に反する戦争犯罪に自衛隊員が加担してしまうことはあってはならないと思います。私は、自衛隊員になろうとする人が減ってしまうんじゃないかなというふうに懸念しております。それでは、パネルの方をお願いいたします。**（資料提示／六九頁⑧）**

そこで、経済的徴兵制という話になるんですけれども、パネルと配付資料の方を御覧ください。これは、昨年五月二六日、文部科学省の学生への経済的支援の在り方に関する検討会議事録でございます。色の塗ってある部分（注・薄いグレーの部分）が該当部分です。当時、経済同友会の専務理事で、現在、奨学金を担当する独立行政法人日本学生支援機構の運営評議会委員でもある前原金一《かねいち》さんの発言です。色がちょっと違う部分ですね。

これ、与野党の理事の皆さんの了解があれば、ひょっとしたら、この方、参考人に呼べたりするんじゃないかなと思いまして、取りあえず問合せをしたんですね。いろんなことも確認しておこうということで、スケジュールはどうなんだろうと思ったんですけれども、支援機構が言うには、この前原さん、八月一日で委員を辞められるので、本日八月三日はもう委員ではないということだったんですよね。でも、それでもしつこく今日も確認したんです。そうしたら、まだ手続が終了していないので、今日現在はまだ学生支援機構の運営評議会委員であるそうなんですよ。おかしな話だな、

されるとともに、日米安全保障条約の目的の達成に寄与する活動を行う米軍以外の外国軍隊等に対する支援活動が追加されるなど、改定前の内容を著しく拡大するものとなった。

⑧

経済的徴兵制

前原金一 氏
（当時、経済同友会専務理事・
日本学生支援機構運営評議会委員）
の発言

「前回も申し上げたのですが、こういうやり方も一つあります。今の経済状況を考えると、労働市場は非常に好転しています。まず、延滞している人の年齢別人数を教えていただきたい。それから、延滞者が無職なのか、低収入なのか、あるいは、病気なのかという情報をまず教えていただきたい。

今、労働市場から見ると絶好のチャンスですが、放っておいてもなかなかいい就職はできないと思うのです。前も提言したのですが、現業を持っている警察庁とか、消防庁とか,防衛省などに頼んで,1年とか2年のインターンシップをやってもらえば、就職というのはかなりよくなる。防衛省は考えてもいいと言っています。」

「百数十万人いる無職の者をいかに就職させるかというのは、日本の将来に非常に大きな影響を与える」

「防衛省は、2年コースを作ってもいいと言っています。」

2015年8月3日　参議院我が国及び国際社会の平和安全法制に関する特別委員会　生活の党と山本太郎となかまたち：山本太郎
< 平成26年5月26日　文部科学省「学生への経済的支援の在り方に関する検討会」議事録より　山本太郎事務所作成 >

これ。話変わっているんですよ。

元の話に戻りたいと思います。（発言する者あり）是非来ていただきたいですよね。

この議事録の中で、うわさの前原さん、このようにおっしゃっている。まず、延滞している人の年齢別の人数、教えていただきたい、それから、延滞者が無職なのか、低収入なのか、あるいは病気なのかという情報をまず教えていただきたい、このように発言されているんです。

学生支援機構、奨学金に関するこのような情報というのは存在するんですかね。そして、この前原さんとか防衛省に情報提供をしたことあるんですか。そして、返済猶予、恐らく情報があるとしたらこの返済猶予の手続を取った人たちだと思うんですけれども、この返済猶予の理由別の人数、教えていただけますか。さらに、**防衛省やほかの機関から情報提供を求められたことはあるのかどうか、お答えください。**

参考人（遠藤勝裕君）　お答えいたします。

平成二六年度末の延滞者の年齢別の件数でございますけれども、二五歳未満、六万二〇〇件、構成比は17・2％、二五歳以上三五歳未満が二一万四七五一件、構成比は61・4％、三五歳以上四五歳未満が五万七一七六件、16・3％、そして四五歳以上が一万七八四八件、構成比5・1％です。

また、御質問でございますけれども、延滞者の延滞事由別の件数ということでございますが、全体の事由別件数というのは把握しておりませんが、サンプリング調査によりまして、奨学金の延滞者に関する属性調査というものを行っております。これの平成二五年度の属性調査の数字でございますけれども、まず一番多いのが、半分以上、51・1％が本人の低所得によるもの、そして15・1％が本人が失業中、無職ということでございます。それから、本人が病気である、これが5％ということです。それから、もう一つ大きな理由として親の支援というのがございます。親の経済的困窮に対して返還者が支援をすると、そういう理由が17％ほどということでございます。

また、返還期限の猶予制度の適用者の主な事由別件数でございますけれども、これは二六年度末のデータでございますが、やはり経済的な困難、失業等、これが九万二三四一件、87・2％、まあ九割近くを占めている。ほかに御本人の病気、あるいは生活保護、あるいは災害に遭ったと、そういったことが返還期限猶予制度の適用者の理由になっております。

なお、お尋ねの奨学金の延滞者に関する属性調査の結果については、これは私ども公表をしております。ただ、個別の延滞者の情報について、前原委員あるいは防衛省、他省庁に提供したり、防衛省や他省庁から問合せを受けたという事実はございません。以上でございます。

山本太郎君　済みません、たっぷりとお時間を使って御説明いただきました。本日の質疑時間は一五分しかございません。

さあ、続いて参りたいと思います。

前原さんですね、先ほどのうわさの前原さん、このようにコメントされております。現業を持っている警察庁、消防庁、防衛省などに頼んで一年とか二年のインターンシップをやってもらえば就職というのはかなり良くなる、防衛省は考えてもいいと言っている、二年コースを作ってもいいと言っていますと発言されています。

防衛省、端的にお答えください、あったかなかったかだけね。前原さんにこのように言ったんですか。**二年コースのインターン、検討されたんでしょうか。**お願いします。

国務大臣（中谷元君）　防衛省では、前原氏に対して、企業が新規採用者を二年間自衛隊に実習生として派遣するとのプログラムのイメージについてお示しをしたことはございますが、防衛省としては、奨学金の返還延滞者を対象としたインターンシップ制度、これについては検討は行っておりませんし、また今後検討を行う予定もございません。

山本太郎君　今お話しいただいたのは社会人ということですか、その検討されたというか、その話合いの場に上がったというのは。そういうことですよね。奨学金のことは上がっていないけれども、その**社会人の教育訓練というような部分に関して上がったということでよろしいですかね。**ごめんなさい、そうなのか、そうじゃないのかだけお答えください。

国務大臣（中谷元君） これは企業が新規採用者を二年間、自衛隊に実習生として派遣するというプログラムのイメージでございまして、社会人のことでございます。

山本太郎君 これ、どういうことですか。

じゃ、この前原金一さんという人は、むちゃくちゃですよね、言っていること。防衛省となかった話を、うそを言っているということになるんです。防衛省がうそを言っているのか、この前原さんという人がうそを言っているのかという話ですよね、これ。こういう方が奨学金に関わって、今、若者たちの首が絞まっているような奨学金に関していろんな意見を言うということは、すごく問題ですよ。これ、前原さんがうそを言っているのか、防衛省がうそを言っているのか。

防衛省にもう一度お伺いします。

今の御発言、間違いない話なんですか。イエスかノーかで結構です。

国務大臣（中谷元君） 私が先ほど申し上げました、防衛省では前原氏に対して、企業が新規採用者を二年間自衛隊に実習生として派遣するとのプログラムのイメージについてお示しをしたことはございますが、防衛省としては、奨学金の返還延滞者を対象としたインターンシップ制度については検討は行っておりませんし、また、今後検討を行う予定もないということでございます。

山本太郎君　なるほど。ということは、前の経済同友会の専務理事である前原金一さんがとんでもない人だということが、今、防衛省がうそをついていないのであれば、とんでもないということがはっきりとしたという話ですね。

一度、この方、参考人として呼んでいただきたいんですけれども、これ、理事会で協議していただけないでしょうか、委員長。

委員長（鴻池祥肇君）　後の理事会で協議をいたします。

山本太郎君　ありがとうございます。

昨年の七月一日、憲法違反の閣議決定をした直後に、全国の高校三年生に一斉に自衛隊からお手紙が来ました、ダイレクトメール、郵送されてきたんですね。これ、インターネットでも、すわ赤紙、赤紙来たあというふうに大変に話題になりました。

これは、法令に基づいて全国の市町村から情報提供を受け、全国の高校三年生の個人情報を、名前、生年月日、性別、住所の四情報を収集して行ったという話なんですけれども、防衛省、現在持っている**全国の高校三年生の個人情報、今何人分**

あるんですか。この情報、今後どうするんでしょうか。

国務大臣（中谷元君）　自衛隊の募集に関して必要となる個人の氏名、生年月日等の情報は、自衛官募集を目的といたしまして、それぞれの自衛隊地方協力本部において用いられるものでございます。全国の地方協力本部において、こうした情報を何名分保有しているかにつきましては、集計をする必要がないため集計をしておりません。

自衛隊の協力本部では、取得した情報を自衛官募集に係わるダイレクトメールの送付のために利用をいたしておりますが、自衛隊の地方協力本部において、こうした情報の利用目的の達成に必要な範囲のみで保有することを徹底することを含めて、今後とも法令に基づき適正に管理するように努めているわけでございます。また、これの保管等につきましては、一年以内に消去をいたしておりまして、この個人情報等につきましては、法令上個人情報ファイル簿の作成、公表を要しないということにされて、厳正に管理、また対応しているということでございます。

山本太郎君　これ、非常に不気味なんですよ。そんなダイレクトメールいきなり来たら、えっ、どうしてと、どうして私が今年卒業するのって分かるのというような話で、もう全国でいろんなところでいろんな声が上がっているんですけれども、やめていただきたいんです、こういうこと。

何よりも、防衛省として把握していない、この数を。あまりにもおかしくないですか、一八歳に該当する人たち一二〇万人近くいるんですよ。ひょっとしてその人たちの情報を全て持っているかもしれない。それをどうするのかというか、その数も把握していないなんて、あまりにもおかしな話なんです。

たくさんお話をしたかったんですけれども、下村文科大臣がミラノからわざわざ直行してくださったんですね、本当にありがとうございます。お疲れのところ、いろんなお話伺いたいんですけれども、もうポイントで行きたいと思います。

大臣は、交通遺児育英会の交通遺児奨学生の第一期生ですよね。もう本当に奨学金を受けている人たちの星だと思うんです。経済的格差を利用して兵員を確保すること、経済的徴兵制。問題になるのは、私、やはり日本の奨学金制度に問題があるからだと思うんです。

各省庁見てみても、これ、給付型の奨学金があるのは防衛省だけなんですよ。おかしいでしょう、こんなこと。これ、あまりにもおかしいと思うんです。不平等だと思うんです、法の下の平等に反している。奨学金、何が問題か。利息が付くこと、延滞金が付くこと、これ、サラ金と一緒なんですよ。これ、何とかしてあげてほしいんです。国がサラ金やってどうするの、国が武富士になってどうするんだという話なんです。

力を貸していただきたいんですけれども、この利息、どんどん減らしていくと、**無利子で奨学金を出していくということにお力を貸していただきたいんですけれども、一言聞かせていただけますか。**

国務大臣（下村博文君）　ありがとうございます。

もう時間がオーバーしていますので、簡潔にお話、お答えさせていただきたいと思いますが、認識は全く同じでありまして、まず有利子奨学金をできるだけ無利子奨学金にしてまいりたいと思います。そして、平成二九年から所得連動返還型無利子奨学金制度の導入について今検討しているところでございます。年収三〇〇万以下であれば返還しなくてもいいというような形を取ることによって、全ての意欲と能力のある若者がチャンス、可能性が広がっていくような、そういう奨学金制度の充実を更にしてまいりたいと思います。

山本太郎君　ありがとうございます。

無利子に加速させると安倍総理は施政方針演説で言いましたけれども、八八万人の有利子の奨学金を借りている者のうち、それに該当するのは1％しかいないんです。力を貸していただきたいんです、奨学生の星でありますから。大臣がそれを行ったということを大きく見せていただきたいんです。首が絞まっています、若い人たちの。よろしくお願いいたします。ありがとうございました。

Q

今回の安保法制、米軍からのニーズ、米国からのリクエストですよね!?

2015.08.19（午前）

「永田町では誰もが知っているけれどわざわざ言わないこと」、安保法制制定の立法事実として、米軍のニーズと要請があることを、ジャパンハンドラーズ、ジョセフ・ナイ・ハーバード大学教授とリチャード・アーミテージ元国務副長官による「アーミテージ・ナイ・レポート」提言から明らかにする。憲法を踏みにじり、国民の生活を破壊してでもアメリカの要請に全力で取り組もうとするのはなぜですか？

山本太郎君　生活の党と山本太郎となかまたち共同代表の山本太郎です。

永田町ではみんな知っているけれどもわざわざ言わないことを質問していきたいと思います。答弁は簡潔明瞭にお願いいたします。

まず、中谷防衛大臣、よろしくお願いいたします。

中谷大臣は、七月三〇日の本委員会、福島みずほ委員の、今まで周辺事態法でできないとされていた弾薬の提供がなぜできるのかという質問に対し、現行法制定時には米軍からのニーズがなかったので、弾薬の提供と戦闘作戦行動のために発進準備中の航空機への給油、整備については除いていたが、その後、日米の防衛協力ガイドラインの見直しの中で、米側から、アメリカ側からこれらを含む幅広い後方支援への期待が示されたと答弁されました。

ということは、**中谷大臣、今回の安保法制制定の立法事実として、米軍のニーズ、要請があるということでよろしいでしょうか。**

国務大臣（中谷元君）　現行法の制定時におきましては米側からのニーズがなかったということで支援内容から省いておりました。これ、国会でも答弁をいたしたとおりでございます。

しかし、その後、日米防衛協力ガイドライン、これの協議が行われまして、その中で米側からこれらを含む幅広い後方支援への期待が示されたということです。また、先ほど答弁いたしましたが、一昨年、南スーダンＰＫＯに参加している陸自の部隊が国連からの要請を受けて韓国部隊のために弾薬提供を行ったように、想定外の状況によって弾薬を融通する必要がある場合も想定をされるということ、また、いろんな状況も変化をしてきたということでございまして、こういったことをもちまして、今回、あらかじめ法的に措置をしておく必要があると考えたわけでございます。

山本太郎君　中谷大臣、現在の周辺事態法ではできなかった弾薬の提供などを今回の安保法制でできるようにするのは、アメリカ側からの期待、米軍のニーズがあったからということでしたけれども、**米軍からいつ頃どのような形でどのような具体的なニーズがあったのかということを教えてもらえますか。**

国務大臣（中谷元君）　日米防衛協力が進展をしたということ、またガイドラインの見直しが進められたということ、また自衛隊もそういった能力が向上してきたということで、米側からこれらを含む幅広い後方支援への期待が示されたということで、今回、重要影響事態に際してもこれらの支援を行うようにできるよう法的措置を講じることにしたということでございまして、基本的には日米間の協議の中でニーズが出てきたということでございます。

山本太郎君　あまり答えていただいていないような状況だったと思うんですけれど

＊1 ショー・ザ・フラッグ、ブーツ・オン・ザ・グラウンド（81頁）
いずれも、二〇〇一年発足の米ジョージ・ブッシュ政権下で国務副長官を務めたリチャード・アーミテージによるとされる発言。アーミテージは、ロナルド・レーガン政権時に国防次官補代理を務め、東アジアおよび太平洋地域を担当していたことから〝（保守派の政治家・官僚にとっての）知日派〟とされ、安全保障に関するその発言は常に注目を集める存在だった（ちなみに知日派を意味するJapan handler のhandlerには「（犬などの）調教師」という意味もある）。
　しばしばセットで扱われる両発言だが、前者は二〇〇一年のアメリカ同時多発テロ事件を受けて、後者はその後のイラク戦

も。

とにかく米軍のニーズが立法事実になっているんだという話ですよね。リクエストされたから、ニーズがあったから、それによってこの国の在り方、ルールを変えていくという話ですよね。弾薬の提供、輸送をすると。弾薬は、法律上は銃弾、砲弾、手りゅう弾、ロケット弾、果てはミサイル、核兵器まで提供、輸送できる。また、戦闘作戦行動のために発進準備中の航空機への給油、整備も。これらは誰が見ても明らかに武力行使と一体となった輸送、兵たんで、明白な憲法違反。

弾薬の提供、輸送と戦闘作戦行動のために発進準備中の航空機への給油、整備については、これまで武力行使と一体となった後方支援ということで憲法違反だったんですよね。でも、今回、憲法解釈を変えたんですよね、米軍のリクエストで。

実は、アメリカ側のリクエストというのはもっとスケールが大きくて綿密なんだよということをお知らせしたいと思います。パネルをお願いします。**（資料提示／八三頁⑨）**

このパネルは、集団的自衛権を認める昨年七月一日の憲法違反の閣議決定の二週間後、七月一五日、首相官邸での写真でございます。首相官邸のホームページから引用させていただきました。

安倍総理と握手している方、ショー・ザ・フラッグ、ブーツ・オン・ザ・グラウンド[*1]、この言葉で有名なリチャード・アーミテージ元アメリカの国務副長官。一人置い

争開戦時のもの。うち「ショー・ザ・フラッグ」については、日本国内の複数の新聞紙上で「日本の旗を見せてほしい」との訳で報じられ、結果として「日本による後方支援を可能とする法的措置で、自衛隊を海外に派遣せよ」とアメリカが強く求めている、という空気を醸成したことは間違いない。実際のところ、アーミテージの発言自体は国連における各種決議などの際に「旗幟を鮮明にしてほしい（こちらが本来の意味）」という要請だったにもかかわらず、こうした〝空気〟が「テロ対策特別措置法」成立を後押しした背後には、外務省による意図的な情報操作があった可能性も考えられる（柳井大使自身、のちに「ショー・ザ・フラッグとの直接的な発言はなかった」との

て左から二番目、赤いネクタイの方、もうほとんど側頭部、後頭部しか写っていない方ですけれども、この方がジョセフ・ナイ・ハーバード大学教授。

このお二人、一体何者なのと御存じない方のために、外務省のホームページで次のように詳しく紹介されています。日米安全保障研究会米側委員を代表してジョン・ハムレ戦略国際問題研究所、CSISですよね、CSISの所長が、一四年前にアーミテージ元国務副長官とナイ・ハーバード大学教授がアーミテージ・ナイ・レポートを作成し、日本の安全保障に対するアプローチについて提言したと述べたと書いてあります。

このお二人が提言してくださった有り難いお言葉の数々が日本国の政策にそのまま反映されている、とても影響力のある方々というお話なんです。

二〇〇〇年一〇月に第一次、二〇〇七年二月に第二次、そして二〇一二年の八月に第三次が公表されたアーミテージ・ナイ・レポートは、それぞれ日本の安全保障政策に大きな影響を与えた。

パネル、入れ替えてもらっていいですか、お願いします。

二枚目のパネル **(八三頁⑩)** は、その第三次アーミテージ・ナイ・レポートの中の日本への提言九項目、そして、その他注目すべき記述を抜粋したものです。これを見ると、今回の憲法違反の閣議決定から憲法違反の安保法制まで、ほとんど全てアメリカ

発言を行っている)。

「ブーツ・オン・ザ・グラウンド」に関しても、たんに日本の役割を野球にたとえた「観客になるな、投手や捕手でなくていいから試合には出ろ」との発言が、あたかも「戦闘地域でともに活動せよ」との要請であるかに意図的に報じられたが、今日、平和安全法制により派遣される自衛隊員が「安全」であるとの主張を崩さない政府の姿勢は、どう解釈されるべきだろうか。

＊2 防衛装備移転三原則（85頁）

以前の「武器輸出三原則」に代わり二〇一四年四月に閣議決定された、武器輸出規制に関する政府の新方針。

旧「武器輸出三原則」に関しては、一九六七年の佐藤栄作総理（当時）

⑨

2015年8月19日　参議院我が国及び国際社会の平和安全法制に関する特別委員会　生活の党と山本太郎となかまたち：山本太郎
＜首相官邸ホームページ　総理の一日より「平成26年7月15日」　山本太郎事務所作成＞

⑩

第3次アーミテージ・ナイレポート（2012年8月）
～日本への提言（9項目）

1	原発の再稼働
2	海賊対処・ペルシャ湾の船舶交通の保護、シーレーンの保護、イラン核開発への対処
3	TPP交渉参加～日本のTPP参加は米国の戦略目標
4	日韓「歴史問題」直視・日米韓軍事的関与
5	インド・オーストラリア・フィリピン・台湾等の連携
6	日本の領域を超えた情報・監視・偵察活動 平時・緊張・危機・戦時の米軍と自衛隊の全面協力
7	日本単独で掃海艇をホルムズ海峡に派遣 米軍との共同による南シナ海における監視活動
8	日米間の、あるいは日本が保有する国家機密の保全
9	国連平和維持活動（PKO）の法的権限の範囲拡大
その他	
10	集団的自衛権の禁止は同盟にとって障害だ
11	共同訓練、兵器の共同開発、ジョイント・サイバー・セキュリティセンター
12	日本の防衛産業に技術の輸出を行うよう働きかける

2015年8月19日　参議院我が国及び国際社会の平和安全法制に関する特別委員会　生活の党と山本太郎となかまたち：山本太郎
＜第3次アーミテージ・ナイレポート/海上自衛隊幹部学校ホームページ コラム033より　山本太郎事務所作成＞

側のリクエストによるものだということがよく分かる。

まず、パネルの下の方ですね、いきなり下でごめんなさい、その他の十番を御覧ください。レポートの本文ではこのように書かれています。

皮肉なことに、日本の国益保護に必要な最も過酷な状況下では、米軍は自衛隊と日本の集団的防衛を行うことは法的に禁止されているのだ、日本の集団的自衛権禁止を変えることはこうした皮肉の全てを解決するだろう、政策転換において、統合軍やより軍事的に攻撃性の高い日本、日本の平和憲法の変更は希求されるべきでない、集団的自衛権の禁止は同盟にとって障害だと書かれています。

パネル一（前頁⑨）を一瞬上にかぶせてもらっていいですか。

このときの写真、一体何なんだろうなと思ったら、集団的自衛権容認の憲法違反の閣議決定を提言した人たちですよね。提言した、しかもそれが実現した。だから、彼らは官邸までよくやったね君たちと褒めに来てくれた、そんな現場での心温まる写真の一枚なんじゃないかなというふうに考えてしまいます。

済みません、パネルを外していただいて、二枚目のパネル（⑩）に戻ります。

提言の一です、一番上です。ここでは何と原発再稼働を求めている。安倍総理は、これも安全性無視で実行しましたよね。提言の三、ＴＰＰ交渉参加。安倍政権は、二〇一二年の衆議院選挙での自民党の選挙の公約を堂々破って、これを忠実に実行して

による「共産圏諸国・紛争当事国などへの輸出禁止確認」の答弁に始まり、一九七六年には三木武夫総理（当時）が「武器輸出を慎む」と表現するなど、武器の輸出や共同開発を基本的に認めず、必要があればそのたびに例外規定を設ける内容であったが、「防衛装備移転三原則」では武器の輸出入を基本的に認め、そのうえで禁止する場合の内容や厳格な審査を規定する内容になっている。

背景には、輸出による防衛産業・技術の育成や国際共同開発による開発コスト削減、先端技術取得により日本の防衛力を強化するねらいがあるとされるが、その運用の正当性、透明性については国内外に危惧する声が少なくない。

いる真っ最中でございます。提言の八、日米間の、あるいは日本が保有する国家機密の保全。これ、特定秘密保護法そのまんまじゃないかよって、これもクリアしてしまっています。次は、もうちょっと下になるんですけれども、その他の十二、日本の防衛産業に技術の輸出を行うよう働きかける。これ、防衛装備移転三原則[*2]で実現していますものね。

今年四月二七日、新しい日米防衛協力ガイドライン[*3]を承認したときの日米共同発表文書には、日本が国際協調主義に基づく積極的平和主義の政策を継続する中で、米国は、日本の最近の重要な成果を歓迎し、支持する。これらの成果には、切れ目のない安全保障法制整備のための二〇一四年七月一日の日本政府の閣議決定、国家安全保障会議の設置、防衛装備移転三原則、特定秘密保護法[*4]、サイバーセキュリティ基本法[*5]、新宇宙基本計画及び開発協力大綱が含まれると書いてあるそうです。この第三次アーミテージ・ナイ・レポートの提言どおりの新ガイドラインとその他の重要な成果なんですよね。

そして、今回の安保法制、戦争法制は、パネルで見てみると、二、シーレーン保護、五、インド、オーストラリア、フィリピン、台湾等との連携、六、日本の領域を超えた情報・監視・偵察活動、平時・緊張・危機・戦時の米軍と自衛隊の全面協力、七、日本単独で掃海艇をホルムズ海峡に派遣、米国との共同による南シナ海における監視

＊3 新しい日米防衛協力ガイドライン

「日米防衛協力のための指針」は、日米安全保障条約に基づく防衛協力の具体的なあり方を取り決める文書。今回の改定は一八年ぶりのもので、日本の防衛に関して自衛隊と米軍があらゆる事態に切れ目なく対応し、両国が世界規模の同盟関係にあることを強調している。

具体的には、日本の防衛について、武力攻撃にいたらない「グレーゾーン事態」を含む平時、放置すれば日本に重要な影響が及ぶ事態、武力攻撃の発生が予測されたり起きた場合、に分けて両国の協力の枠組みを明記、日本による集団的自衛権の行使事例もここに盛り込まれた。このうち、放置すれば日本に重要な影響が及ぶ事態については、地理的制約を設けず、南

活動、九、国連平和維持活動（ＰＫＯ）の法的権限の範囲拡大、一一、共同訓練、兵器の共同開発。これらはほとんど全て今回のこの安保法制に盛り込まれたという話です。

岸田外務大臣にお伺いします。

この**第三次アーミテージ・ナイ・レポートで示された日本への提言などが、今年四月二七日の新ガイドライン共同発表に書かれた日本の最近の重要な成果や今回の安保法制で実現することになったとお考えになりますか。**

国務大臣（岸田文雄君）　まず、御指摘の報告書ですが、あくまでもこれは民間の報告書ですので、政府の立場からこれ逐一コメントすることは控えなければならないと思いますが、少なくとも、御指摘の今年の新ガイドライン、さらには今審議をお願いしております平和安全法制、これはこの御指摘の報告書を念頭に作成したものではないと考えます。

平和安全法制につきましても、あくまでも我が国の国民の命や暮らしを守るためにどうあるべきなのか、これは自主的な取組であると考えておりますし、新ガイドラインにつきましても、安全保障環境が厳しさを増す中にあって、日米の防衛協力について一般的な枠組みですとかあるいは政策的な方向性、こうしたものを示したものであると認識をしております。

山本太郎君　ありがとうございます。

シナ海や中東などでも自衛隊が米軍の後方支援をできるように変更。二〇〇一年に米軍主導で行われたアフガニスタン攻撃のような軍事作戦に際しても、自衛隊が後方支援することを役割とすることを明記している。

いずれも、解釈改憲で集団的自衛権の行使を可能とする平和安全法制を視野に入れている点は疑いなく、事実この二日後の四月二九日には、訪米中の安倍総理が米国上下院合同演説で同法案成立をなかば〝公約〟のようにフライング表明することとなった。

＊4　特定秘密保護法（85頁）

「特定秘密の保護に関する法律」は第二次安倍内閣による閣議決定ののち国会に提出され、二〇一三年一二月に成立。日本中谷防衛大臣、配付資料でお配りした第三次アーミテージ・ナイ・レポートの概要、これ、今でも海上自衛隊の幹部学校のホームページに掲載されているものをそのまま使わせていただきました。この**第三次アーミテージ・ナイ・レポートの日本への提言、今回の安保法制の内容に生かされていると思いますか。**

国務大臣(中谷元君) 防衛省・自衛隊といたしましては、幅広く世界のいろんな方々からの考え方も含めまして情報収集、また研究、分析をしております。

今回の平和安全法制につきましては、あくまでも我が国の主体的な取組として国民の命と平和な暮らしを守るというために作ったわけでありまして、これは時間を掛けてオープンな場で様々な意見、議論を経て決定をされたということで、特に政府内の有識者の懇談会、また与党内、自民党と公明党の協議会において二五回に及ぶ徹底的な議論を経て作成したものでありまして、このナイ・レポート等の報告書を念頭に作成したものではないということでございますが、しかし、政府としましては、今後の点において、これからも研究、検討は続けてまいるわけでございますので、このレポートで指摘をされた点もございますが、結果として重なっている部分もあると考えておりますけれども、あくまでも我が国の主体的な取組として検討、研究をして作ったものであるということでございます。

の安全保障に関する情報のうち「特に秘匿することが必要であるもの」を「特定秘密」として指定し、取扱者の適性評価の実施や漏洩した場合の罰則などを定めている。

具体的には、閣僚と省庁が防衛、外交、諜報活動、テロ対策などに関連する二三項目の情報をほぼ無制限に特定秘密扱いにすることを認め、これを漏らした官僚と入手しようとするジャーナリストを厳しく処罰。漏洩には最長で懲役一〇年、「不適切」「不正」な情報の入手には同じく懲役五年が科されることになる。

安倍総理は例によって「この法律は、国民の安全を守るためのものだ」との論旨を繰り返すが、これにより政権は国民の監視を免れて不都合な情報を隠蔽し、法案成立の透明性が著しく低下する

山本太郎君　民間のシンクタンクなんだよって、偶然の一致なんじゃないのみたいなお話ですけれども、民間のシンクタンクの方々がこれだけ頻繁に日本に訪れ、そして総理もそのシンクタンクで演説をなさったりとかしているわけですよね。随分懇意だねって、それが偶然の一致なんて話になるのって。これらのレポートを念頭に作成したものでない、結果重なってしまっている部分があると言うんですけど、ほとんど重なっているんじゃないかって。そっくりそのままですよ。完コピって言うんですよ、こういうの、完全コピー。

昨年七月一日、憲法違反の閣議決定から今回の憲法違反の安保法制、戦争法制までだけを見たとしても、何だこれ、アメリカのリクエストどおりじゃないかって。おまけに、原発再稼働、ＴＰＰ[*6]、特定秘密保護法、武器輸出三原則の廃止、何から何まで全てアメリカのリクエストどおりに行っているんだなって。**アメリカ、アメリカ軍の要請、ニーズには、憲法を踏みにじってでも、国民の生活を破壊してでも真摯に全力で取り組むって、これどういうことなんですか。これ、独立国家と呼べますか。**完全コントロールされているんじゃないかよ、誰の国なんだ、この国はという話をしたいんですね。

これだけ宗主国様に尽くし続けているのにもかかわらず、その一方で、アメリカは、同盟国であるはずの日本政府の各部署、大企業などを盗聴し、ファイブアイズと呼ば

のは確実。その背後に、諜報面など対中国の軍事的緊張を見据え、日本に“より強力な同盟国”としての役割を期待するアメリカの思惑が働いているのは言うまでもない。

＊5 サイバーセキュリティ基本法（85頁）
二〇一四年一一月に成立した同法は、法的根拠をもつ組織として内閣官房長官を本部長とする「サイバーセキュリティ戦略本部」を設置。国家レベルでセキュリティ強化の体制を構築して政府や関係省庁の対策を指揮するとともに、運用のための専門家を確保、任用し、日本のサイバーセキュリティの“自立”をはかるねらいがあるという。
一方、同法で指定される金融機関や通信業者、プロバイダ等には、セキュリティ確保の施策強化

れるイギリス、カナダ、ニュージーランド、オーストラリアなどとその盗聴内容をシェアしていたと。もう間抜けとしか言いようがないお話、先月出てまいりました。いつまで都合のいい存在で居続けるんですかってお聞きしたいんですよ。いつまで没落間近の大国のコバンザメを続ける気ですかって。（発言する者あり）今、後ろから声が聞こえてきました、もう一つの州、最後の州なんじゃないかと。そういう考え方もあると思います。もう一つの州であるならば、アメリカ合衆国の大統領、僕たちが選べなきゃおかしいんですよ。そんな状況にもされていないって。

諦めているんですか。いつ植民地をやめるんだ、今でしょって。対等な関係、健全な関係にするべきじゃないですか。出されたリクエスト、全て形にしていくなんておかしな話ですよ。

今回の戦争法案、アメリカのアメリカによるアメリカのための戦争法案には断固反対。当たり前です、廃案以外はあり得ません。中国の脅威というならば、自衛隊を世界の裏側まで行ける、そのような状態をつくり出すことは、この国の守りが薄くなるということですよ。どうして自衛隊が地球の裏側まで一体化してアメリカと一緒にいろいろなところに行かなきゃいけないの。アメリカ以外の国とも一緒に行けるような状況になっていますよね。歯止めありますか、ないですよね。中国の脅威をうたっている割には、国の守りが薄くなることに対しては全然平気っぽいですね。

が求められ、将来的には義務化や罰則規定が盛り込まれる恐れも。その場合、サイバー攻撃の被害防止のために通信の監視や遮断が行われる可能性も否定できず、憲法が定める「通信の秘密の遵守」が脅かされることになりかねない。

＊6 TPP（88頁）
環太平洋戦略的経済連携協定（Trans-Pacific Strategic Economic Partnership Agreement）は、環太平洋地域の国々による経済の自由化を目的とした多角的な経済連携協定。長きにわたる交渉と、さまざまな曲折を経たのち二〇一五年一〇月に参加国の閣僚級会合が最終合意し、参加一二カ国で世界GDPの40％近くを占める世界最大規模の自由貿易協定（FTA）が誕生する運びとなる。

廃案以外はあり得ない、この戦争法案、廃案以外あり得ないと申し上げて、午前の質問を終わりたいと思います。

ありがとうございました。

具体的には、それぞれが異なる貿易障壁をもつ国々が、その商品関税障壁を大幅に撤廃するほか、サービスと投資、知的財産権まで最新の貿易イシューを網羅するメガFTA。世界一位のアメリカと三位の日本の加入により、グローバルな生産構造に一大変化が起こることは確実。一方、一般の多数国間条約と同様の拘束力をもつTPPの発効は、アメリカによる巨大な自由経済ブロックの構築という経済安全保障の面も大きく、同様のブロック化をめざして「アジアインフラ投資銀行」(AIIB)を主導する中国との軋轢は避けられない。

Q

「集団的自衛権」容認の根拠とおっしゃる、最高裁の〈砂川判決〉、これって、どこからの指示ですか？

2015.08.19（午後）

「永田町では誰もが知っているけれどわざわざ言わないこと」第二弾の質疑は、集団的自衛権容認の根拠とされる砂川事件の最高裁判決について、証拠となるアメリカ国立公文書館所蔵の公電等を示して問う。最高裁への期限付き「跳躍上告」とは？　日米安保をめぐる日本の司法のあり方に肉迫。

山本太郎君　生活の党と山本太郎となかまたち共同代表の山本太郎です。

永田町ではみんな知っているけれどもわざわざ言わないことを、午前に引き続き質問したいと思います。今回は、もう一つアメリカのリクエストを皆さんに御紹介したいと思います。パネル、お願いいたします。**（資料提示／九四〜九五頁⑪）**

このパネル、政府・与党が今回の集団的自衛権容認の根拠にした砂川事件[*1]の最高裁判決そのものが実はアメリカのリクエスト、指示によるものだったということを表す資料でございます。これは、早稲田大学の憲法学の教授水島朝穂先生のホームページから、水島先生の許可を得、引用した資料でございます。

〔委員長退席、理事佐藤正久君着席〕

この砂川判決、もう皆さんの前では言うまでもないかもしれませんけれども、一九五九年、昭和三四年三月三〇日に東京地方裁判所で米軍駐留の違憲判決が出て、ちょうど日米で交渉中だった新安保条約に政治的に悪影響を与えないように、東京高裁をすっ飛ばして、東京高裁をすっ飛ばして最高裁に直接上告した。これ、跳躍上告っていうそうですね。この跳躍上告、かなり珍しいことで、その中でもなお珍しい、戦後、砂川事件も含めて三件しかない検察官による跳躍上告を行った事件だったそうです。それもアメリカのリクエストだったと。

一九五九年、昭和三四年三月三〇日、東京地裁で駐留米軍は憲法違反の判決が出た

＊1　砂川事件

一九五七年七月、東京・米軍立川基地の砂川町（現・立川市）への拡張に反対する「砂川闘争」のなかで基地内に立ち入った反対派学生ら七人が「日米安全保障条約に基づく刑事特別法違反（施設または区域を侵す罪）」で起訴された事件。

被告側は起訴の根拠となる安保条約やそれに基づく米軍の駐留が憲法に違反しているため無罪を主張、五九年三月の東京地裁では駐留米軍の違憲を認めて全員無罪の判決（伊達判決）を出すも、検察側は直後に（高裁への控訴を飛び越して）最高裁へ上告。結果、同一二月の判決では「憲法は、自衛のための措置として他国に安全保障を求めることを何ら禁じるものではない」との立場から、駐留米軍を第九条の「戦

翌日、朝八時に、アメリカのマッカーサー駐日大使、この方はもう皆さん御存じでしょうけれども、GHQダグラス・マッカーサー元帥のおいっ子さんだそうです、このマッカーサー駐日大使その人が当時の藤山愛一郎外務大臣に面会をして、日本政府が迅速な行動を取り、東京地裁判決を正すことの重要性を強調し、日本政府が直接最高裁に上告することが非常に重要だと言ったそうです。それに対しまして藤山外務大臣は、直後の、当日朝九時に開催される閣議でこの行動を承認するように勧めたいと語ったそうです。そして三日後、四月三日、検察官が跳躍上告をしたと。そして、それから三週間後、四月二四日、当時の田中耕太郎最高裁判所長官がマッカーサー大使に、日本の手続では審理が始まった後、判決に到達するまでに少なくとも数か月掛かるとわざわざ語ったというんです。

　これだけでも日本の最高裁って一体何なんだよという話ですよね。わざわざそんなことを報告しに行くのかって、おかしな話だよなと思いますよね。でも、本格的にびっくりするのは次のお話なんです。こちらのパネル（九七頁⑫）、もう皆さん御存じだと思います。（発言する者あり）はい、そのとおりです、今、外電ねというお話がありました。

　それから三か月後、七月三一日、ただいまお見せしたパネルは水島朝穂先生のホームページから引用させていただいたものなんですけれども、二〇一三年の一月に元山梨学院大学教授の布川玲子さんがアメリカ国立公文書館に情報公開請求して出てきた

力」に該当しないと認め、地裁判決を破棄（地裁での差し戻し審で有罪が決定）。併せて、第九条はわが国が主権国として有する固有の自衛権を否定しておらず、自国の平和と安全を維持してその存立を全うするために必要な自衛措置を取りうることは国家固有の権能の行使であるとした。

　平和安全法制の審議において、政府が集団的自衛権を〝合憲〟の根拠としたのは、まさにこの「砂川判決」であり、最高裁の判決をもってこれを権威化。併せて、当該判決がよって立つと思われる国連憲章第五一条「武力攻撃が発生した場合は……個別的または集団的自衛権の固有の権利を害するものではない」をもって、集団的自衛権を含む固有の自衛権を正当化するねらいがある。

アメリカの要求と指示
地裁から高裁を飛び越えて最高裁へ

決(伊達判決)

ス・マッカーサー元帥の甥)が、

東京地裁判決を正すことの重要性を強調
することが非常に重要
れる閣議でこの行動を承認するように勧めたい、と語った

使に、日本の手続きでは審理が始まったあと、
数ケ月かかると語った

大使館首席公使に対し語った
月に出るであろうと今は考えている
問題に限定する決心を固めている
週の、1週につき2回、いずれも午前と午後に開廷すれば、
ると信じている
な全員一致を生み出し、世論を「かき乱し」かねない
れるよう願っている

合憲」判決

特別委員会　　生活の党と山本太郎となかまたち：山本太郎
水島朝穂早稲田大学教授ホームページより　　山本太郎事務所作成 >

水島朝穂・早稲田大学教授 HP　http://www.asaho.com/

⑪

跳躍上告

砂川最高裁判決は

地

1959年（昭和34）3月30日　東京地裁が「米軍駐留は違憲」判決

翌朝

3月31日 8時　マッカーサー米国駐日大使（ダグラ
藤山愛一郎外務大臣に面会
①日本政府が迅速な行動をとり、東
②日本政府が直接、最高裁に上告
③藤山外相は、今朝9時に開催され

3日後

4月 3日　検察官による跳躍上告

3週間後

4月24日　田中耕太郎最高裁長官が、米国大
決定に到達するまでに少なくとも数

3ヶ月後

7月31日　田中耕太郎最高裁長官は、在日米
①砂川事件の判決が、おそらく12
②争点を事実問題ではなく法的問
③口頭弁論は、9月初旬に始まる週
およそ3週間で終えることができ
④最高裁の合議が、判決の実質的
少数意見を避ける仕方で進めら

1959年（昭和34）12月16日　最高裁、全員一致で「米軍駐留は合

2015年8月19日　参議院我が国及び国際社会の平和安全法制に関する

＜水

ものです。在日米国大使館から国務長官宛ての公電、ウィリアム・レンハート首席公使に田中長官が述べた話の報告、その電報のコピー、先ほど皆さんにお見せしたのがその内容でございます。

ちょっとお伺いしたいんですけれども、**この文書の存在というのは御存じでしたか。外務大臣からお聞きしてもよろしいですか。**済みません、これ、いきなりなんですけれども、申し訳ないです。

国務大臣（岸田文雄君）　米国において様々な公文書、公開されております。公開された文書については米国も一般にコメントを行わない、このようにしていると承知をしております。日本国政府として、この公開された文書についていちいちコメントすることは適当でないと考えます。

山本太郎君　**知っていたということでよろしいんですかね、この文書の存在は。**

国務大臣（岸田文雄君）　御指摘のこの文書も含めて、砂川事件に関しまして審理過程で日米間で交渉したのではないか、こういった指摘があります。これにつきましては、日米間で交渉したという事実はないと考えます。砂川事件の際の最高裁判所への跳躍上告が米国の要望によるものであるというような御指摘は当たらないと考えております。

⑫

COMING AIRGRAM — Department of State — ACTION COPY

DEPT. DECLASSIFICATION REVIEW
classify — change/classify to — with concurrence of — after — 2958, 25X — DR/IR by — Date: 4/20/89

B 00239

4-31
Action
E

Info
S
NR
DR
X
MSC
MR

CONFIDENTIAL
Classification

PAGE ___ OF ___ PAGES

FROM: Amembassy TOKYO
TO: Secretary of State
NO: G-73
Info: CINCPAC G-26
COMUSJAPAN

Action Assigned August 3, 1959
Rec'd:
Action Taken
Aug 5 12 16 PM '59
Date of Action 8/6
Action Office Symbol
Name of Office
Direction to DC/R

DECLASSIFIED
E.O. 13526, Sec. 3
NW 34938
By ___ NARA, Date ___

LIMIT DISTRIBUTION

CINCPAC EXCLUSIVE FOR ADM. FELT and POLAD

COMUSJAPAN EXCLUSIVE FOR GEN. BURNS

G-22

During conversation at house mutual friend, Supreme Court Chief Justice Kotaro TANAKA told DCM he now thought decision in Sunakawa case probable in December. Chief Justice said that defense attorneys trying every legal device possible to delay completion Court's consideration, but he is determined to confine issue to question of law and not of fact. On this basis he believed oral arguments could be completed in about three weeks time, with two sessions, morning and afternoon each, per week beginning early in September. Problem would arise thereafter because so many of his fourteen Associate Justices like to argue their views at great length. Chief Justice added he hoped Court's deliberations could be carried out in manner which would produce substantial unanimity of decision and avoid minority opinions which could "unsettle" public opinion.

Comment: Embassy has recently had number of indications from Foreign Office and Liberal Democratic Party sources that GOJ decision to defer presentation of new Mutual Security Treaty until regular Diet session opening in December was influenced by Supreme Court's inability to bring Sunakawa case to decision by late summer or early fall, as originally contemplated (G-81). These sources state that while status Sunakawa case not decisive element in postponement submission of new Treaty to Diet, it was recognized that fact that Sunakawa case still under consideration would give Socialist and other opposition debating points which

711.56394/8-359 HBS
CONFIDENTIAL FILE
FILED

Copy No(s) ___
Destroyed in RM/R
Name ___ Date ___

REPRODUCTION FROM THIS COPY IS PROHIBITED UNLESS "UNCLASSIFIED"

PERMANENT
RECORD COPY • This copy must be returned to RM/R central files with notation of action taken •

CONFIDENTIAL
Classification

資料⑧　1959年７月にレンハート駐日アメリカ首席公使と田中最高裁長官が密談した事実を記した、駐日アメリカ大使館からアメリカ国務省ハーター長官への「秘」航空書簡。

2015年８月19日　参議院我が国及び国際社会の平和安全法制に関する特別委員会
生活の党と山本太郎となかまたち　山本太郎
〈水島朝穂早稲田大学教授ホームページより　山本太郎事務所作成〉

そして、御指摘の中で、三月三一日のこの文書については衆議院の委員会におきましても指摘がありました。この文書についても外務省として改めて確認作業を行いましたが、日本側にこれに該当するような文書は存在しないということを報告させていただいております。

山本太郎君　日米間でのやり取りはなかった、別にそれはアメリカ側が跳躍上告させたわけじゃないんだというような話だったと思うんですけれども、でも、日本側にはその文書も残っていないって、それは破棄しただけじゃないのという話ですよね。だって、アメリカの公文書館から出てきているんですもの。当時のアメリカ大使から国務長官宛ての公電で首席公使が田中長官と話し合ったことをここに書いてきているわけですよね。

その内容、どんな内容なのということなんですけれども、このような内容でした。田中耕太郎最高裁長官はアメリカ大使館の首席公使レンハートさんという人に、砂川事件の判決が恐らく一二月に出るであろうと今は考えている、争点を、これは裁判の争点ですよね、争点を事実問題ではなく法的問題に限定する決心を固めている、口頭弁論は九月初旬に始まる週の一週につき二回、いずれも午前と午後に開廷すればおよそ三週間で終えることができると信じている、最高裁の合議が判決の実質的な全員一致を生み出し、世論をかき乱しかねない少数意見を避ける仕方で進められるよう願っていると語ったというんですね。[*2]

これだけ聞いてもちょっとよく分からないなって恐らくネットの中継御覧になっている方いらっしゃると思うんですけれども、ざっくり言うと、普通の外交ルートでは知り得ない最高裁の内部情報、しかも、かなり精度の高い情報を最高裁長官自らがぺらぺらとアメリカ側に横流しをした、自分の立場を最大限に生かして、手心を加えまくって根回しをして、日米安保を成立させるために都合のいい判決を出すのを急いだという話なんですよね。

アメリカの政治工作のとおり、日本の最高裁はシナリオどおりの判決を出したという忠犬ハチ公もびっくりのお話。これ、アメリカの公文書館から出てきているものですよ。そこに書かれているんですよ。それをとぼけるってすごくないですか、知らないって。そんな事実はないというような雰囲気で先ほどお答えをいただいたと思うんですけれども。

そして、その田中長官のお言葉どおり、一九五九年、昭和三四年一二月一六日、最高裁大法廷で裁判官一五名の全員一致で田中長官本人の口から米軍の駐留は合憲という砂川判決が言い渡されたと。これで、米軍の駐留は違憲とされた東京地裁判決、いわゆる伊達判決は破棄されましたというお話です。

本当にここまで聞いて、何か少し前にノーベル物理学賞ですか、受賞された中村修

＊2 **最高裁長官と米大使館主席公使とのやりとり**
吉田敏浩・新原昭治・末浪靖司『検証・法治国家崩壊――砂川裁判と日米密約交渉』（創元社、二〇一四年）に全文の翻訳あり。

二教授が日本の司法は腐っている[*3]とおっしゃっていたんですけれども、よく聞きましたよね、そういう言葉を。最高裁長官が自ら動いて、超スピードでアメリカに言われたとおりの判決を出すなんて、日本の司法は随分前から腐り続けていたんだなという話だと思うんです。砂川判決は、司法の独立などほとんどが夢の話で、自己保身に必死な者たちによる腐った判決だったと私は言えると思います。

岸田外務大臣、この砂川判決、先ほどもお答えいただいたんですよね、先回りをして。もう一度お聞きしたいな。該当する部分だけお聞きしたいと思うんですけれども、**この砂川判決、跳躍上告がアメリカのリクエストだったということを御存じでしたかという話だったんですけれども。**

国務大臣（岸田文雄君）　まず、この砂川判決につきまして、米国の関与につきまして裏付ける文書は確認できていないと考えます。

（理事佐藤正久君退席、委員長着席）

そして、あわせて、最高裁と在京米国大使館とのやり取りについて御指摘がありました。最高裁と在京米国大使館とのやり取りですので、私の立場で申し上げるのは適切かどうか分かりませんが、私の知る限り、平成二五年ですが、五月九日の参議院法務委員会において、最高裁内部において御指摘のやり取りを裏付けるような資料はない、こうした答弁があったと承知をしております。

＊3　日本の司法は腐っている
二〇一四年度ノーベル物理学賞を受賞した中村修二氏は、それ以前に受賞理由となった高輝度青色発光ダイオードの発明対価をめぐる訴訟で、元の勤務先である日亜化学と二〇〇五年に和解した経緯がある。その後の記者会見で中村氏は、東京高裁が示した六億八五七万円との額について「一審の東京地裁が判断した六〇〇億円という対価があまりに高く、その一〇〇分の一の六億円程度が妥当だと数字を先に決めてから、つじつまを合わせるように貢献度を算出した」との強い不満を表明。あわせて、裁判官が審理のために用意した分厚い準備書面に目を通さないまま和解勧告を出したこと、最高裁は法律論を示すにとどまるとの判

山本太郎君　この国の真実は、もう海外からの情報公開に頼るしかないというような状況になってしまっているということですよね、本当に。これ、特定秘密も入ってしまえば余計にそうなっていくというような話だと思うんです。**政府・与党が集団的自衛権行使容認の根拠とする最高裁の砂川判決、この判決には集団的自衛権の容認などどこにも書いていませんよね。**政府・与党の議論はおかしいし、信用できませんし、何を言っているのか分からないレベルですよ。その砂川判決、砂川判決そのもの、アメリカのリクエスト、要求、指示によって跳躍上告され、要求どおりに作られた全く信用できない代物だということですよね。こんな腐った砂川判決を根拠にして、しかも、その判決文には全く書かれていないのに集団的自衛権の行使が合憲だと言われても、説得力全くありませんよねという話です。

水島朝穂教授も、判決が出た翌日の電報、この電報でマッカーサー大使が田中最高裁長官の手腕と政治的資質を称賛していると書いておられます。政治的資質ですよ、政治的資質ってどういうことなんですかね。魂を売って、そしていかに役に立っているかということを政治的資質というんですかね。国会内外でそのような魂を売り、そしてスパイ活動、そしてこの砂川判決というものをひっくり返したという勢力が確かにあるという話ですよね。

断から上告を断念せざるを得なかった無念、さらには係争に関わる証拠を双方がすべて開示するアメリカに対し、日本では都合の悪い証拠を非開示にできる点をあげ、「日本の司法は腐っている」との名言を残した。

こんな砂川判決、信用できるのかと。アメリカのロックフェラー財団が田中長官と密接な関係を持ち、アメリカに招待し、人的な関係を築いていたそうです。こんな砂川判決、信用できるはずありませんよね。

そして、政府自ら認めているように、これまで憲法違反であった弾薬の提供、輸送や戦闘作戦行動のために発進準備中の航空機への給油、整備も、武力行使と一体化した後方支援ではないから憲法違反でないと今回勝手に憲法解釈を変更したのもアメリカからのニーズ、リクエストなんですよね。何でもニーズには飛び付くんだなって。国内のこの国に生きる人々のニーズには耳を傾けずに、けど、アメリカ様やアメリカ軍の言うこと、そして多国籍企業の言うことはいろんな手を使っても推し進めるんだな。

じゃ、今回のこの法案、アメリカ側のニーズって何なのって、リバランスでしょうって。リバランスって何なんだって、アメリカの肩代わりだよって。

スターズ・アンド・ストライプス、「星条旗新聞」*4、これ、二〇一五年五月一三日の分ですよね。何て書いてあるか。アメリカの防衛予算は既に日本の自衛策を当てにしている。二〇一六年の最新のアメリカ防衛予算は、日本政府が後押しをする新法案、すなわち同盟国防衛のための新法案を可決するという前提で仮定をしている。見込まれているんですよ、もう、これが通るから。あと、金のことよろしくなって。だから、

*4 **「星条旗新聞」**
主としてアメリカ軍関係者向けの記事を扱うアメリカ国防総省内の新聞で、その創刊は南北戦争時代の一八六一年にさかのぼる。ヨーロッパ、中東、日本、朝鮮などの海外版も含めて日刊の紙媒体（平均四〇～四八頁）を発行。日々、世界三五万人以上に読まれているという。

四万人もアメリカは軍関係者を削減したと。それだけじゃないって。最新の防衛予算はもう削減がはっきりしていると。この肩代わり、リバランスするの誰、日本ですよね。

それだけじゃない。フォーリン・ポリシーってもう皆さん御存じですよね。米国の権威ある外交政策研究季刊誌「フォーリン・ポリシー」、七月一六日にこのような見出しで書かれていたと。日本の軍事面での役割が拡大することはペンタゴンとアメリカの防衛産業にとって良いニュースとなった。

どういうことか。金が掛からない上に金ももうけられるんだって。誰がもうけるのって。

日本政府は多くの最新の装置を買うことができる。それはアメリカの防衛産業にとって良いことである。テキサスに本社を置くロッキード・マーチン社製のＦ35、バージニア北部に本社を置くＢＡＥシステムズ社製の海兵隊用の水陸両用車両、日本政府は購入する予定。日本政府はまた、アメリカに本社を置くノースロップ・グラマン社製のグローバルホークの購入計画を持っている。二隻のイージスレーダーを備えた駆逐艦とミサイル防衛システムの開発を行っている。これらはロッキード社製だというふうにフォーリン・ポリシーには書かれている。

完全に利用されているじゃないですか。ＡＴＭ、いつやめるんですか。

そして、午前の部で私が御紹介しました第三次アーミテージ・ナイ・レポートに書いてあるとおり、今回の安保法制、戦争法制も原発再稼働もＴＰＰも特定秘密保護法も防衛装備移転三原則もサイバーセキュリティ基本法もＯＤＡ大綱も、全部アメリカのリクエストだということ、はっきりしているじゃないですか。いつ植民地やめるんですか、今でしょって。

この戦争法案、アメリカのアメリカによるアメリカのための戦争法案、軍事関連産業の軍事関連企業による軍事関連企業のための戦争法案、断固反対、廃案以外ありませんよ。再度申し上げて、質問を終わります。

ありがとうございました。

Q

この安保法案について、総理自身、国民の理解は十分に深まったと思われますか？

2015.08.21

一〇本の法案を一本にまとめて、今国会で通すと言い切った安倍総理。にもかかわらず、多くの国民の理解は深まっていないと自ら認めたものの、ひとり早々に夏休みに突入した総理。そもそも理解を深めようとする気持ちがあるのか、ないのか。少しでも審議に参加する気持ちがあるのか、ないのか、繰り返し問う。

山本太郎君　生活の党と山本太郎となかまたち共同代表の山本太郎と申します。本日の質疑、八分しかございません。全て総理への質問です。よろしくお願いいたします。

国民の皆さんの理解を深めるために自ら説明したいとおっしゃっていた今回の安保法案、総理自身、国民の理解は深まったなと思っていらっしゃいますか。

内閣総理大臣（安倍晋三君）　世論調査等によると、残念ながらまだまだ国民の皆様の理解が進んでいると言えない状況であろう、また様々な点で誤解もされているんだろうと、こう思うところでございまして、こうした審議等を通じまして、そうした誤解を解きながら、国民の皆様の御理解を得るべく努力をしていきたいと、このように思っております。

山本太郎君　**総理自身、広がりがあまり見えない、理解が深まっていないと考えると。そうなんですよね。**

衆議院での強行採決[*1]が行われましたと。そのときの共同通信の世論調査、本法案への理解が不十分という方、82・9％。先日、お盆頃に行われた調査では、本法案への理解が不十分だと言われる方々は81・1％。上がっているじゃないですか、総理、1・8％。でも、1・8％って、これほとんど誤差ですよね。だから、ほぼ理解が深

＊1　衆議院での強行採決
安全保障関連法案は二〇一五年七月一五日午後、衆院平和安全法制特別委員会で強行採決が行われた。午前の締めくくり質疑で、安倍総理は「残念ながら、まだ国民の理解が進んでいる状況ではない」と述べる一方、十分な審議が行われたとの認識を表明。その後、浜田靖一委員長が質疑打ち切りを宣言すると、維新の党の対案が否決され（同党は退席）、民主・共産両党の議員が委員長席に詰め寄り抗議する混乱のなか、自民・公明両党の賛成多数で可決された。
特別委員会での可決を受けて、翌一六日午後には衆院本会議でも採決が行われ、民主、共産、社民が退席、生活の党と山本太郎となかまたちが本会議を欠席するなか、自

まっていないと考えるべきだと。だから、総理御自身で言われていましたとおりだと思います、まだまだ深まっていないんだと。

報道によると、話ちょっと変わりますけれども、総理は八月一〇日の夜に官邸でお仕事を終えて、それから山梨の別荘に移動されて夏休みに突入されたというふうに報道でありました。しかしです、翌日、八月一一日、本委員会、ここにいる皆さんはここで本法案の審議をしていたんですよ。おかしくないですか、これ。（発言する者あり）誰が延長した、そのお言葉のとおりですよ。この最高責任者で一番この法案を通したいと思っている方が夏休みに突入しているのに、委員の皆さんは夏休みに入れずにここで審議をしていたというお話なんです。

もちろん、総理というお仕事は激務だと思われるんですよ。休んでいただきたい。ゴルフも心から楽しんでほしいと思うんです。でも、安倍政権退陣を願う僕でさえそう思うのにもかかわらず、やっぱり今休んでもらっちゃ困るんですよ。一〇本もの**法案を無理くり一本にまとめて、今国会で通すと言い切ったのは誰なんですか。**総理ですよ。あなたですよ。

それだけじゃない。一日の延長で三億円ぐらい掛かると言われている国会を戦後最長の九五日延長*2すると決めたの誰なんですかって。総理ですよね。あなたなんですよ。総理お一人だけ夏休み突入なんて誰も納得していません。

民・公明と次世代の党が政府案に賛成し、同法案は衆院を通過（維新は自党の対案否決後に退席）。会期大幅延長による「六〇日ルール」適用も視野に入れて、論戦は本参議院へと移ることとなった。

＊2 戦後最長の国会九五日延長
政府・与党は二〇一五年六月二二日、同二四日までの第一八九回通常国会の会期を九月二七日まで九五日延長すると決定。これにより会期は計二四五日で、通常国会としては一九八一年開会の第九六回を一日上回り戦後最長となる。「安全保障関連法案を今国会で確実に成立させるため、十分な審議日数を確保する必要がある」というのが表向きの理由だが、憲法審査会に政府参考人として招致した憲法学者から「違

総理自らが分かりやすい言葉で国民の皆さんに対して説明する努力というのは十分だと思われていますか。

衆議院で本法案審議された中で、総理の出席率、33％程度なんですよ、33％程度。一番法案を通したがっている最高責任者が出席したのが三割程度ですよ、皆さん。あり得ますか。あり得ません。

丁寧に、できる限り分かりやすく説明を行い、国民の皆様の御理解を得るよう努力してまいります、参議院本会議での総理のお言葉でございます。国民の皆さんの理解を深めるために自ら説明したい、これも総理の御発言なんですよね。総理のこの言葉というのはうそじゃないと思うんですよ、うそじゃない。じゃ、総理自身が審議に積極的に参加する、毎回出てきても……（発言する者あり）しているじゃないかという応援、本当にむなしいからやめてください、与党の皆さん。何かすごくむなしい発言された後の拍手とか、本当に心寂しくなるんです。

そうじゃない。とにかくこの法案、一番通したいのは誰だ、税金を使って九十五日間延長したのは誰だ、この国の在り方を一八〇度変えるようなこの国の政策を推し進めようとしているのは誰だ、その最高責任者は安倍総理じゃないですか。じゃ、毎日でも出てきてくださいよ、この法案の審議にというお話なんです。そして、公共放送を通じて[*3]国民の皆さんに分かりやすく伝えていただきたい。

憲」発言が相次いだことなどもあり、想定以上に遅れた同法案の「六〇日ルール」（衆院可決後に法案送付を受けた参院側が六〇日を過ぎても採決されない場合、みなし否決として衆院三分の二以上の賛成で再可決できるルール）による再可決を視野に入れての判断だったことは否定できない。

＊3 公共放送（ＮＨＫ）による国会中継

ＮＨＫによる国会中継については、二〇一五年七月一五日の衆院平和安全法制特別委員会の締めくくり質疑を生中継しなかったことから、視聴者から抗議や問い合わせが相次いだ経緯がある。当日の委員会は午前九時に開会、採決の様子は正午のニュースを延長するかたちで伝えたが、午前中の質疑を中継せず、公共現在、本委員会、週三日ほど審議があるんですよね。そのうち少なくとも総理自身が毎週一日以上、**国民に分かりやすく説明するために審議に参加するというお気持ちがあるのかないのか。あるのかないのかだけお答えください。**ありがとうございます。

内閣総理大臣（安倍晋三君）　これは、委員会の運営におきましては委員会の委員の皆様方でお決めになることでありまして、その要請には当然行政府の長として応じなければならないと、こう考えているところでございます。

その中において、例えば総理として予算委員会や様々な委員会もあるわけでございまして、同時に、この法案については担当大臣がいるわけでありまして、まさに担当大臣が責任を持ってこの法案について答弁をしていくことになるわけであります。そのための担当大臣でございます。私は、総理大臣として大所高所からの意見を求められたときにこの委員会に出てきていると、こういうことではないかと思います。

山本太郎君　はい、分かりました。

もちろん、この委員会での話、そしてＮＨＫの話は諸事情いろいろあると思います。それ、一度置いておいてください。**総理自身がそのお気持ちがあるのかないのか、毎日でも出てくるぞ、少なくとも一週間に一回以上出る気持ちが御**

放送としての対応に批判が広がった。ＮＨＫによれば、本会議の政府演説や代表質問、予算委員会の質疑や党首討論などを軸にその都度、独自判断で国会中継を行っているものの、全会派が出そろわない場合は公平性を考慮して中継を見送っているといい、この日は全会派が質疑に応じると決まったのが当日朝の委員会直前だったため、準備が間に合わなかったという。一方で、当日の模様は民放のインターネットニュースやCS放送の有料ニュースチャンネルで中継が行われるなど、「知る権利」の担保につながる動きも見られた。

後日（同九月一三日）、生番組「ＮＨＫスペシャル　緊急生討論　一〇党に問う　どうなる安保法案」に出演した山本太郎議員は、ＮＨＫに対し

本人にあるのかないのかがお聞きしたい。あるのかないのかでお答えください。お願いします。

内閣総理大臣（安倍晋三君）　これは、委員会の運営については委員会においてお決めになることでありまして、それに対して行政府としては対応していくというのが基本的なルールでございます。

山本太郎君　もうこんな不毛なやり取りをしていてもしようがないんですよ、総理。総理自身にそのお気持ちがあるかないかどうか。先ほど言いました。委員会でのルール、そしてNHK呼べるかどうかのルールは一旦横に置いてください、その先の話ですから。**総理自身にそのお気持ちがあるかないのかをお聞きしたいんです。**お願いします。

内閣総理大臣（安倍晋三君）　これは、この委員会だけではなくて予算委員会でもそうでございますが、まさに委員会から総理の出席を求められれば当然我々は出席をするという義務を負うわけでございます。

そういう運営を行っていくわけでありますが、同時に、予算委員会においては主務大臣として財務大臣もおり、そして、財務大臣も私が出席をしない中においては答えていくわけでありますし、それぞれの大臣が求められればそれぞれの大臣が出ていく、そしてまた、当委員会はまさに担当大臣として防衛大臣

「第三の目として監視する役割を放棄しないでいただきたい」「くれぐれも生中継をお願いします。受信料を払っている皆さんのために」と強く要望した。

と外務大臣が出席をしているということではないかと思います。

山本太郎君　何かすごく消極的といいますか、御本人の気持ちを聞いても、あまり前のめりさというか、これだけ、81％の人たちがみんな理解していない中で、何が何でも私が説明いたします、私が最高責任者ですという気概さえも感じない。

委員会のルールがあるということは分かっていると、それを一旦横に置いてお聞きしているんだという話をしているんです。

御自身のお気持ちを何回もお聞きします。**御本人としては、出てくるお気持ちはあるんですか、ないんですか。**

内閣総理大臣（安倍晋三君）　これは、ルールは横には置けないんですよ。

つまり、委員会や議会の運営というのは、慣例またルールに従って運営することが求められているわけでございまして、その中において行政府と立法府との関係、守るべき関係というものがあるわけでございまして、その中で当然求められれば我々は出席する義務を負っていると、こういうことではないかと思います。

山本太郎君　ルールは横には置けないんだよ、ただいまのせりふ、非常にしびれました。

でも、**憲法違反の法案を通そうとしているその姿は一体何なんですか。**

ルール横に置いて考えているじゃないですか。全くやっていることが真逆、あまりにもおかし過ぎます。

委員長、是非、より国民の理解を深めるために、総理入り、より多い時間を取っていただけるように委員会で御審議いただけますか。よろしくお願いいたします。

委員長（鴻池祥肇君） 私、答弁するの。私への質問。

山本太郎君 いや、違います。お願いです。理事会でのお取り計らいをよろしくお願いいたします。

委員長（鴻池祥肇君） 理事会で対話をしましょう。

山本太郎君 ありがとうございます。終わらせていただきます。

Q

2015.8.25

テロとの戦いの名の下、過去の検証なしに、自衛隊の活動、拡大させるつもりですか？

ジャーナリストの志葉玲氏の資料、広河隆一氏の写真等から、イラク戦争でアメリカが行った非人道的極まる戦争犯罪を詳述。自衛隊を外に出そうとする今、イラク戦争の検証、過去に出した自衛隊についての検証はなしなのか？ 第三者検証委員会の設立を迫る。

山本太郎君　生活の党と山本太郎となかまたちのお時間がやってまいりました。共同代表の山本太郎と申します。よろしくお願いいたします。

本日の質疑は十七分しかありません。中谷大臣、岸田大臣、御安心ください。本日は総理との一騎打ちであります。後ろの方、是非助太刀はおやめください。よろしくお願いいたします。（資料提示／一一五頁⑬）

以前、七月三〇日、本委員会での私と安倍総理との質疑の中で、戦争にもルールがあるというお話になりました。民間人の殺害、軍事施設以外への攻撃、捕虜への拷問など、これは完全な国際法違反です。それらを禁止したものがジュネーブ諸条約[*1]、国際人道法などであり、日本はこれらの条約を批准しています。我が国はルール違反を許さない立場であります。

総理、我が国は、ジュネーブ諸条約、国際人道法など国際法に違反する他国への支援、協力は行わないということを総理のお言葉で確認していただけますか。

内閣総理大臣（安倍晋三君）　自衛隊が活動をするに当たって、国際法を遵守し、国際法上違法な行為に対する支援を行わないことは当然なことであります。

ある国がジュネーブ諸条約を始めとする国際人道法に違反する行為を行っている場合、そのような行為に対して我が国が支援や協力を行うことはございま

＊1　**ジュネーブ諸条約**
一九世紀後半以来の戦争犠牲者、とりわけ戦傷者や捕虜、文民などの保護強化のため赤十字諸条約を統一するかたちで一九四九年に締結。その内容は——
第一条約　傷病者保護条約
第二条約　難船者保護条約
第三条約　捕虜条約
第四条約　文民条約
——の四カ条からなり、一九七七年および二〇〇五年の国際人道法会議では同内容を発展・補完する追加議定書も採択されている。

⑬

ジュネーブ諸条約、国際人道法違反の国に対して
（2015年8月3日　参議院平和安全特・山本太郎質問への答弁）

岸田外務大臣

仮にある国が軍事目標主義、要は文民を攻撃してはならないとか、あるいは捕虜を人道的取扱いしなければならない、こうしたジュネーブ諸条約をはじめとする国際人道法に違反する、こうした行為を行った場合に、我が国がそのような行為を支援することがない、これは当然のことだと考えます。

中谷防衛大臣

自衛隊が活動するに当たりましては、国際法を遵守をし、また国際人道法上、違法な行為に対する支援を行わないというのは当然でございます。

2015年8月25日　参議院我が国及び国際社会の平和安全法制に関する特別委員会　生活の党と山本太郎となかまたち：山本太郎
<2015年8月3日 参議院平和安全特・山本太郎質問への答弁　写真は、外務省・防衛省HPより　山本太郎事務所作成>

せん。

山本太郎君　ありがとうございます。

続きまして、**安倍総理、日本が支援、協力を決めた同盟国が民間人の殺害を繰り返すような戦争犯罪を犯し、自衛隊員がその共犯者になることがあってはならないと考えます。総理ももちろん同じ考えですよね。**同じ考えであるかないかだけでお答えいただけますか。ありがとうございます。

内閣総理大臣（安倍晋三君）　仮にある国が国際人道法上の原則に違反する行為を行った場合、我が国がそのような行為を支援することがないのは当然であって、自衛隊が御指摘のような共犯者になることはございません。

山本太郎君　ありがとうございます。

総理、米軍がジュネーブ諸条約を始めとする国際人道法違反を行った場合は、**たとえ米軍でも、米軍であっても支援、協力はしないということでよろしいでしょうか。**

内閣総理大臣（安倍晋三君）　先ほど申し上げましたように、自衛隊が活動するに当たっては、国際法を遵守し、国際人道法に違反する行為に対する支援を行わないことは当然のことでありまして、これは支援対象国のいかんにより変わることはありません。

山本太郎君　ありがとうございます。少し安心しました。ルールにのっとって物事を進めていくんだという安倍総理の理念、お聞きすることができたと思います。

では、何が戦争犯罪なのか、どこが国際法違反なのか、その線引き、どんな感覚で行われるのかという、いくつかのケースをもって最高責任者である安倍総理にお聞きしようと思います。

イラクの戦場にも足を運ばれましたフリージャーナリスト志葉玲さんの資料では、二〇〇六年三月一五日、イラク中部のイシャキ村で起きた一家惨殺事件の例が挙げられています。ウィキリークスによって流出した米軍の内部文書、現地報道などによると、手錠を掛けられ無抵抗な状態で家にいた一一人を米軍は銃殺。この事件、地元テレビでも報道され、その映像はＢＢＣ、ＣＮＮなど欧米メディアも伝えましたが、日本のメディアはこれらの映像を全く使わなかったそうです。

この事件について米軍は、メディアに対し、イラクのアルカイダネットワークの支援者を捕まえるために民家を攻撃したんだ、敵から銃撃を受け、兵士たちは応戦した、そのように主張しました。

そう聞くと、一瞬、ああ、なるほど、テロリストの掃討作戦だったのねって思っちゃいますよね。でも、米軍が踏み込んだのは、そして殺害に及んだのは、地元小学校の教師であった当時二八歳、ファイズ・ハラットさんの家でした。米兵に殺された中には、生後五か月、三歳、五歳のファイズさんの子供たち、そして三歳のおいっ子、五歳のめいっ子も無慈悲にも殺害されました。被害者の中には、家を訪ねてきていた若い男女もいました。この二人は婚約者同士、次の週に結婚する予定だったそうです。

地元の警察の報告によれば、子供や女性たちも手首を縛られ、目隠しをされた状態で殺害されていた。また、米兵たちは、ファイズさんらを殺害後、家を爆破した上、家畜までも殺していったそうです。

総理、これ戦争犯罪ですよね。国際法違反ですよね。いかがですか。

内閣総理大臣（安倍晋三君） 今、山本議員から御紹介した事案について私は承知をしておりませんので、今ここで論評することは差し控えたいと思います。

山本太郎君 当時、小泉内閣の官房長官であった安倍総理なんですけれども、これ一般論で答えてくださいよ。今のケースで分かるでしょう。**後ろ手に縛られて無抵抗の状態です。頭にも布を掛けられていた。一人殺された。子供も含まれている。この状態、普通に言って戦争犯罪じゃないですか。国際法違反じゃないですか。**いかがでしょう。

内閣総理大臣（安倍晋三君） 実際そういう行為が行われていたかどうか、今私は、私自身確認のしようがございませんので、米軍の行為として今例として挙げられたわけでございますので、それについて確認しないでお答えすることは差し控えたいと思います。

山本太郎君　なるほど。まあ二つ考えられると思います。一つは逃げた。そしてもう一つは、本当にその事件を知らなかったから答えようがない。その二つのいずれかだということだと思います。

では、パネルお願いいたします。

本日この時点から使用するパネルの全ての写真は、デイズジャパン、フォトジャーナリスト広河隆一さんが撮影されたものです（一二四〜一二五頁⑭）。

先ほどお伝えしたエピソード、イラクでは特別珍しいお話ではないそうです。イラク全土、罪のない子供や身内、友人を米軍に虐殺された人々が大勢いらっしゃいます。米軍は、イラク戦争、アフガン戦争、テロとの戦いという名の下に国際人道法に違反する数多くの戦争犯罪行為を行う戦争犯罪常習国です。

次のパネルをお願いします（一二五頁・上）。

米軍による民間人が暮らす地域への空爆、市民への殺害など度重なる非人道的行為にイラクの人々は疑問を持ちます。モスク、礼拝場ですよね、モスクに対する攻撃、子供たちの学校を占拠し、その正面に戦車を置いて米兵が駐留したことに憤りを感じたファルージャのお父さん、お母さんたちは、学校の占拠はやめてくれとデモを行います。そのデモ隊に対し、治安の安定化と称し、米軍は鎮静化に動きます。米兵の威嚇発砲にデモ参加者が驚き、民家の中に逃げ込み、その後を数人の米兵が追いかけて、家の中でデモ参加者を射殺。民主的な行動で訴えを起こす人々に対して乱暴狼藉の限りを尽くす米軍への反発で日に日にデモの規模、膨れ上がっていきます。すると、米軍は直接参加者を銃で撃つようになっていったそうです。米軍は占拠した学校の屋上に土のうを積み上げ、住民を狙撃する拠点をつくったそうです。

そして、二〇〇四年四月に続き、米軍は大規模な作戦を展開。ファルージャ総攻撃、御存じですよね、皆さん。報道陣は町からシャットアウトされます。米軍は町を完全に包囲します。人々が町から出られないようにし、食料や医薬品も外から供給できない兵糧攻めの状態をつくりました。完全に遮断された状況にしびれを切らした四〇名を超えるイラク人、医療関係者が医薬品を持ってバグダッドから駆け付け、ファルージャ総合病院を目指しましたけれども、一七名の医療関係者は米軍に射殺されました。二〇〇四年一一月、完全包囲されたファルージャの町に、激しい空爆、砲撃、始まります。ファルージャ総合病院は米軍に占拠されました。市内にあった二つの診療所は米軍が空爆しました。米軍の空爆によって火事が起きた場所、そこで消火活動をしていた地元の消防士、警官までも米兵は攻撃しました。夜間外出禁止という理由からです。

この頃のイラク、米軍の上層部から各兵士に命令される交戦規定、戦場のルールですよね、交戦規定は毎日のように、下着を着替えるように、振り向くたびに、次々とこの交戦規定が変わっていったといいます。攻撃されていなくても不審な人物と思ったら発砲してよし。不安を感じたら発砲してよし。目が合えば発砲してよし。イスラム教徒の衣装の者は敵対しているとみなして撃ってよい。路上にいる者は全て敵の戦闘員とみなせ。息をしている者は全て撃て。

「冬の兵士　良心の告発」というＤＶＤで証言するファルージャ攻撃に参加していた元海兵隊員は、空爆、砲撃が続いていたある時期、ファルージャの住民に対し、米軍は、一四歳以上の男子を戦闘可能年齢とし、町から出ることは許さず、それ以外の子供や女性を外に出そうとしたといいます。男性の家族と別れるか、もしくは死を覚悟して一緒に残るか、究極の選択を米軍は迫りました。一四歳以上の男子、戦闘可能年齢として避難をすることを米軍は許しません。米軍から確実に攻撃を受ける場所に中学生、高校生くらいの息子を置いて母親が避難できますか。少年や男性だけを残して避難できなかった、そんな人々がたくさんその場にとどまり、実際に町から出たのは僅かな老齢の女性たちだけでした。

二〇〇四年の最初のファルージャ攻撃では七〇〇人以上が殺害され、二回目の一一月、ファルージャ総攻撃では行方不明者は三〇〇〇人に及び、六〇〇〇人もの住民が殺されたと言われます。中には白旗を握り締めたままで発見された少年の遺体もあったそうです。

次のパネルをお願いします（一二四頁、一二五頁・下）。

このような一般市民に対する虐殺、イラクのあちこちで起こっていた現実。このパネル、子供専用墓地だそうです。戦争前から存在するものでしたけれども、戦争が始まってからは埋葬する場所もないぐらいになっているのが御覧いただけると思います。**安倍総理、これ、米軍が行ったこと、紛れもない国際法違反、戦争犯罪ですよね。**

内閣総理大臣（安倍晋三君）　ただいま山本議員が縷々《るる》お話をされたわけでございますが、私は、今それが、その中身について検証する材料を持っていないわけでございますので、コメントは差し控えたいと思います。

山本太郎君　総理の師匠筋に当たりますかね、小泉元総理、ファルージャ総攻撃に対して、二〇〇四年一一月九日、首相官邸で、ファルージャ総攻撃に対して、成功させなきゃいけないとコメントされています。安倍総理、当時幹事長代理でしたか。**当時、総理、反対しましたか、ファルージャ総攻撃。住民殺されまくっていますよ。米軍の戦争犯罪に対して異議唱えたんですか、お願いします。**

内閣総理大臣（安倍晋三君）　ただいまの山本議員の述べられたこと自体がどの程度事実に基づいているかどうかということについて私も今承知をしていな

いわけでもございますし、当時はもちろんそういう事実を承知していなかったわけでございます。

山本太郎君　なるほど。事実かどうかが分からないから、私が確認できていないからそれを判断するのは難しいと。確かにそういう部分もあるでしょう。でも、そのような事態があったとしたら、これは紛れもない国際法違反であり、戦争犯罪だと思います。

では、分かりました。じゃ、何が戦争犯罪かということをもっと分かりやすいたとえ、総理には必要だなということを今感じたので、お聞きしたいと思います。

米軍による爆撃、我が国も受けております。広島、長崎、それだけじゃない、東京大空襲、そして日本中が空爆、爆撃をされた。それによって五〇万人以上の方々が亡くなっていますよ。この五〇万人の中に、そのほとんどを占めるのが一般市民じゃないですか。**子供、女性、民間人への無差別攻撃、アメリカによる広島、長崎の原爆投下、それだけじゃなく、東京大空襲を含む日本全国の空襲、民間人の大虐殺、これは戦争犯罪ですよね、国際法違反ですよね、いかがですか。**

国務大臣（岸田文雄君）　広島、長崎への原爆投下等が国際法違反かという御質問でありました。

⑭

2015年8月25日　参議院我が国及び国際社会の平和安全法制に関する特別委員会　　生活の党と山本太郎となかまたち：山本太郎
＜「バスラの子どもの墓で１３歳の少年の死を嘆く母親」フォトジャーナリスト 広河隆一氏　　2003年4月撮影　山本太郎事務所作成＞

2015年8月25日　参議院我が国及び国際社会の平和安全法制に関する特別委員会　　生活の党と山本太郎となかまたち：山本太郎
＜「ナジャフのアジーズの家では、8歳の子どもを含む4人が犠牲になった」フォトジャーナリスト 広河隆一氏　2003年4月撮影　山本太郎事務所作成＞

2015年8月25日　参議院我が国及び国際社会の平和安全法制に関する特別委員会　　生活の党と山本太郎となかまたち：山本太郎
＜「バスラの子ども専用墓地」フォトジャーナリスト 広河隆一氏　2003年4月撮影　山本太郎事務所作成＞

これは、こうした行為は絶大な破壊力あるいは殺傷力ゆえに国際法の思想的基盤にあります人道主義の精神に合致しない、このように我が国は理解をしております。国際司法裁判所等においてもそうした議論が行われていると承知をしております。

山本太郎君　本当に奥歯に何かが挟まったような物の言い方なんですね。はっきりしているんですよ。当時はジュネーブ諸条約なんかなかったけれども、ハーグ陸戦条約[*2]があったじゃないですか。民間人への攻撃、無差別攻撃は禁止されていましたよ。これは完全なる国際法違反であり、戦争犯罪じゃないですか。これに対してどうしてはっきり言えないんですか、総理。総理、このことを知っているじゃないですか。それでも答えようとしないんですか、代わりに外務大臣に答えてもらって。おかしな話ですね。言えないんですね、宗主国様のことははっきりとは。過去の米軍の過ちを認められない者が、どうやって戦争犯罪常習国である米国の行動をこの先ジャッジできるんですか。

この先、**米軍が戦争犯罪を行った場合、総理が我が国の最高責任者として米軍の行動を止めるんですよね。自衛隊、撤退させられるんですよね。大丈夫ですか、総理。**

内閣総理大臣（安倍晋三君）　先ほど答弁を行ったように、自衛隊が活動をす

*2 **ハーグ陸戦条約**
一八九九年にオランダ、ハーグで開かれた第一回万国平和会議において採択された条約。交戦者の定義や、宣戦布告、戦闘員と非戦闘員の定義、捕虜・傷病者の扱い、使用してはならない戦術、降伏・休戦などを規定。

*3 **石破さん（127頁）**
石破茂（一九五七〜）は自由民主党の衆議院議員。防衛庁長官、防衛大臣、農林水産大臣、党政務調査会長、党幹事長などを歴任し、第二次安倍改造内閣以降、第三次安倍改造内閣にいたるまで内閣府特命担当大臣（国家戦略特別区域）、地方創生担当大臣。党内きっての外交・安全保障の論客として知られ、集団的自衛権や徴兵制にも一家言をもつが、解釈改憲による安保法制の強行をめ

るに当たって、国際法を遵守し、国際人道法に違反する行為に対する支援は行わないことは当然のことであり、これは支援対象国いかんにより変わることはない、これはもう明確にしておきたいと思います。

山本太郎君　総理、一七七六年にアメリカって建国されて二三九年近くたっているわけでしょう。そのうちの93％戦争し続けたという話があるぐらい戦争が続いている国なんですよ。戦争で経済を回しているような国なんですよ。その国に対して一体化、いろんなものを運んであげるよって、このファルージャに運んだかもしれない、そのような米兵もいたかもしれない、武器弾薬もひょっとしたら届いていたかもしれない、中身チェックできないですもん。石破さん、*3 そんなコメントしていなかったですか、当時、イラク戦争のときに。

今回のルール改正、戦争法案では、自衛隊に死者が出るだけでなく、後方支援という名の一体化で米軍とともに加害者側になる可能性大なんですよ。イラク戦争時、政権中枢にいたばかりでなく総理までやっていらっしゃるんですよね。米軍の戦争犯罪である非戦闘員の虐殺、民間人大虐殺、化学兵器、そうですよ、化学兵器、先ほども出ていました、白燐弾も使った。大量破壊兵器を持っている、化学兵器を持っていると言いながらイラクに入っていったけれども、結局それは何も見付からなかった。当たり前です。七〇〇回、七〇〇回五〇〇か所、それを捜索したのに出てこなかった。

ざす安倍総理とは距離を置く立場とされる。

問題の発言は、二〇〇三年のイラク自衛隊派遣に関する衆院特別委員会で、防衛庁長官（当時）だった石破が小泉純一郎総理（同）の「占領軍の武器・弾薬輸送は行わない」と明言したことを担保するための荷物検査について「ひとつひとつ開けて調べてみろと言っていたら、（米軍などとの）信頼関係は成り立たない」と答弁したもの。同時に、イラクに派兵された自衛隊員が誤って民間人を殺傷しても「（防衛庁が策定する）部隊行動基準（ＲＯＥ＝交戦規定）に従って行動した隊員の責任を問うてはならない」との考えを示した。

これ、国連憲章違反ですよ、完全な。なのに、大量破壊兵器そして化学兵器を使ったのはアメリカ、イギリスじゃないですか。白燐弾、劣化ウラン弾*4、クラスター爆弾。大量破壊兵器を持っている、化学兵器を使っていると言いながら、自分たちがそれでイラクに住む人々を傷つけたわけですよね。これ、検証が必要だと思います。

総理に言いたいんですけれども、第三者の検証委員会をつくっていただきたいんです。アナン国連事務総長も言っていますよ、イラク戦争は違法であると*5。国連のトップが。それ、検証する必要があるでしょう、イギリスやオランダのように。公開性の高いものをつくっていただきたい、戦地へ行ったジャーナリスト、現地で支援をしているNGOを入れて。

この検証委員会、当たり前でしょう、**自衛隊を外に出すのに。過去に出した、それに関しては検証なしですか。あり得ませんよね。第三者検証委員会の設立を求めます。総理、いかがでしょう。**

国務大臣（岸田文雄君） 我が国の支援、協力についての御質問ですが、我が国は、ジュネーブ諸条約、国際人道法に反する行為、これに支援、協力することは全くありません。そして、これからも、我が国が支援する行為の中にこうした国際法違反があったとしたならば、我々は支援することはありません。そして、直接支援していない行為以外の部分において仮に国際法違反がもし確認

＊4 劣化ウラン弾
弾体として、鉄や鉛の数倍の比重をもつ（＝貫通力が高い）劣化ウランを主原料とする合金を使った砲弾。おもに対戦車用の武器として使用される。アメリカ軍とNATO軍において用いられ、湾岸戦争、ボスニアおよびコソボ紛争、さらには二〇〇三年のイラク戦争でも大量に投入されたが、重金属毒性があるほか、燃焼することで酸化ウランの微粒子として飛散、内部被曝による健康被害のおそれを長く残す。その使用には国際的な非難の声が根強い。

＊5 イラク戦争は違法である
二〇〇四年九月、コフィー・アナン国連事務総長（当時）はイギリスB

されたとしたならば、それが国家として組織的に行われているものなのか、あるいは一部の兵士の命令違反によって行われているものなのか、これを具体的に判断することによって我が国の対応を考えていく、これが基本的な方針であります。

これからもこうした方針をしっかり守っていくのが我が国の協力、支援のありようであります。

山本太郎君　総理ってお願いしたんですよ。しかも過去、お手伝いしているじゃないですか、ちゃんと。（発言する者あり）時間じゃないですよ、求めた答弁者が出てこなかったんですから。当然じゃないですか。はっきり言いますよ。自衛隊は米軍の二軍ではないんですよ。過去に出した自衛隊のその検証ができていないなら、自衛隊の活動を拡大させるわけにいかないんです。第三者による検証委員会、立ち上げてください。

以上で質問を終わります。

BBC放送のインタビューで、イラク戦争を「われわれの見地からも、国連憲章上からも違法」と断じた上で「各国が共同歩調をとり、国連を通して行動するのが最善という結論に誰もが達している」と述べた。これは、数日後に控えた国連でのジョージ・ブッシュ米大統領（当時）ら各国の元首、首相、外相らを迎えての総会の一般演説を前に、イラク戦争を国際法違反とする国連の姿勢と、唯一武力行使を容認できる機関としての安全保障理事会の重要性を再確認するものだったといえる。

Q

2015.08.26

「徴兵制」、意に反する苦役。我が国では憲法違反であるという理解でよろしいですね?

企業側のメリットとして示された〈自衛隊で鍛えられた自衛隊製「体育会系人材」を毎年、一定数確保することが可能〉という宣伝文句。これって、新しいタイプの徴兵制? 奨学金返済やマイナンバーとの関係は? 中谷大臣、岸田大臣、本当に大丈夫なんですか!?

山本太郎君　ありがとうございます。生活の党と山本太郎となかまたち共同代表の山本太郎です。

いきなりですけれども、通告なしの質問です。

日本国憲法第一八条にはこうあります。「何人も、いかなる奴隷的拘束も受けない。又、犯罪に因る処罰の場合を除いては、その意に反する苦役に服させられない」。これは、人を奴隷的拘束下に置くこと、通常考えられる以上の苦痛を伴うような強制的な労務は、犯罪による処罰以外では、たとえ本人の同意があったとしても絶対的に禁止だよということですよね。

日本国憲法第一八条を根拠として、徴兵制は我が国では憲法違反であるという理解でよろしいでしょうか、防衛大臣。

国務大臣（中谷元君）　そもそも、徴兵制は憲法第一八条が禁止する意に反する苦役に該当する明白な憲法違反でありまして、徴兵制の導入は全くないということでございます。

山本太郎君　ありがとうございました。通告なしの質問にもばっちりのお答えをいただきました。

これ、特に意に反するという部分、**意に反するという部分が一番のポイントであり、大切な重要なところだと思いますけれども、いかがお考えです**

か、大臣。

国務大臣（中谷元君）　戦後の日本は、自由そして民主主義、これが基本でありまして、この自由主義、民主主義に反しているということで、大事な規定だと思っております。

山本太郎君　意に反するということがすごく重要な部分だということをおっしゃってくださったんですよね。

では、パネルをお願いします。ありがとうございます。**（資料提示／一三四頁⑮）**

先ほど、お名前の間違いがありました。前原キンイチさんではございません、前原カネイチさんでございます。是非、覚えてさしあげてください。

本日は、八月三日に質問を私がいたしました経済的徴兵制の続きでございます。パネル、配付資料でお示ししましたのは、昨年五月二六日、文部科学省の学生への経済的支援の在り方に関する検討会議事録、当時、経済同友会専務理事の前原金一さんの発言です。この前原さん、奨学金の日本学生支援機構での立場が二転三転したんですよ。というのも、この八月三日の委員会に是非お呼びしたいということでスケジュールをお伺いしたんですけれども、その立場が二転三転したという話を今からしたいと思うんです。

日本学生支援機構にそのことについて、あれどうなった、あのときのこと、あのときの混乱どうなったと、スケジュールのことを改めて確認しましたところ、前原さんは、質問当日の八月三日はまだ日本学生支援機構運営評議会委員だったんですけれども、質問の翌日の八月四日に退任手続が完了して、八月一日付けで日本学生支援機構運営評議会委員を退任したそうなんですよね。何でこんなややこしいことをするのか、よく分からないなというね。だったら委員会呼べたんじゃないのかとも思うんですけれども、よく分からないな、やっていることがという話なんです。

参考人としてお呼びすることを理事会でも協議していただいたんですけれども、残念ながら、経済同友会の壁は厚かったのか、駄目でした。

話を進めます。

パネルの下の部分、資料の下の方ですかね、前原さんの発言がございます。百数十万人いる無職の者の就職対策として、防衛省は二年コースのインターンシップをやってもいいと言っているという発言について、中谷防衛大臣、先日、防衛省では前原氏に対して、企業が新規採用者を二年間自衛隊に実習生として派遣するとのプログラムのイメージについてお示ししたことはございます、プログラムのイメージについてお示しをしたことはございますとお答えになられました。

パネルを替えていただきました（一三五頁⑯）。

防衛省が作ったというプログラムのイメージをパネルにいたしました。皆様はお手

⑮

経済的徴兵制

・・・「経済的格差」を利用して兵員を確保すること

前原金一氏
（当時、経済同友会専務理事・
日本学生支援機構運営評議会委員）
の発言

「前回も申し上げたのですが、こういうやり方も一つあります。今の経済状況を考えると、労働市場は非常に好転しています。まず、延滞している人の年齢別人数を教えていただきたい。それから、延滞者が無職なのか、低収入なのか、あるいは、病気なのかという情報をまず教えていただきたい。

今、労働市場から見ると絶好のチャンスですが、放っておいてもなかなかいい就職はできないと思うのです。前も提言したのですが、現業を持っている警察庁とか、消防庁とか、防衛省などに頼んで、1年とか2年のインターンシップをやってもらえば、就職というのはかなりよくなる。防衛省は考えてもいいと言っています。」

「百数十万人いる無職の者をいかに就職させるかというのは、日本の将来に非常に大きな影響を与える」

「防衛省は、2年コースを作ってもいいと言っています。」

2015年8月26日　参議院我が国及び国際社会の平和安全法制に関する特別委員会　生活の党と山本太郎となかまたち：山本太郎
＜平成26年5月26日　文部科学省「学生への経済的支援の在り方に関する検討会」議事録より　山本太郎事務所作成＞

⑯

前原金一氏に対して防衛省が作成した資料

これって、新しいタイプの「徴兵制」じゃないの？！

長期　自衛隊インターンシップ・プログラム（イメージ）
（企業と提携した人材確保育成プログラム）

（有意な人材の「民－官－民　循環プログラム」）

- 防衛省／自衛隊と民間企業の間で提携し、人材の相互活用を図るもの。
- プログラムのイメージ

① 企業側で新規採用者等を2年間、自衛隊に「実習生」として派遣する。
② 自衛隊側で、当該実習生を「一任期限定」の任期制士として受け入れる。
③ 自衛隊側は当該者を自衛官として勤務させ、当該任期終了までの間に一定の資格も取得させる。
④ 任期終了後、当該実習生は、企業側に戻り社員として勤務する。
⑤ 自衛隊での受け入れ期間中の給与等は官側負担する。

企業側のメリット

○ 自衛隊で鍛えられた自衛隊製“体育会系”人材を毎年、一定数確保することが可能。
○ チームワーク力、行動力等の「社会人の基礎教育」を自衛隊で実施してもらえる。
○ 国の防衛に大きく貢献できる。

防衛省側のメリット

○ 厳しい募集環境の中、「援護」不要の若くて有為な人材を毎年一定数確保することができる。
○ 企業との間で、若い人材の「取り合い」を回避し、WIN-WINの関係を構築可能。
○ 企業側との関係が進めば、将来的には予備自としての活用も視野。

課題等

○ 本プログラムについては、まずはモデルケースの確立が必要。
○ 任用形態等については、要検討（採用試験が必須。）
○ 企業側に対する何らかのインセンティブ付与が不可欠。

2015年8月26日　参議院我が国及び国際社会の平和安全法制に関する特別委員会　生活の党と山本太郎となかまたち：山本太郎
< 防衛省提供資料 に一部加筆　山本太郎事務所作成 >

元に資料があると思います。これ、先ほど共産党さんも出されていましたよね。これ、タイトルがあります。「これって、新しいタイプの『徴兵制』じゃないの?!」というのは、こちら、私で勝手に付けました。もちろんですよね。その下の部分が防衛省から提出してもらったものです。

防衛省の説明では、二年ほど前、内閣官房副長官補室の再チャレンジ担当者から経済同友会、前原さんの意向が伝えられ、防衛省で作成したということでした。内閣官房、これ事実でしょうか。**その経緯について簡潔明瞭に御説明いただきたいのですが。**

政府参考人(岩渕豊君) 御説明申し上げます。

政府におきましては、平成二五年の二月から若者・女性活躍推進フォーラムを開催し、再チャレンジ担当大臣の下で若者の活躍に関する取組についての検討を行い、提言を取りまとめました。その過程で、就職・採用活動開始時期の変更について経済三団体[*1]に事務方から説明に伺いました。

経済同友会につきましては、当時この件を担当されていた前原金一副代表幹事・専務理事に説明いたしましたが、その際に先方から、若者が自衛隊において研修することについての提案がありましたので、防衛省にその旨をお伝えいたしました。

*1 **経済三団体** 日本経済団体連合会(経団連)、経済同友会(同友会)、日本商工会議所(日商)の三団体のこと。その性格上、時の政権、とりわけ自民党との関係は密接であり、各代表による発言は経済・産業・金融に関する政策決定に影響を及ぼすことも多い。

山本太郎君　以上ですか。

この経済同友会の前原さんという人の意向が伝えられるとどうして防衛省はこういうものを作ってくるのかというのが、訳が分からないですよね、よく分からないなと。今日はその内容について質問していきたいと思います。

この**防衛省が作成いたしました「長期　自衛隊インターンシップ・プログラム（イメージ）」、「企業と提携した人材確保育成プログラム」ですけれども、これは防衛省の誰の責任で作成し、誰の決裁で前原氏に提出し、そして当時の防衛大臣は小野寺さんですかね、知っていたんでしょうか。**簡潔に御説明ください。

政府参考人（真部朗君）　防衛省におきましては、今委員がおっしゃいました前原氏に対しましして、企業が新規採用者を二年間自衛隊に実習生として派遣するというプログラムのイメージにつきましてお示ししております。これは、自衛隊へのインターンシップ受入れにつきまして前原氏側から関心が示されたと。それを受けまして、防衛省の任期制自衛官制度に当てはめた場合のプログラムのイメージの一案、そういうものとして、課題も含めて当時お示しをいたしたものでございます。

あくまで部外の有識者に対しお示しするイメージの一案、これを担当課において作成したものでございまして、当時の防衛大臣に対して報告あるいは説明をしたというものではないというふうに承知をいたしております。

山本太郎君　大臣も知らなかったって。だって、防衛省の人間使ったんですよ。話聞いたら、これ三、四人で作りましたと、二か月ぐらい掛かってと。防衛省の人間を使って、しかも税金で食っている人たちですよ。なのに、大臣はそんなこと知らないんですかという話なんですよね。

で、誰が作ったんですかという話についてはちょっと具体的には聞けなかったような感じがするんですけれども、そうでもなかったですか。（発言する者あり）ありがとうございます。具体的にお願いします。**何々課、誰々ですか。**

政府参考人（真部朗君）　先ほど担当課と申しましたが、この担当課は人事教育局の人材育成課でございます。

山本太郎君　ありがとうございます。

なるほど、そうですか。（発言する者あり）あっ、そのとき関わっていたんですか、御本人。そのときは部署が違ったんですかね。

政府参考人（真部朗君）　これは二五年当時でございますので、私自身はこれには関わっておりません。

山本太郎君　ありがとうございます。

後ろからリクエスト来るので、ついでに聞いてみたいと思います。局長は知っているのかという檄が飛びましたので、**局長さんは御存じだったんでしょうか**、このことは。

委員長（鴻池祥肇君） 質問ですか、今。

山本太郎君 はい、そうです。委員長、済みません。

政府参考人（真部朗君） 当時の局長にまで報告なり説明なりはしたというところの確認は取れておりません。

山本太郎君 ありがとうございます。

じゃ、それを確認していただいて理事会に報告していただけるように、お取り計らいをよろしくお願いいたします。

委員長（鴻池祥肇君） 後の理事会で諮ります。

山本太郎君 戻ります。このパネル、このイメージの内容に戻りますと、見てみると、企業側から見れば、新規採用者、二年間、自衛隊に実習生として派遣するとあります。実習生とは言っているんですけれども、自衛隊側から見ると、二年間、任期制自衛官として正式に採用、給料も自衛隊が支給すると、給与等も自衛隊支給。まさに自衛隊員そのものになりますよというお話なんです。

防衛省側のメリットとしては、厳しい募集環境の中、援護不要の若くて有為な人材を毎年一定数確保することができる、企業側との関係が進めば、将来的には予備自衛官としての活用も視野と書いてあります。

これって、企業に正社員として採用されたが、本人が望んでいないのに、企業の指示、命令で二年間、自衛隊員として勤務させられるということになるんじゃないですか。これ、まさに本人の意に反する自衛隊勤務ってことになりますよね。**これって新しいタイプの徴兵制じゃないのって思うんですけど、大臣、どう思われますか、防衛大臣。**

国務大臣（中谷元君）　当時の担当者から意見を聞いたわけじゃございませんが、あくまでも二年に限ったインターンシップということでございまして、これを、将来も拘束するという意図もない、純粋にインターンシップとして捉えていたのではないかと思います。

なお、この点につきまして、身分、給与、採用選考などの様々な点で課題はたくさんあるわけでございまして、この中身、具体的な検討についてはその後行っていないというふうに聞いております。

山本太郎君　今やられていないから別に問題ないじゃないかという話ではないと思うんですよ。こんなことが行われていたという事実があるんですよね。

岸田大臣、これ、またついでにと言ったらおかしいんですけれども、その流れでちょっとお聞きしたいんですけれども。昨日はありがとうございました。総理が答えないことを大臣が答えられる範囲で答えていただけて、ありがとうございました。

話は戻るんですけれども、再チャレンジ担当大臣でいらっしゃったんですよね、以前。ちょうど二〇〇七年ぐらいですか、夏ぐらいに。その絡みということもあるわけなんですけれども、これ、**ニュータイプの徴兵制というにおいというか、何かぱっと聞いてみて、何かそんな感じというのを大臣自身は受けないですか。**短めにコメントいただけると助かります。

国務大臣（岸田文雄君） 少なくとも、私、そのプログラムを拝見しまして、ニュータイプの徴兵制だということは感じておりません。

山本太郎君 ありがとうございました。

資料に戻ります（一三五頁⑯）。真ん中の段、企業側のメリットと書かれた一ポツ目、「企業側のメリット」、こんなことありますって書かれています。「自衛隊で鍛えられた自衛隊製『体育会系』人材を毎年、一定数確保することが可能。」という宣伝文句にしているんですよ。

そんなつもりで元々いた会社の面接を受けた人ってほぼいませんよね、自分がまさか自衛隊製の体育会系人材にされると思って。だったら、元々自衛隊の面接受けてますって話ですよね、それが希望だったら。何なんだ、それって。企業の指示、命令で二年間、自衛隊員として勤務させられるという、まさに本人の意に反する自衛隊勤務。憲法第一八条違反じゃないですか、これって。

中谷大臣、今後とも、防衛装備調達など防衛省・自衛隊とつながりのある企業も含めて、このような企業と連携した自衛官の採用ということ、行うことはないんだというふうに断言していただけますか。

国務大臣（中谷元君）　この目的というのは、インターンシップということで短期間に学ぶというのが目的ではないかなと思っておりますが、企業側のメリットにつきましては企業側の方がお考えになったことでございます。

しかし、このような徴兵制を狙うとか、その人の意に反して拘束するとか、そういう気持ちは毛頭ございませんし、そういう計画は私は作らせません。

山本太郎君　もう普通に考えて、二年間、インターンシップという名の下に、元々行っていた会社、自衛隊に行くつもりじゃなかったのに行かされてというような状況をつくるということ自体がもう憲法第一八条違反になっているということなんですよ。それを感じもせずに、経済団体のおじさんと、そして防衛省の人間が一緒になってそのイメージつくりましたみたいな感じでやり取りされていること自体が恐ろしいという話なんです。でも、そういうことはしない、この先しないということが確認されたと思います。

＊2　マイナンバー（143頁）
正式には「個人番号」といい、二〇一三年に第二次安倍内閣で閣議決定ののち、衆参両院で可決成立した「行政手続きにおける特定の個人を識別するための番号の利用等に関する法律」に基づい

続きまして、パネルの上の方になりますかね、前原さんが奨学金の延滞者情報を求めた、奨学金延滞者情報を欲しいと求めていた件。八月三日の質疑で、日本学生支援機構は、個別の延滞者の情報について、前原委員あるいは防衛省、他省庁に提供したり、防衛省や他省庁から問合せを受けた事実はございませんと答弁されました。

下村大臣、お待たせいたしました、申し訳ございません。今後とも、**防衛省や他省庁に対して個別の延滞者の情報を提供することはないと断言していただけますか。**

国務大臣（下村博文君） おっしゃるとおりでありまして、この奨学金に関する個別の延滞者の情報について、日本学生支援機構は、防衛省や他省庁に対してこれまで情報提供を行ったこともございませんし、今後も提供を行うことは考えておりません。

山本太郎君 ありがとうございます。

下村大臣、先日テレビ番組で、低所得者の方の奨学金の返済について、マイナンバー[*2]を活用して返済猶予など所得連動返還型無利子奨学金制度をつくると言われていたんですけれども、これちょっと少し不安になるんですね。もちろん、奨学金返済について、もっと若い人たちの負担が軽くなるようなことを考えてくださっていると思うんですけど、少し心配がある。それは何か、マイナンバーなんですよ。

て指定される一二桁の番号のこと。住民票のある国民ひとりがひとつずつもち、徴税、社会保障（年金・医療・労働・福祉）、災害対策などの行政手続きに使われるが、従来の住民基本台帳ネットワークシステムに比して、関連づけられる個人情報が多岐にわたることからプライバシーや人権の侵害を危惧する声も少なくない。

二〇一五年一〇月から始まった通知カードの送付にあたっては、千葉県、高知県、青森県など各地で違う世帯への誤配や紛失が発生。大阪市ではソフトの不備で一九七七人分ものデータの未作成が明らかになるなど、現場での事故の多発が早くも大きな問題となっている。

また、実現の背後には、IT関連企業の職場拡大なども指摘されている。

例えば、マイナンバーのような共通番号制度を取り入れたアメリカでは、年間九〇〇万件を超える成り済まし、損失額は二〇〇六年からの二年間で被害が約二兆円ですって。共通番号制度はやばい、セキュリティー万全なんて無理ということがもう世界中のこれ主流なんですよね。目的別にばらばらの番号制に移行しているのが現実なんですよ。

それだけじゃなく、奨学金情報が防衛省に伝わってというか共有されてしまったりとか、延滞者リストなど奨学金情報が自衛官募集に利用されることになるんじゃないかなというふうにちょっと不安になるんですけれども、それもないんだということをはっきりと言っていただきたいとともに、もしも、**今大臣が考えていらっしゃっている奨学金の全無利子化、そして所得連動型の返還制度というものにおいてマイナンバーを使うというお気持ちがあるんだったら、それを使わないという選択肢もそれを申請する人たちが選べるということをお願いしたいんですけれども、いかがでしょうか。**

国務大臣（下村博文君）　我が国で考えられておりますマイナンバー制度においで取り扱うことができる個人情報は、行政手続における特定の個人を識別するための番号の利用等に関する法律、いわゆるマイナンバー法におきまして規定されている所得とかそれから年金の受給等に関する情報、これにもう限定しているわけであります。日本学生支援機構の奨学金の延滞者等に関する情報は含まれておりません。ですから、当然、防衛省等の日本学生支援機構以外の機関が延滞者の情報を利用することはできないわけでございます。

そして、この所得連動返還型無利子奨学金制度をなぜ導入しようと考えているのかは、年収三〇〇万以下については返済猶予をすると。それが必ずしも若いときだけでなく、場合によっては失業するとかいう形で、四〇代、五〇代でもそういうときがあるかもしれません。そのときに、所得証明が三〇〇万以下であればその期間は返済しなくてもいいと、そういうような非常に使い勝手のいいことを考えておりますし、所得に合わせて返済額も決めていくという意味では、これはマイナンバーできちっと所得を把握するという意味では重要なことだと思います。

ただ、どうしてもそれが嫌だということであれば、その方が毎年毎年所得証明書を役所に行って取って、そして支援機構に出さなければいけないということですから、相当手続的にはかえって利用者にとっては煩雑になるのではないかと思います。理論的にはそれは可能でありますが、やはりマイナンバーを活用するということの方が利用者にとっては十分なメリットがあるのではないかと思います。

山本太郎君　時間が来たのでまとめたいと思うんですけれども、とにかく防衛省による若い人たちのリクルート、その情報の吸い取りというのはすごいんですね。全国のほとんど全ての市区町村から、中学三年生と、一七歳から二三歳までの合計七世代の若者の住所、氏名、性別、生年月日、個人情報を収集している。

次回予告なんですけれども、八重山毎日新聞で報じられました戸別訪問でやりたいと思います。

ありがとうございました。

Q

2015.09.02

新設される「国外犯処罰規定」で自衛隊入隊希望者、激減しませんか？　そしたら、専守防衛、どうなりますか？

国外犯処罰規定により、自衛隊の立場はどうなるのか？　そして、住民基本台帳の個人情報四情報以外から、防衛省はさまざまな個人情報を引き出している？　楽に情報収集しようと思ったら、マイナンバーを使うのでは？　強引なリクルートを思わせる書類をもとに、中谷防衛大臣の責任と覚悟を追及。

山本太郎君　生活の党と山本太郎となかまたち共同代表の山本太郎です。

前回に引き続きまして、経済的徴兵制と意に反する自衛隊員募集について質問いたします。

中谷大臣、どうしてこれだけしつこく私がこの経済的徴兵制と意に反する自衛隊員募集ということにこだわるのかという話なんですけれども、今回の戦争法案によって自衛隊の志願者が減ってしまって専守防衛さえも危うくなるんじゃないかなということを私は心配しております。

今回の戦争法案は、自衛隊員のリスクを異常に高めるだけではなく、従来の専守防衛、災害救助の大義のある正義の自衛隊から、ジュネーブ諸条約を始めとする国際人道法違反の常習犯である米軍の戦争犯罪の共犯者になることによって、自衛隊員が自らも戦争犯罪者になってしまうリスクがある、そう考えれば、この先隊員の確保が難しくなるというのが当然だと思うんですね。

愛する国の防衛、愛する国民の災害救助には使命感を持てるのに、中身も分からない荷物を運ばせられる。大掛かりな運送屋じゃないんですから。米軍の下請部隊として、自国が攻撃されていないのにもかかわらず、遠い外国で武力行使や米軍の後方支援などでテロのリスクに直面し、場合によっては米軍の戦争犯罪の共犯者となって汚名を着せられ、新設される国外犯処罰規定*1によって処罰されるリスクまで負うことに

*1 **国外犯処罰規定**
平和安全法制整備法による一括改定後、自衛隊法一二二条二項に定められる規定。自衛隊員に対し、①上官の職務上の命令に対する多数共同しての反抗及び部隊の不法指揮（三年以下の懲役又は禁錮）、②防衛出動命令を受けた者による上官命令反抗・不服従等（七年以下の懲役又は禁錮）について国外犯処罰規定が新設される。これまで、

なっては、自衛隊の志願者が減り、その分無理のある強引な自衛隊員の募集、リクルートが横行することになりかねないと思うんです。私は、自衛官を健全に募集するためには、今回のような戦争法案、もう廃案以外ないと思うんです。

それでは、前回時間切れで予告だけになってしまいました**強引なリクルートについて質問いたします。**

沖縄の八重山毎日新聞の記事でございます。パネルお願いします。**（資料提示／一五一頁⑰）**

皆さんのお手元には資料があると思います。このパネル、今年七月二八日、沖縄の八重山毎日新聞の一面トップ記事、自衛隊沖縄地方協力本部の職員が沖縄県石垣市の中学三年生の自宅を戸別訪問、そして募集活動をしたという内容でございます。

防衛省によりますと、自衛隊は、全国のほとんど全ての市区町村から、中学三年生と、一七歳から二三歳までの合計七世代の若者をターゲットとして、住所、氏名、生年月日、性別の個人情報、四情報ですよね、この四情報を収集してＤＭの郵送、戸別訪問、ポスティング、これまるで違法な選挙運動みたいな話になっていますけど、大丈夫なんですかね、募集活動をとにかくまめにやっているというお話なんです。

中谷大臣、この八重山毎日新聞の記事では、中学校三年生の保護者の方から、どうして個人情報、こんなこと知っているのとか、えっ、戸別訪問までやるんですか、そ

自衛隊法には（当然ながら）国外犯を処罰する規定がなかったため、これら「抗命（上官の命令に従わず、反抗すること）」行為を日本国外で犯した場合に処罰されることはなく、同規定の新設はこうした事態に対応するものと言えるだろう。

ここで注意しなければならないのは、刑法上「日本国外にある日本の船舶又は日本航空機内」は「国内」と同様の扱いを受けるという点。すなわち、自衛隊員の場合も自衛隊の艦船や航空機内での「抗命」は従来の自衛隊法で処罰が可能であり、新たに国外犯処罰規定を設ける必要はない。にもかかわらず同規定を新設するのは、まさしく自衛隊が外国領土において集団的自衛権を行使する可能性を前提としたものにほかならないだろう。

んな疑問の声がたくさん上がっているそうです。これに対しまして、自衛隊の沖縄地方協力本部の石垣出張所の所長さん、このようにおっしゃっています。「戸別訪問は以前から行っている。法令の解釈で認められており、防衛事務次官の通達もある」、このように説明したそうです。この防衛事務次官の通達は、防衛省から提出を受け、本日の配付資料（一五二〜五三頁⑱）の中に入っております。

中谷大臣、この事務次官通達というのをいくら読んでも戸別訪問できるとは書いてないと思うんですけど、これ、どういうことなんでしょう。

国務大臣（中谷元君）　提示をいただきました資料等にありまして、この地方協力本部石垣出張所の所長が八重山毎日新聞の取材に対して防衛事務次官通達のものもあると説明したことは承知をしております。報道にあります事務次官通達につきましては、住民基本台帳の閲覧による募集対象者情報の取得に関連して説明をしたものであり、戸別訪問のことではありません。

防衛省としては、今後とも、自衛官の募集については法令等に基づく適切な実施に努めてまいりたいと思っております。

山本太郎君　ということは、この石垣市の所長さんは、この通達のことに関してはよく御存じなかったということですね。戸別訪問に関しては、これ、だって関係ない話ですものね、この通達は。住民基本台帳からその情報をいただくということに関して

⑰

中学3年生に戸別訪問で自衛官募集!!

八重山毎日新聞
Yaeyama Mainichi
2015(平成27)年 7月28日(火曜日)
発行所 株式会社 八重山毎日新聞
〒907-0004 沖縄県石垣市登野城614

自衛官募集で戸別訪問

沖縄協力本部石垣出張所

「法令解釈上認められている」 保護者から疑問の声

7月1日から行われている自衛官の募集業務で、自衛隊沖縄地方協力本部石垣出張所（桑出信所長）の職員が中学生のいる家庭を戸別訪問していることが分かり、保護者からは「なぜ個人情報を知っているのか」「戸別訪問まで行うのか」など疑問の声が上がっている。同出張所によると、従来から住民基本台帳法に基づき3市町の住民基本台帳を閲覧して個人情報を入手しており、戸別訪問についても「法令の解釈で認められている」としている。

住民基本台帳法11条1項では、国などが法令で定める事務を遂行するため、市町村長に対して氏名、生年月日、性別、住所の閲覧を請求することができると定めている。

石垣市によると、沖縄地方協力本部長の申請については同法に基づき、募集対象となる高齢者情報を閲覧させており、出張所はこれを基に個人情報を入手、戸別訪問や郵便物発送などの募集業務に利用している。

同出張所によると、募集対象は中学3年生と高校3年生など。中学3年生については陸上自衛隊高等工科学校の募集となっており、本人ではなく保護者あてに募集業務を行っている。

出張所の職員1人の訪問を受けたという男子中学3年生の保護者は「自宅に自衛官の制服を着た人が来たのでびっくりした。中学を卒業して行ける学校もあるとの説明を受け、よろしかったらお願いしますと言われた。自宅まで来て募集をするのはどうか」と首をかしげた。

戸別訪問について市は「業務方法についてはコメントする立場にない。募集業務に関しては市民の理解と協力により行われているものと思う」（長嶺康茂市民保健部長）と述べるにとどめた。

桑出所長は「戸別訪問は以前から行っている。法令の解釈で認められており、防衛事務次官の通達もある」と説明した。

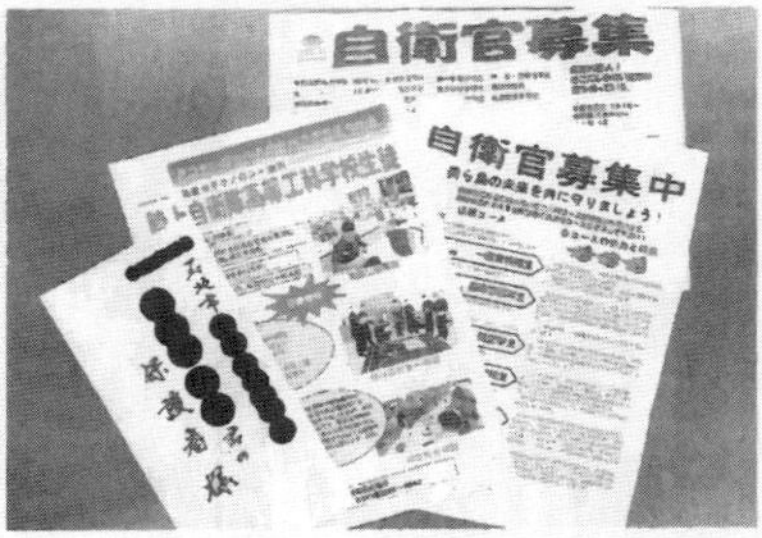

戸別訪問で、中学3年生の保護者あてに届けられた自衛官募集のチラシやパンフレット

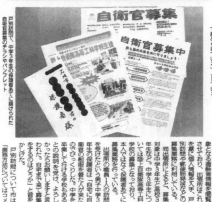

一方、学生等の募集のために必要な募集対象者情報については、自衛隊法第９７条第１項及び自衛隊法施行令第１２０条の規定に基づいて資料の提出を求めることができない。しかしながら、当該募集対象者情報を適切に入手する方法として、同法第２９条第１項及び第３５条の規定に基づき、住民基本台帳法（昭和４２年法律第８１号）第１１条第１項に基づく住民基本台帳の一部の写しの閲覧（以下「住民基本台帳の一部の写しの閲覧」という。）を市町村の長に請求する方法をとることは可能である。

なお、自衛官等の募集のために必要な募集対象者情報については、自衛隊法第９７条第１項及び自衛隊法施行令第１２０条の規定に基づく資料の提出の求めによるほか、上記のように住民基本台帳の一部の写しの閲覧を市町村の長に請求することにより、入手する方法をとることも可能である。

２　措置事項

（１）自衛官等の募集のために必要な募集対象者情報に関する資料の提出を市町村の長に求める場合は、自衛隊法第９７条第１項及び自衛隊法施行令第１２０条の規定に基づき、自衛官等の募集事務に利用する旨を明確に示すこと。

（２）自衛官等又は学生等の募集のために必要な募集対象者情報を入手するため、住民基本台帳の一部の写しの閲覧を市町村の長に請求する場合において、住民基本台帳法第１１条第２項第２号に規定する請求事由を明らかにするに当たっては、自衛隊法第２９条第１項及び第３５条の規定に基づく自衛官等又は学生等の募集事務の遂行のための住民基本台帳の一部の写しの閲覧であり、当該募集事務に利用する旨を明確に示すこと。

（３）市町村の長から募集対象者情報を入手するに当たっては、当該募集対象者情報を法令に基づき適正に管理する旨を明確に示すこと。

３　委任事項

この通達の実施に関する細部の事項については、人事教育局長から通知させる。

2015年9月2日　参議院我が国及び国際社会の平和安全法制に関する特別委員会
生活の党と山本太郎となかまたち　山本太郎
防衛省提供資料「防人育第5876号　平成27年3月31日　防衛省事務次官通達」

⑱

防人育第５８７６号
２７．３．３１

陸上幕僚長　殿

事務次官
（公印省略）

自衛官等及び学生等の募集のために必要な募集対象者情報の提供を市町村の長に求める場合における適切な事務の徹底について（通達）

防衛省・自衛隊においては、自衛官及び自衛官候補生（以下「自衛官等」という。）並びに防衛大学校又は防衛医科大学校の学生及び陸上自衛隊高等工科学校の生徒（以下「学生等」という。）の募集のために必要な募集対象者情報（募集対象者の氏名、出生の年月日、男女の別及び住所の情報をいう。以下同じ。）の提供を市町村の長（特別区の長を含む。以下同じ。）に求める場合における適切な事務の実施に努めてきたところである。

しかし、平成２６年１０月に一部の自衛隊地方協力本部の長から市町村の長へ宛てた依頼文書において、自衛隊法（昭和２９年法律第１６５号）第９７条第１項及び自衛隊法施行令（昭和２９年政令第１７９号）第１２０条の規定に基づいて求めることができない陸上自衛隊高等工科学校の生徒の募集対象者情報に関する資料の提出を求める事案が確認された。

このため、自衛官等及び学生等に関する募集のために必要な募集対象者情報の提供を市町村の長に求める場合における適切な事務を徹底し、国民に防衛省・自衛隊に対する不信の念を抱かせ、ひいてはその威信を失墜させることのないよう、自衛隊地方協力本部その他の募集担当部局に対し、下記の事項について周知徹底を図ることとされたので、その実施に遺漏のないよう措置されたい。

記

１　募集対象者情報の入手方法と根拠法令

自衛隊地方協力本部の長は、自衛官等の募集のために必要な募集対象者情報に関する資料について、自衛隊法第９７条第１項及び自衛隊法施行令第１２０条の規定に基づき、市町村の長に提出を求めることができる。

2015年9月2日　参議院我が国及び国際社会の平和安全法制に関する特別委員会
生活の党と山本太郎となかまたち　山本太郎
防衛省提供資料「防人育第5876号　平成27年3月31日　防衛省事務次官通達」

は許されている通達だけれども、戸別訪問に関しては。だってこれ、八重山毎日新聞のインタビューにはそう答えているんですよ。戸別訪問の法的根拠は通達に書かれているというようなことを言っているんですよ、資料見ていただいたら分かると思うんですけれども。これ、ちゃんと指導した方がいいんじゃないですか、この方。これ、いいんですか、間違いですよね、ただのね。（発言する者あり）はい、分かりました。

先に進みます。

お配りしたもう一つの配付資料、防衛省から提供されました、今年、平成二七年度、自衛隊沖縄地方協力本部が沖縄県の各市町村に対し提出した情報提供依頼文書（一五六～五七頁⑲）と住民基本台帳の閲覧申請書（一五八～五九頁⑳-1・2）。

大臣、この依頼文書の中で、例えば宮古島市を見てみると、平成九年四月二日から平成一〇年四月一日までに生まれた一つの年代だけなんですよね。名護市に対しては、平成一年四月二日から平成一〇年四月一日までに生まれた九つの年代の個人情報の提供を依頼する。**これ自治体によってちょっとばらつきがあるんですけれども、**[*2]**どういうことですか。手短に。**ありがとうございます。

国務大臣（中谷元君）　宮古のケースは、自衛官及び自衛官候補生の募集事務の遂行のために、一八歳に達する平成九年の四月二日から平成一〇年の四月一日まで出生した者の氏名、生年月日等についての資料請求を依頼しております。

***2　自治体によるばらつき**
沖縄県内の他の各市町村の文書も配布されたが、同様にばらつきが存在することがわかる（－60頁「住基台帳」も同様）。

また、名護市に宛てた依頼文書では、同じ目的で、一八歳から二六歳に達する平成元年四月二日から平成一〇年四月一日まで出生した者の氏名、生年月日、出生年月日についての資料の提出を依頼しております。

これは、自衛官の募集に際して必要な募集対象者の情報の取得にあっては、各市町村ごとの募集対象者の規模、地域ごとの状況を踏まえて各地方協力本部において依頼の範囲を判断しておりまして、宮古島市と名護市に対する依頼の範囲が異なった点についても、このような地域ごとの状況を踏まえて沖縄の地方協力本部が独自に判断をしたものでございます。

これはどういうことかといいますと、非常に人口が過密なところもあれば過疎なところもありまして、やはり過疎のところはより多くの方々にお声を掛けたいというようなことで、特に決めはないわけでありまして、各地方協力本部、それに任せているということでございまして、防衛省としては、今後とも、資料の提出の根拠となる法令等を丁寧に説明して、地方協力団体の協力をお願いして、地域ごとの状況を踏まえて優秀な人材の確保に努めてまいりたいと考えております。

山本太郎君　なるほど。特に深い意味はなく、人口のばらつきだったりいろんな諸条件があってその年代を求めるしかなかったというようなことだということなんですね。

沖縄地本第３７４号
２７．　３．　３１

名護市長　殿

自衛隊沖縄地方協力本部長

自衛官及び自衛官候補生の募集に関し必要となる募集対象者情報の提出について（依頼）

自衛官及び自衛官候補生の募集については、平素より御協力を賜り、お陰様をもちまして毎年優秀な隊員を採用しているところです。これも関係各位の防衛の重要性と自衛隊に対する深い御理解、御協力の賜であり、厚く御礼を申し上げます。

御承知のとおり、貴職におかれては、自衛隊法（昭和２９年法律第１６５号）第９７条第１項の規定に基づく法定受託事務として、自衛官及び自衛官候補生の募集事務の一部を行うこととされています。防衛省では、自衛隊法施行令（昭和２９年政令第１７９号）第１２０条の規定に基づき、各都道府県知事宛て依頼文書「自衛官募集等の推進について」（平成２６年４月１７日付防人育第５４５１号）を防衛大臣から発出し、その内容については、各都道府県知事から市区町村長宛てに周知いただいているものと承知しております。

つきましては、当該依頼文書に記載があるとおり、自衛官及び自衛官候補生の募集に関し必要となる募集対象者の氏名、出生の年月日、男女の別及び住所の情報（以下「募集対象者情報」という。）に関する資料の提供について、改めて依頼いたしますので、よろしくお取り計らいをお願い申し上げます。

記

１　依頼内容

出生の年月日が平成１年４月２日から平成１０年４月１日までの間の者（日本人住民に限る。）の募集対象者情報に関する資料についての紙媒体等での提出

２　利用目的

自衛官及び自衛官候補生の募集事務の遂行のため

なお、御提供いただいた自衛官及び自衛官候補生の募集に必要となる募集対象者情報につきましては、法令に基づき適正に管理いたします。

今後とも自衛官及び自衛官候補生の募集事務の円滑かつ適切な実施について御理解、御協力を賜りますよう、よろしくお願い申し上げます。

資料（募集対象者情報提供要請文）
2015年9月2日　参議院我が国及び国際社会の平和安全法制に関する特別委員会
生活の党と山本太郎となかまたち　山本太郎
防衛省提供資料を山本太郎事務所において両面印刷

⑲

沖縄地本第３７４号
２７．　３．　３１

宮古島市長　　殿

自衛隊沖縄地方協力本部長

自衛官及び自衛官候補生の募集に関し必要となる募集対象者情報の提出について（依頼）

自衛官及び自衛官候補生の募集については、平素より御協力を賜り、お陰様をもちまして毎年優秀な隊員を採用しているところです。これも関係各位の防衛の重要性と自衛隊に対する深い御理解、御協力の賜であり、厚く御礼を申し上げます。

御承知のとおり、貴職におかれては、自衛隊法（昭和２９年法律第１６５号）第９７条第１項の規定に基づく法定受託事務として、自衛官及び自衛官候補生の募集事務の一部を行うこととされています。防衛省では、自衛隊法施行令（昭和２９年政令第１７９号）第１２０条の規定に基づき、各都道府県知事宛て依頼文書「自衛官募集等の推進について」（平成２６年４月１７日付防人育第５４５１号）を防衛大臣から発出し、その内容については、各都道府県知事から市区町村長宛てに周知いただいているものと承知しております。

つきましては、当該依頼文書に記載があるとおり、自衛官及び自衛官候補生の募集に関し必要となる募集対象者の氏名、出生の年月日、男女の別及び住所の情報（以下「募集対象者情報」という。）に関する資料の提供について、改めて依頼いたしますので、よろしくお取り計らいをお願い申し上げます。

記

１　依頼内容

出生の年月日が平成９年４月２日から平成１０年４月１日までの間の者（日本人住民に限る。）の募集対象者情報に関する資料についての紙媒体等での提出

２　利用目的

自衛官及び自衛官候補生の募集事務の遂行のため

なお、御提供いただいた自衛官及び自衛官候補生の募集に必要となる募集対象者情報につきましては、法令に基づき適正に管理いたします。

今後とも自衛官及び自衛官候補生の募集事務の円滑かつ適切な実施について御理解、御協力を賜りますよう、よろしくお願い申し上げます。

資料（募集対象者情報提供要請文）
2015年9月2日　参議院我が国及び国際社会の平和安全法制に関する特別委員会
生活の党と山本太郎となかまたち　山本太郎
防衛省提供資料を山本太郎事務所において両面印刷

⑳-2

様式第1号（第3条関係）

住民票閲覧申請書

石垣市長　殿

平成２７年４月２１日

請求者 法人の場合は所在、名称及び代表者名等	住所（所在）	沖縄県那覇市前島3丁目24番地の1	
	名　称	防衛省　自衛隊沖縄地方協力本部	
	代表者職氏名	本部長　山　根　寿　一　　印	
	担当者名	裏　出　貴　信	電話　0980-82-4942
閲覧者	住　所	[redacted]	
	氏　名	宮　良　義　紀　　印	
	住　所	[redacted]	
	氏　名	上　地　和　成　　印	
	住　所	[redacted]	
	氏　名	武　富　真　由　美　　印	
閲覧目的 （具体的に記入してください。）	自衛官等及び学生等の募集に際して適齢者を把握し、効率的に募集活動を実施する為。		
閲覧の範囲 （地区）	石垣市		
閲覧対象者 （年齢）	1　平成４年４月２日から平成１０年４月１日の間に生まれた男女 2　平成１２年４月２日から平成１３年４月１日の間に生まれた男子 （年齢１７歳から２３歳）（年齢１４歳から１５歳）		
閲覧項目 （○で囲む）	①住所　②氏名　③性別　④生年月日		
閲覧人数	３名		
閲覧希望日時	平成２７年　５月１１日～１４日（４日間） 時間　０９：００～１７：００（各日とも）		

添付書類

1 誓約書
2 請求目的が世論調査やダイレクトメールの配布等の場合、調査表やダイレクトメールの写し
3 請求者が法人の場合、登記事項証明又は会社概要
4 個人情報取扱業者については、個人情報の安全管理規定（プライバシーポリシー等）

資料（住民基本台帳閲覧申請書）
2015年9月21日　参議院我が国及び国際社会の平和安全法制に関する特別委員会
生活の党と山本太郎となかまたち　山本太郎
防衛省提供資料を山本太郎事務所において両面印刷

⑳-1

平成27年4月10日

那覇市長 殿

自衛隊沖縄地方協力本部長

住民基本台帳の一部の写しの閲覧の請求について

住民基本台帳法(昭和42年法律第81号)第11条の規定に基づき、下記のとおり住民基本台帳の一部の写しの閲覧を請求します。

請求機関の名称	自衛隊沖縄地方協力本部			
閲 覧 者	職 名	広報員	氏 名	宮 國 照 敏
閲 覧 者	職 名	広報員	氏 名	仲 程 久 美 子
閲 覧 者	職 名	広報員	氏 名	喜 舎 場 仁
事務責任者	職 名	自衛隊沖縄地方協力本部長	氏 名	山 根 寿 一
請 求 事 由	目的: 自衛官候補生に関する募集事務として、募集案内の郵送等を行うため 根拠: 自衛隊法第29条及び住民基本台帳法第11条			
請求に係る住民の範囲	平成9年4月2日～平成10年4月1日の間に生まれた男女(日本住民に限る) 及び平成7年4月2日～平成8年4月1日の間に生まれた男女(日本住民に限る)			

資料(住民基本台帳閲覧申請書)
2015年9月2日 参議院我が国及び国際社会の平和安全法制に関する特別委員会
生活の党と山本太郎となかまたち 山本太郎
防衛省提供資料を山本太郎事務所において両面印刷

へえ、いろんな情報を御存じなんですね。

中谷大臣、住民基本台帳閲覧申請書の方なんですけれども、こちらも、例えば那覇市に対しましては平成九年四月二日から平成一〇年四月一日までと平成七年四月二日から平成八年四月一日までの間に生まれた二つの年代なのに対して、石垣市に対しましては、先ほどの中学生の話ですよね、平成四年四月二日から平成一〇年四月一日までの六年代と平成一二年四月二日から平成一三年四月一日までの合計七つの年代、住民基本台帳の閲覧を申請しています。

これも各自治体ごとにばらつきがあるんですけれども、理由は先ほどと同じようなことなんですかね。

国務大臣（中谷元君） 同じでありまして、自衛官の募集に関して必要な募集対象者の情報の閲覧請求に当たっては、市町村ごとの募集対象者の規模など地域ごとの状況を踏まえて各地方協力本部において閲覧請求の範囲の判断をいたしております。那覇市と石垣市に対する閲覧請求の範囲が異なった点につきましても、このような地域ごとの状況を踏まえて那覇地方協力本部が独自に判断をしたものでございます。

山本太郎君 ありがとうございます。

防衛大臣、前回の本委員会で憲法第一八条についてお話ししたと思うんです。憲法

第一八条の意に反する苦役[*3]について、特に意に反するという部分が重要なんじゃないでしょうかという私の質問に対して、大臣も、「戦後の日本は、自由そして民主主義、これが基本でありまして、この自由主義、民主主義に反しているということで、大事な規定だと思っております。」と答弁されたんですよ。すばらしいですよね。意に反するということは、自由と民主主義に反することだということを大臣おっしゃってくださったということだと思うんです。

また、大臣は、最近は自衛隊員の募集、倍率は七倍以上なんだよ、将来も優秀な隊員が募集に応じてくれると自信を持って答弁されているんです。これは七月一〇日ですかね、衆議院の細野議員への答弁だったと思うんですけれども、これ、間違いないですよね。

だったとしたら、住民台帳を書き写してＤＭ送ったり、招かざる客として戸別訪問までして本人や保護者の意に反する募集活動や個人情報の収集、これ必要ないんじゃないですかと思うんですよ。そんなに人いるんだろうって、だったらわざわざどうしてそこまでやるのって。

大臣、私は、自衛隊員の募集について、**本人や保護者の意に反する募集活動や個人情報の収集、行うべきじゃないと思うんですよ。本人や保護者の意に反するＤＭの郵送、ポスティング、戸別訪問、これもやめるべきだ**

＊3　**憲法第一八条の意に反する苦役について**
具体的な条文は「何人も、いかなる奴隷的拘束も受けない。又、犯罪に因る処罰の場合を除いては、その意に反する苦役に服させられない」というもの。徴兵制については、ここに定める「意に反する苦役」にあたるものとして、禁じられているというのが法学上の通説である。

と思うんです。いかがでしょうか。

国務大臣（中谷元君）　自衛隊というのは我が国を守るという非常に崇高な任務を帯びた組織でございまして、この自衛官の募集というのは、自衛隊の人的基盤を支えるとともに組織の精強性を維持する観点から極めて重要でありまして、地域社会と深いつながりを有する地方公共団体を通じて確実に行うことが不可欠でございます。

この観点から、自衛官募集につきまして、自衛隊法に基づいて自衛隊地方協力本部が実施するほか、法定受託事務として都道府県の知事、市町村の長がその事務を行うこととしております。募集対象の情報につきましては、自衛官の募集に関し必要があることから、住民基本台帳に基づいて、住民基本台帳の一部の写しを閲覧から請求する、より取得をいたしております。

このように、自衛官の募集やそのために必要な情報の取得を行うことは重要だと考えますが、募集対象者本人等から防衛省に対し個人情報の収集を拒否するなどの申出があった場合におきましては、その意向を尊重をいたしまして対応することにいたしております。

山本太郎君　いちいちこっちからやめてくださいと言わないとやめられないんですかという話ですよ。

で、今の僕の答えというか、質問に対してはほとんど答えていただいていないんですよね、本当に。（発言する者あり）そう、今も後ろからも掛かってきていますよ、もう競争率七倍やったら要らぬやろうと。おっしゃるとおりですよ。七倍なのにどうしてこういうことをやるんですかって。しかも、それをやられた方からやめていただけませんかと言わないとやめてもらえないという不条理。

先日防衛省からいただいた資料では、平成二六年度に高校卒業年齢に達する人たちに送ったＤＭの発送関連経費、約二千万円だったそうです。一通当たり五〇円から八〇円のコストという説明がございました。なるほど、一通五〇円なら四〇万人に送れる、四〇万通送れる、一通八〇円なら二五万通ＤＭを送れるという話なんですね。

平成二六年度、高校三年生に相当する年齢、一八歳ですよね、一八歳の人口は国立社会保障・人口問題研究所によると一一八万人。四〇万通なら全体の約34％、二五万通なら全体の約21％にしかＤＭを送っていない。集めた個人情報、全員分郵送しているわけじゃないということですよね。要は、ＤＭを送る人間を選別していますよという話なんです。

ここから推察できるのは、住所、氏名、性別、生年月日の個人情報四情報、この四情報以外の情報を防衛省はせっせと日頃から収集してＤＭの送付先を決めている可能性が高いということですよね、これ。個人情報保護の観点からもすごい違反くさいにおいがぷんぷんしますけれども。

大臣、住民基本台帳の個人情報四情報以外から防衛省はいろいろな個人情報を収集しているんですか。している、していないでお答えください。

時間がございません、お願いします。

国務大臣（中谷元君）　しておりません。

山本太郎君　しておりません、力強いお答え、そうですか。

けれども、自衛隊の直接戸別訪問を受けた方々の中に、非常に驚いたという方がいらっしゃる。どのようなことなのか。消防に自分自身は就職希望を出しているんだけれども、自衛隊の担当者が説明に来たときに、自衛隊との併願でどうだということをわざわざ言いに来た。どうしてそんなことまで知っているんですかって、これ。四情報で分かる話ですか、これ。

委員長、私は防衛省に対して、今年度、平成二七年度に一体何人分の個人情報を収集し、現在何人分の個人情報を保有しているのか、各年代別にその人数の資料を請求しているんですけど、一向に出そうとしないんです。多分、出てくるのはこの委員会全部終わった後じゃないですか。ずっと出てこないかもしれない。この委員会に速やかに提出するよう、理事会でお取り計らい、よろしくお願いいたします。

委員長（鴻池祥肇君）　後の理事会で協議をいたします。

山本太郎君　本当にDMの送付先、随分絞り込んでいるんだろうと、いろんな情報を収集してという話なんですけれども、**大臣、今後これもっと楽に情報収集しようと思ったら、マイナンバー使うんじゃないですか。**いかがでしょう。

国務大臣（中谷元君）　マイナンバーにおきましては、国の行政機関や地方公共団体において社会保障、税、災害対策の分野で利用されるものでありまして、自衛官の募集の分野では利用することはできないものだと承知をいたしておりまして、自衛官の募集につきまして、現在のところマイナンバー制度を利用する予定はございません。

山本太郎君　ありがとうございます。

じゃ、もう一度、**マイナンバーを利用することは、募集に関して、そしてこの自衛隊の人員を広げるという部分でマイナンバーを使うことはないと、もう一度断言していただけますか。**

国務大臣（中谷元君）　自衛隊におきましては、幅広く、募集の相談員とかいろんな自衛隊のＯＢの方とか協力者を通じて優秀な人材の勧誘、確保に努めておりまして、現在の自衛官の募集活動につきまして、マイナンバー制度ができたからといって変更する予定はございません。

山本太郎君　もう、欲しい答え全然くれないんですね。分かりました。

じゃ、時間が余ったのでこういう質問をしてみたいと思います。**もし自衛官を海外に出して万が一のことがあったときに、今の政治にその覚悟はできていると思いますか、覚悟、お答えください。**

国務大臣（中谷元君）　現在でも、ＰＫＯ活動や海賊対策でアフリカ、非常に環境の悪い地において隊員が活動をいたしておりますが、私なりに、派遣した以上、隊員の安全等につきましては責任を持って活動をいたしております。それなりの覚悟を持っているつもりでございます。

山本太郎君　ありがとうございます。その覚悟というのも次回どんどん掘り下げていきたいと思います。

ありがとうございました。

Q

軍事のプロである中谷防衛大臣、安倍総理の発言、何点でしょうか？

2015.09.04

「自衛隊はハイテク装備で固めたプロ集団であって、短期間で隊員が入れ替わる徴兵制では精強な自衛隊はつくれない」との安倍総理の言葉。しかし、世界の地上戦の現実はどうなのか？　イラク戦に持ち込まれた棺。専守防衛で国民を守るために志願してくれた自衛官の不安と不満。二四万人いる自衛隊員全員に、服務の宣誓、取り直すんですね？

山本太郎君　生活の党と山本太郎となかまたち共同代表、山本太郎です。よろしくお願いします。

中谷防衛大臣、元自衛隊員ですよね。一人前のレンジャー隊員を育てる教官をされていた。自衛隊の中でもエリート中のエリートですよ、レンジャー部隊といえば。その精鋭たちの教官であられた大臣、軍事のプロでございます。これ、軍事のプロの目から見て、玄人の目から見て、テレビとか見ていて、何かコメンテーターとか何か政治家とかが何か言っていて、違うだろ、それって思わず突っ込んじゃったこととかあると思うんですよ、テレビとか見ていて。

今日は、その違うでしょう、それという突っ込みを、是非軍事のプロである中谷大臣から総理の発言を採点していただきたい、点数を付けていただきたいんです。一〇〇点満点の場合は、お答えは点数のみで結構です。満点でない場合は、何が違うのか、その突っ込みをお願いしたいと思います。参ります。

自衛隊はハイテク装備で固めたプロ集団であって、短期間で隊員が入れ替わる徴兵制では精強な自衛隊はつくれない。これは、安倍総理が我が国で徴兵をやることはないという場面での御発言でございます。軍事のプロである中谷大臣から見て、この発言、さあ、何点でしょうか。

国務大臣（中谷元君）　点数は付けられませんが、ハイテクということは、もう今の時代にとって、自衛隊にとって必要でございますので、そういう集団であるべき傾向はますます強くなっておりますので、自衛隊の精強性には必要なものであると思っております。

山本太郎君　これ、一〇〇点じゃなかったら困るんですよね。現実に即していないということでしょう。一〇〇点でないということは、そういうことですよね。ちょっと、もうちょっと総理に気を遣ってあげてほしかったなと思うんですけれども。

災害救助や専守防衛の国防を命懸けでやってくれている自衛隊です。でも、自衛隊のことについて、私たちといいますか、一般の方々も合わせてあまりよく知らないんじゃないかな、詳しく知らないんじゃないかなと思うんです。

一九八八年、陸上自衛隊に入隊、九一年、レンジャー隊員となり、九二年、ＰＫＯ法が成立した後、九三年、海外派兵の任務遂行は容認できないと三等陸曹で依願退職をされた元陸上自衛官の井筒高雄さんのお話から発想を得て、本日のお話は進めていきたいと思います。

パネルお願いします。**（資料提示／一七二頁㉑）**

普通の企業、一般企業には役職ってありますよね、階級がありますよね。自衛隊も同じように役職、階級がございます。あくまでもざっくりです。分かりやすく自衛隊の階級をピラミッドの形にしてみました。一般企業の役職にたとえて御紹介いたします。

ピラミッドの頂点、一番上、企業で社長に当たるのが将、将補、部長に当たるのが佐、課長に当たるのが尉、課長補佐に当たるのが准尉、係長に当たるのが曹、そしてピラミッドの底辺、平社員に当たるのが士というわけです。

元レンジャー井筒さんのお話では、ピラミッドの底辺、若い隊員、士というお仕事、士のポジションですね、士の比率が減ってきているんだと指摘されています。このグラフ（資料提示／一七三頁㉒）で見ますと、正面左側、平成二年のもの、右側、平成二六年のもの。本来、このグラフ、ピラミッド型をしているのが理想なんです。左側の平成二年のものがピラミッド型にやや近いですか。しかし一方、右側、平成二六年はピラミッド型ではなくビアだる型、ビールのたるみたいな形になっていますよね。これ、何を意味しているのか。若手が減っているということ、現場を支える若手が減っている。

現在の自衛隊は、作戦を練ったり指示をする人間と、現場で作戦を実行する人間が同じような数になってしまっているという現実があるんだと。この理由は、大臣、何なんですかね。短めにお願いします。

国務大臣（中谷元君） 自衛隊が任務遂行するためには、やはり知識、技能、経験、これの要素を重視いたしておりまして、各自衛隊の任務を適正に継続的に遂行できるためにはそういった優秀な人材を維持をするということでありまして、そうなりますと、やはり熟練性となりますと准尉また曹ですね、これの構成比率がやはりベテランということで高くなりまして、士の構成比率が相対的に低いものとなっております。

私も自衛隊で勤務した関係で経験上申し上げますが、士になりますと、二年、四年、六年、つまり任期制でこれ退職をしなければなりませんが、やはりみんな曹を目指します。やはり、試験を受けて曹になるということで、非常に曹になりたい人が多いということで、この枠を広げたり、またそういった能力のある人を組織に置いておこうということで、だんだん曹とか准尉が増えてきたという現状がございます。

山本太郎君　ありがとうございます。

これ一般の企業とかで考えてみれば、平社員の数よりも係長、課長、部長の数が多い、又は同じぐらいいるというのは何か不思議というか、あり得ない話だなと思うんですよね。しかも、組織ということを考えると、実力組織ですよね。若い力が必要になるんじゃないかなとは思うんですけれども、必要な人員がどれぐらい満たされているか、これ充足率というもので見ることができる、充足率。

防衛省は、九割を超えていますと、自衛隊ほとんど人員足りていますというような言

㉑

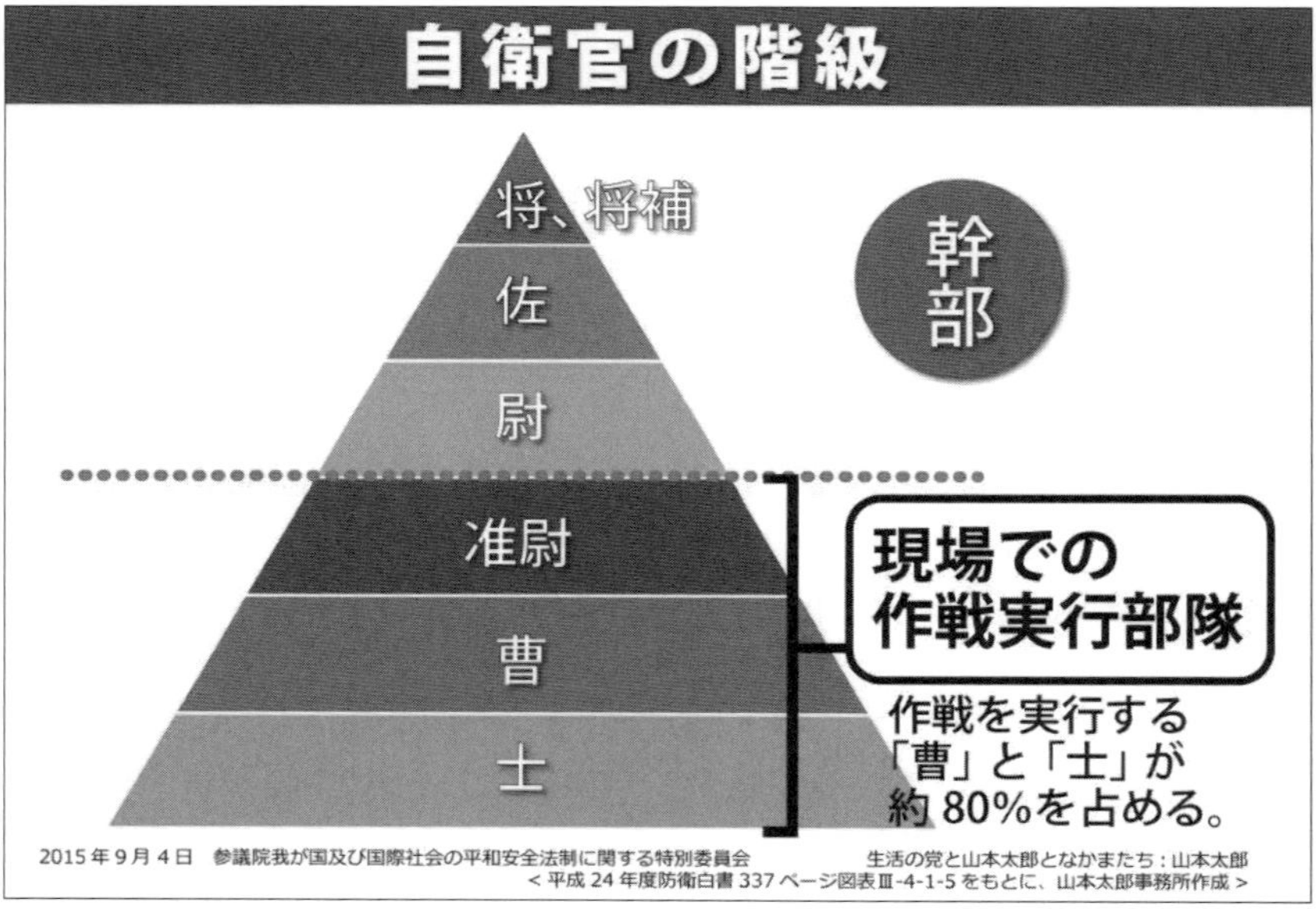
自衛官の階級
将、将補
佐
尉
准尉
曹
士
幹部
現場での
作戦実行部隊
作戦を実行する
「曹」と「士」が
約 80%を占める。
2015 年 9 月 4 日　参議院我が国及び国際社会の平和安全法制に関する特別委員会
生活の党と山本太郎となかまたち：山本太郎
< 平成 24 年度防衛白書 337 ページ図表Ⅲ-4-1-5 をもとに、山本太郎事務所作成 >

㉒

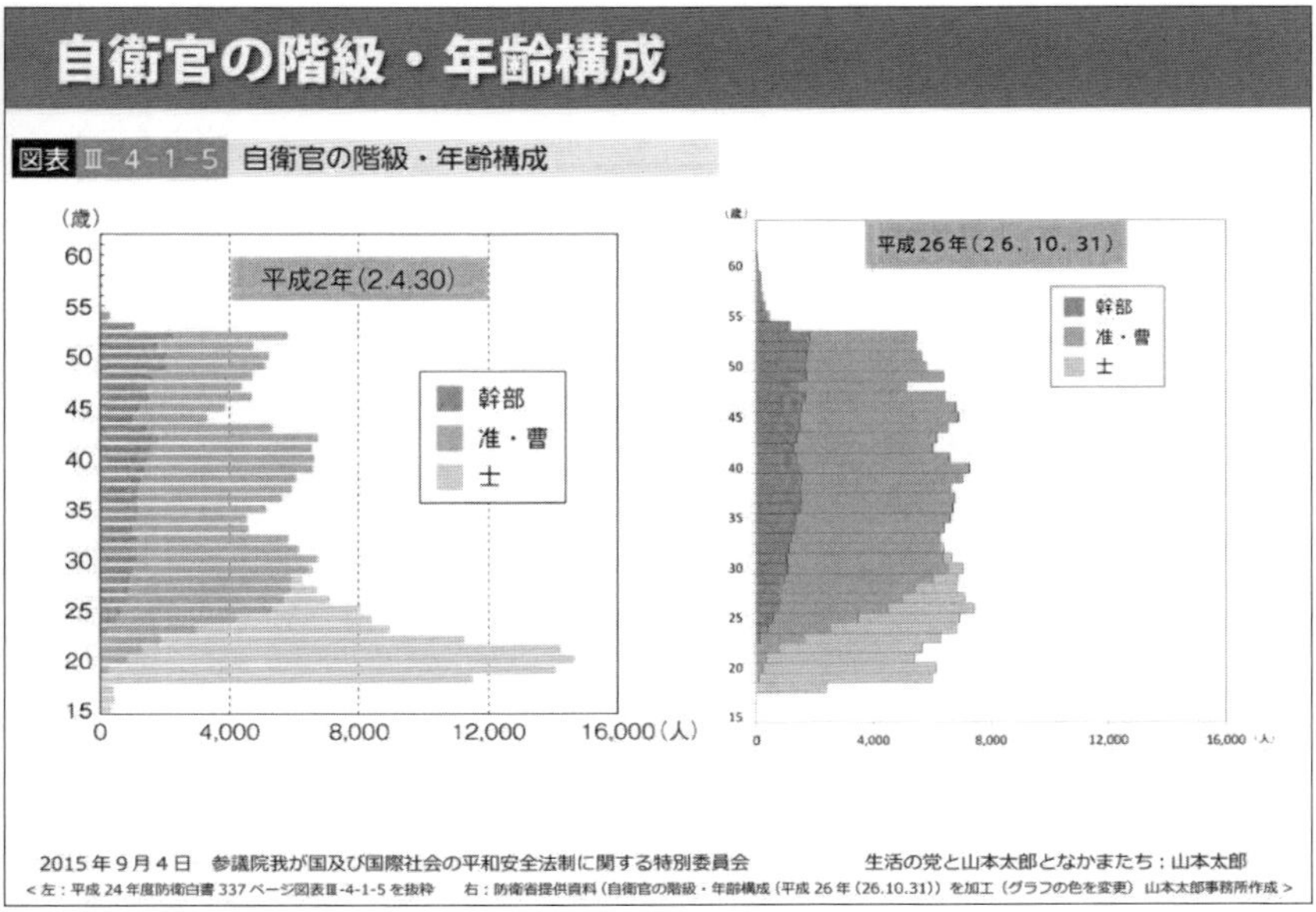

自衛官の階級・年齢構成
図表 Ⅲ-4-1-5 自衛官の階級・年齢構成
（歳）
平成2年（2.4.30）
幹部
准・曹
士
0
4,000
8,000
12,000
16,000（人）
平成26年（26. 10. 31）
幹部
准・曹
士
2015年9月4日　参議院我が国及び国際社会の平和安全法制に関する特別委員会　生活の党と山本太郎となかまたち：山本太郎
<左：平成24年度防衛白書337ページ図表Ⅲ-4-1-5を抜粋　右：防衛省提供資料（自衛官の階級・年齢構成（平成26年（26.10.31））を加工（グラフの色を変更）山本太郎事務所作成>

い方をしている。でも、一つずつ見ていくと違うことが分かる、充足率を見れば。現場で作戦を実行するんだよと言われるような平社員の充足率は実は七割だと、それ以外の充足率が九割。本来は、この数字、本当は逆転していた方がいいんですよね、ピラミッド型にするんであれば。足りている、問題ないと言うんだったら、充足率は七割ではなく、既に九割、十割ないとおかしいんだという話なんですけれども、充足率は七割。どう言っても足りてはいないと。

自衛隊で平社員的ポジションであり、階級ではピラミッドの底辺であります士、ピラミッドの底辺であります士、本日はここにクローズアップしたいと思います。

陸上自衛隊では陸士、海上では海士、航空では空士、この士の皆さんの雇われ方、雇用形態には二つあるそうです。非任期制隊員と任期制隊員。非任期制隊員は定年まで勤務、正社員ですよね。任期制隊員は、陸上は二年間、海上と航空は三年間の期間雇用、非正規社員的立場というわけですよね。

今年二〇一五年三月三一日現在の自衛隊の陸士、海士、空士の中で、いわゆる正社員的立場で定年まで勤務することが想定されている非任期制隊員が昨年二〇一四年三月三一日現在と比べて九八〇人減少している。本格的隊員、プロの隊員が九八〇人減少している。逆に、二年間の期間雇用、任期制隊員は二三二九名増員になったそうです。一〇〇〇人近くも正規雇用が減り、二三〇〇人もの非正規雇用が増えた。何か、どういうことなんですかね。正社員が減って非正規社員が増えたという原因何なのって。

これ、勝手に考えると、可能性二つ考えられるんじゃないかなと思うんです。自然に減ったか、もしくはわざと減らしているか。

自然に減ったということを考えた場合、去年の夏、憲法違反の閣議決定以後、現在の戦争法案などを通して不安が広がった。自衛隊への志願を考えていた人たちだけでなく、既に自衛隊員だった人にとって続けることへのハードルを上げてしまった。今までの専守防衛の範囲で活動する自衛隊であれば続けたいんだけれども、何の歯止めもないじゃないか。自衛隊員の活動範囲の拡大、不安を感じ、職を変えようと考えたという可能性。

そしてもう一つ、わざと減らしていると考えた場合、コストを考えて正社員よりも非正規社員を増やしていく方針だということ。自衛隊員、公務員ですよね、等級制ですよね。普通のときでも何かあったときにも、平時でも有事でも隊員は勤務実績、要は勤め続けた期間が給料であったり待遇、給与などに反映されると。万が一があった場合、正社員、補償などのコストが大きく掛かる。勤務期間の短い者、非正規社員的な働き方をしている者であれば、平時はもちろん有事にも安く付く。非正規的な働き方でできるだけコストが掛からないように、最底辺は替えが利くようにしている。そのために、非正規社員である任期制隊員を増やしているという可能性。

安倍総理、徴兵制について、自衛隊はハイテク装備で固めたプロ集団であって、短期間で隊員が入れ替わる徴兵制では精強な自衛隊はつくれない[*1]、このように言われている。

じゃ、分かりました。超ハイテク装備で固めた世界一のプロ集団はどうなっているでしょうか。

イラク戦争が開始された二〇〇三年、米軍は二一万人をリクルート、そのうちの三分の一が高校卒業後間もない若者だったとも言われる。徴兵制がなくても、経済的に困窮する若者が、教育を受けるため、安心して医療を受けるため、事実上の経済的徴兵制で戦地に行かざるを得なくなる。訓練期間十分でなくても、戦場では人手が必要なようです。

アメリカ、州兵までイラクに派兵したんですって。州兵って何だよ。地元で災害が起きたときなど救援活動が主な任務ですよ、通常は訓練月一回程度、それが州兵。それ以外は一般市民として暮らしている人々なんだと。イラク戦争ではその州兵がイラクに派兵されている。訓練期間は四か月程度。四か月程度しか訓練していない素人でも連れていくのが超ハイテク装備で固めたプロ集団の現実。

アフガン戦争に参加したデンマーク、たった一〇日間の訓練の後、アフガニスタ

＊1 徴兵制では精強な自衛隊はつくれない
二〇一五年八月二五日の参議院「我が国及び国際社会の平和安全法制に関する特別委員会」で自民党の森まさこ議員の「徴兵制にはなりません。明確な根拠があります。そのことをいま一度、総理から若者へのメッセージとして再度明確に語っていただきたいと思います」との質問に対する答弁として発言したもの。

ン・ヘルマンド州に派兵されたケースもある。安く使える人員、大量に求められているということがよく分かると思うのです。

戦争、現代の戦争のスタンダード、相手国、敵国をたたいた後、必ず地上部隊投入になりますよね。ハイテク兵器だけですか。空爆だけで制圧、終わった、一件落着なんて存在しないでしょう。その後、地上部隊で制圧していきながら、占領地域拡大していくよと。そして治安を維持をしていく、繰り返す。治安がましになったら復興整備始めるか。そういう段取りが理想だけれども、イラクを見ればそうならないのは分かるじゃないですか。勝利宣言してからが更にたくさんの人員が必要。次々にマンパワーが徴集され、長い長い時間を掛けて、いつ撤退かも判断できないぐらい長期化、泥沼になるというのが現実です。

中谷大臣が点数を付ける、付けられないなとおっしゃった安倍総理の徴兵制をやらない理由、自衛隊はハイテク装備で固めたプロ集団であって、短期間で隊員が入れ替わる徴兵制では精強な自衛隊はつくれない。これ、世界の現実見れば、どういうことなんですかね。合っているんですか、これ。詭弁ですよ、詭弁。

はい、次参ります。

先日、九月二日の本委員会で今の政治に覚悟はあるかとお聞きしたところ、大臣、お答えくださいました、もう既に隊員は活動していますと、ＰＫＯ、海賊対策で、それなりの覚悟を持っているつもりでございますとお答えくださいました。以前、元統合幕僚長、ＮＨＫの番組内でこうおっしゃった。イラク派遣ではひつぎを、棺おけですよ、隊員に分からないように持ち込んだんだって、ばれないようにと、おっしゃっています。[*2]

それなりの覚悟を持っている大臣にお聞きします。イエスかノーかでお答えください。**今後の派遣でも、ひつぎ、棺おけ、派遣先に持ち込まれるんですか。**

国務大臣（中谷元君） 昨日もジブチから、海賊対処とかＰＫＯとか、そういう任務をした隊員が帰ってきました。私は第一級賞詞を出しましたけれども、本当に使命感に燃えて、誠心誠意、国際社会の中で日本の貢献をしていっておりまして、改めて私は、日本の自衛隊員は優秀な人材が多くて、そういう組織であると、誇りを持っておりまして、今後、様々な任務があります。単に海外だけではなくて、レーダーをずっと見張る人、それから空の整備をする人、食事を作る人、いろんな人の集合があって日本の国を守られているわけでありますので、海外派遣に行く人のみならず、全ての自衛隊員に対して、私は、誇りと責任、そういうものを持ちながら、自衛隊の部隊運営をしていただいているという覚悟を持っております。

山本太郎君 全く答えていただいていません。

＊2 イラク派遣でのひつぎ持ち込み
二〇一四年四月一六日放送のＮＨＫ『クローズアップ現代　イラク派遣　一〇年の真実』の番組中、ＶＴＲ内で証言した元統合幕僚長・先崎一氏は、派遣先のサマーワが政治的には非戦闘地域といわれながら、派遣隊員からみれば何が起こってもおかしくない状況だったことを明かした。そこでは、「戦闘地域」に臨む意識が前提となり、隊員がテロ被害にあった場合の救護訓練が行われたほか、死亡した場合の対応まで極秘に検討されていたという。
「先遣隊、業務支援隊が、約一〇個近く棺を準備して持って行き、クウェートとサマーワに置き隊員の目に触れないようにしておかないと、かえって逆効果にもなりますから、委員長、これまで自衛隊が海外に派遣した、数々あると思うんです、その先で用意された棺おけ、ひつぎの数、派遣先ごとにこれ出していただきたいんですけれども、理事会でのお取り計らい、よろしくお願いいたします。

委員長（鴻池祥肇君） 理事会で協議をいたします。

山本太郎君 ありがとうございます。

覚悟できているんですか、本当に。話ばっかりそらして。

どういうことなんだということなんですよ。要は自衛隊員、この命に関して、どれぐらいの重さを感じているのかって。もしものことがあったらいくら出るんですか、みんな、そのことをすごい気にしていますよ。自分の命がなくなってしまった場合、子供がいくつになるまで面倒見てもらえるんだよって、その覚悟はあるのかって。安全だ何だって言うけど、全然具体的な話、してくれないじゃないかという不満が自衛隊員の方々の中にもあるんですよ。

これ、一般雇用契約では許されないような不利益変更ですよ。考えてみてください。労働条件、労働内容、勤務地、これ、変えようとしているじゃないですか。最初にやった宣誓、日本国憲法を遵守してというような宣誓あるじゃないですか、服務の宣誓。これ、**もしもこの法案が通ったとしたら、約二四万人近く、二四万人いる自衛隊員に対して、もう一度服務の宣誓、やり直させなきゃいけないです**[*3]

そこはわからないように、非常に気を遣いながら準備だけはしていた」（先崎氏）。同氏によれば、万一の場合に遺体をどのように運ぶのか、さらには国主催の葬儀も考えていたという。

＊3 服務の宣誓やり直し
自衛隊法施行規則第三九条により入隊時に行われるもので、その文言は「私は、我が国の平和と独立を守る自衛隊の使命を自覚し、日本国憲法及び法令を遵守し、一致団結、厳正な規律を保持し、常に徳操を養い、人格を尊重し、心身を鍛え、技能を磨き、政治的活動に関与せず、強い責任感をもって専心職務の遂行に当たり、事に臨んでは危険を顧みず、身をもって責務の完遂に務め、もって国民の負託にこたえる

よね、取り直さなきゃいけないですよね。そういうことでいいですか。

国務大臣（中谷元君）　自衛官は事に臨んでは危険を顧みずという宣誓をして、現在、勤務をいたしております。

各級指揮官は、そういった隊員の生命も、人生も、また安全も預かりながら任務を達成しているわけでありまして、今更宣誓をやり直せというのではなくて、私は、現時点においてもしっかりと各級の指揮官が責任を持って自衛隊を隊務運営しているということでございます。

山本太郎君　専守防衛で国民を守るために志願してくれた自衛隊員への完全な裏切りであるこの憲法違反の戦争法案、廃案にするしかありません。自衛隊員の方々、見ましたか、今の答弁の仕方。皆さんを守る気はございません。廃案しかないと申し上げて、質問を終わらせていただきます。

ことを誓います」とある。

とりわけ後段「事に臨んでは……」以降「……完遂に務め」までの部分は他の公務員にはない文言であり、その意味で防衛出動命令が出されるということは隊員にとって「遺書を書く」ことに等しい。事実、陸上自衛隊北部方面隊では二〇一〇年夏以降、所属部隊の上長から『家族への手紙』を書き、ロッカーに置くよう」命令されるのが常態となってきた、との看過できない報道もある。（「毎日新聞」二〇一五年七月二日）

彼ら自衛隊員が責務を完遂する前提は「我が国の平和と独立を守る」点にあるのであり、けっしてアメリカをはじめとする他の国を守ることにあるのではない。この点、宣誓のやり直しで問われるべきであろう。

Q

2015.09.08

民間人への無差別攻撃、たくさんの人が亡くなっています。広島、長崎、東京大空襲も。これって、戦争犯罪だと思われますか?

そしてイラク戦争、アフガン戦争、数々のテロとの戦い。米軍による多数の民間人殺害について、当時バグダッドにいた宮家邦彦氏はじめ、参考人らからその正当性と根拠についての見解を聞く。

山本太郎君　生活の党と山本太郎となかまたち共同代表の山本太郎と申します。

今日は、参考人の先生方のお話、＊1 非常に勉強になりました。

まずは、仮定の話に対しまして一般論としてさらりとお答えいただけると助かります。

例えば、**ある国が民間人に対する無差別攻撃を行ったと、それによってたくさんの人々の命が奪われました。そのようなケースは国際法違反、戦争犯罪というふうに先生方は考えられますか。** 順番に、宮家参考人からお聞かせ願えますか、お願いいします。

参考人（宮家邦彦君）　あまりにも漠然とした御質問ですので、お答えしかねます。

参考人（大森政輔君）　申し上げるべきことは同じです。

参考人（神保謙君）　やや冷たい答えが続いておりますけれども、一般的に申し上げまして、武力の行使というものが国際法で認定されているのは、国連憲章第五一条の個別的及び集団的自衛権と国連憲章第七章の下における集団安全保障ということになりまして、今、山本委員がおっしゃられた事例は、明らかにその二つの事例を外れる案件ということで、明確な国際法違反でございます。

参考人（伊藤真君）　お答えします。

＊1 参考人の先生方のお話（要約）

○宮家邦彦氏＝キヤノングローバル戦略研究所研究主幹・立命館大学客員教授、外務省出身（主にアフリカ・中近東を担当）、与党推薦参考人。今回の安保法制に反対する人々の主張は冷戦後の世界の大きな変化を考慮しないガラパゴス的平和主義などとし、信頼できる同盟国があるからこそ、力で現状を変えようとする勢力への抑止力が高まると論述。また、火事が拡大すれば消火が必要、消防隊と自衛隊のどこが違うのか、プロは日頃から実力を養うもの、と述べる。集団的自衛権に関しては違憲、合憲の判断を下すのは憲法学者、法制局長官ではなく「最高裁判所」であるなど。

○大森政輔氏＝元内閣法制局長官・弁護士、野党

国家の意思として他国民に対してそのようなことがなされたら、国際法違反と考えます。

山本太郎君　ありがとうございます。ちょっと漠然とした質問に対していろいろなお答え、ありがとうございます。

それでは、もう少し、リクエストにお応えして、具体的なことを聞いていきたいと思います。

例えば、**米軍による広島、長崎への原爆投下、そして東京大空襲を始めとする米軍による日本全国への空襲、これによりもう本当に何十万人という方々の命が奪われました。そのほとんどが民間人です。これは国際法違反であり、戦争犯罪ではないかと私は考えます。宮家先生、いかがでしょうか。順番に。**

参考人（宮家邦彦君）　平和安全法案とこの今の御質問の関係がよく分かりません。したがいまして、お答えは差し控えます。

山本太郎君　済みません、順番にお聞きしてよろしいでしょうか。ありがとうございます。

参考人（大森政輔君）　一般論としては、私はその問題についてある考えを持っておりますけれども、それは在職中に答えた内容との関係で整理をすべきか

推薦参考人。個別的自衛権と集団的自衛権とは別次元の事象であり、また、集団的自衛権の行使容認は、憲法九条の下、容認できる余地はないにもかかわらず、憲法解釈の変更と称して各種施策を講じることは内閣の閣議決定の範疇を超えたものとして無効とすべきと述べる。

○神保謙氏＝キヤノングローバル戦略研究所主任研究員、東京財団上席研究員、慶應義塾大学総合政策学部准教授、与党推薦参考人。平和安全保障をめぐる最大の論点は、この法案が「シームレス」な安全保障を確保できているかにあるとし、また仮に本法案が成立しても、グレーゾーン事態、存立危機事態、国際平和協力の改正などについての不断の法的整備が必要であると指摘。

どうかということで迷っておりますから、この席では申し上げることを控えたいと思います。

参考人（神保謙君）　第一次、第二次世界大戦中における民間人の動員とともに、民間人を含む都市に対する爆撃というものが徐々に戦略の一環として位置付けられることになりました。当然、一九二九年の不戦条約等を始めとする戦争禁止、放棄規定というものが国際法上広まって、それに伴って、民間人と軍人を明確に区別しながら民間人の保護を進めていくという規範が国際法の中で育ってきたのも事実ですけれども、残念ながら、特に第二次大戦、民間人に対する無差別空爆、これは日本もやったわけですね、中国に対する重慶爆撃もやりましたたし、連合軍はドイツに対してドレスデンに対する爆撃もいたしました。残念ながら、日本の東京大空襲、広島もそのような事例でございます。

当然、国際規範の中では看過できない事例であったというふうに思いますけれども、第二次世界大戦という極限の状況の中でそれぞれの軍が取った戦略ということになろうかと思って、学説上、一九四〇年代における国際法違反かどうかということについては、まだ十分な答えが出ていないというふうに理解しております。

参考人（伊藤真君）　私は、その当時の国際法の環境から、これは一つの国際

○伊藤真氏＝日弁連・護憲派弁護士、野党推薦参考人。憲法を無視した法案の立法は、国民主権、民主主義、憲法九条、憲法前文の平和主義、立憲主義に反するものであり直ちに廃案にすべき。国会議員には憲法尊重擁護義務があり、いかなる安全保障政策であれその枠内で実現することが国会議員の使命、責任。国民は本法案に賛成する議員を記憶し、選挙権という国民の権利を最大限に行使するであろうと述べる。

法の規範として認められるものになっていたと考えますので、共にこれは国際法違反と判断しています。

山本太郎君　ありがとうございます。

伊藤参考人がおっしゃったとおり、当時はハーグ陸戦条約というものがございました。それにも民間人への無差別攻撃というものは明らかに違反であるということがはっきりしていたと思います。

続きまして、イラク戦争、アフガン戦争、数々の、テロとの戦いという名の下いろんな戦いが行われていますけれども、**米軍による多数の民間人殺害というものがいろいろ浮かび上がってきております。これらは国際人道法違反、戦争犯罪と考えられますか、いかがでしょうか。**順番にお聞かせ願えたら助かります。

参考人（宮家邦彦君）　引き続き質問の趣旨がよく分かりませんのでお答えは差し控えたいところですが、それではあまりにも失礼ですから、イラク戦争とアフガン戦争、私の関係した限りにおいて申し上げます。

そのような判断をする状況かどうかの前に、私の理解では、イラク戦争、それからアフガン戦争とも国連決議に基づいた武力行使であったと理解をしています。したがいまして、その武力行使自体に法的根拠はあると考えていますが、その中でもしそのような事態があったとしたら、個々のものを私は一つ一つ見ていく必要があると思いますが、私の知る限り、米軍によるそのようなことがあったかどうかは別として、それ以外の多くの勢力によるおびただしい数の民間人が殺されている。イラクでもアフガニスタンでも同じです。そのことと同時に考えない限り、この問題についてコメントすることはできないと思います。

参考人（大森政輔君）　私は、残念ながら、実態がどうだったのかというその確たる事実を十分把握しておる自信がございません。

特にイラクが大量殺りく兵器を持っていたがゆえにあんなに、アメリカはそういうようなことを言っているようですけれども、実は、後で本当に調査したらなかったんだというような報道もございますね。その辺りのことを、実際どうだったのかということを、確たる事実をまだ知り得るところには至っていないんだろうと思いますから、確定的なお答えはいたしかねる次第でございます。

参考人（神保謙君）　アフガニスタン戦争とイラク戦争に関しては、若干違う根拠の中で考えていかなければいけないと思っております。

アフガニスタン戦争に関しては、九・一一の後で一〇月にアメリカが軍事介入するということですけれども、当時、根拠となったのは、国連安全保障理事会の決議の一三六八という決議でございまして、これはアメリカの自衛権というものを拡大してアフガニスタンへの攻撃に当てはめるということを安保理が認定するという形式を取ったという点においては、国際法的な根拠という点ではかなり明確な形で軍事行動に踏み切ったものだと私自身は理解しております。

問題はイラクでございまして、これに関しては、当然、一九九一年当時の安保理決議六七八、六八七という二つのものは明確な武力行使の規定であったわけですけれども、これを継続して、イラクは当然その後のいわゆる武装解除に関する明確な透明性を確保していくということに失敗をしてきたという評価の下で、たしか私の記憶では一四七一とかその辺りの決議だったと思いますけれども、それに基づきイラクの完全なその説明責任を果たすということを求め、それが十分でないということを根拠にアメリカは武力行使に踏み切ったという、こういう説明だったと思いますが、それが以前の、例えば九一年の湾岸戦争や二〇〇一年のアフガニスタン戦争のような明確的な国際法根拠があるかというのは、国際法学者の中では極めて疑わしいということが言われているということだけは申し上げておきます。

参考人(伊藤真君)　お答えします。

国際人道法違反かという御質問に対しては、そうだと考えています。

また、今、神保参考人お話しのように、イラクにおきましては国際法上の正当性の根拠自体が疑わしい、私は、あれは違法な戦争であったと考えております。また、劣化ウラン弾の使用など、様々な問題点が山のようにある戦争だったと考えています。その点からも、人道法違反を含めまして大いに問題があった戦争であったと考えています。

山本太郎君　ありがとうございます。答えづらいことに答えていただきました。

当時、イラク戦争があった頃には宮家参考人は現場にいらしたんですよね。バグダッドでＣＰＡ……（発言する者あり）ですよね。というお話をお伺いしたんですけれども、この戦争というものは、先ほどおっしゃったのは、要は、国連というところから、ちょっと言い方は違うかもしれないですけれども、許可的なものをいただき、正当性のあるものだったと。

ごめんなさい、僕、やっぱり当時現場にいらした方の方がよく御存じだと思うんですけれども、結局、この戦争に関しては、**当時現場にいらした宮家さんからしても、それを今、過去を振り返ってみても、一応正当性は担保されているという御認識なんでしょうか。**

参考人（宮家邦彦君）　先ほどは時間がありませんでしたから長々とお話ししませんでしたけれども、基本的には、神保参考人がおっしゃったことの最後のところに、日本政府はそれにもかかわらず、ちゃんとした国連の安保理決議違反という形で整理をして支持したと私は理解しています。

山本太郎君　ありがとうございます。

そうなんですよね。強制査察は受け入れたんですよね、国連決議一四四一。大統領宮殿まで全ての査察を受け入れた。ＵＮＭＯＶＩＣ[*2]、御存じのとおり、国連の大量破壊兵器を査察するという機関、それが五〇〇か所七〇〇〇回も行われて、アメリカとイギリスに対して説明もしたと。もうどこにあるんだよ、もう見付からないよという話になったと。じゃ、教えてくれ、どこにあるのかと。一〇〇か所追加で教えてもらった三〇か所目を捜索中にもう戦争始まってしまったという、かなり正当性薄いといいますか、その後にもやはり事務総長であった方も国連憲章違反であるということをはっきり言われていて、ブッシュ大統領まで、過去の戦争に対して、これ、開戦の責任があるというけじめの、けじめといいますか、過去を総括するようなお話しされているんですけれども。

これ、非常に関係があると思うんです。何か。戦争を始めますという国がこの法律によってつながる、後方支援しますという話になった場合に、間違った戦争にも引きずり込まれかねないということなんですよね。引きずり込まれてしまう可能性があるという部分だと思うんですよね。

過去の戦争に対して、日本が片棒を担いだ戦争に対して、やはりどのような事態が

＊2　ＵＮＭＯＶＩＣ
国際連合監視検証査察委員会（United Nations Monitoring' Verification and Inspection Commission）は湾岸戦争の結果、イラクに課されたいわゆる「大量破壊兵器」の破棄義務の履行を監視・検証する査察活動を行うため一九九九年に国連安全保障理事会によって設立。当初、同目的で活動していた国際連合大量破壊兵器廃棄特別委員会（ＵＮＳＣＯＭ）と国際原子力機関（ＩＡＥＡ）による査察が、イラク側の批判と抵抗のために進捗せず、その間にも米英による空爆が行われるなどの状況を打開することが期待された。
　が、二〇〇三年にはアメリカ、イギリスなどがイラク側の査察活動への協力が不十分なことを理由にイラク戦争を開始し

あったのかというような検証というものが行われていなければいけないと思うんです。その過去の検証、イラク戦争の検証に関しては外務省既に出しているんですけれども、公表されているのがたったの数ページなんですね。これ、やはり第三者の目でしっかりと検証される、イラク戦争が検証されるということが非常に重要かと思うんですけれども。

次は伊藤参考人の方から順番に、**第三者の独立したイギリスやオランダのような検証、第三者委員会というものの存在というものはやはり必要であると思うんですけれども、いかがお考えでしょうか。**

参考人（伊藤真君） 当時、アナン事務総長も国際法違反だと言い、フランス、ドイツもこれは参加しないと。当時、百四十数か国だったと思いますけれども、参加しない、これは国際法違反だから反対をすると言っていたあの戦争であります。きちっとその原因を究明するということは近代文明国家ならば当然しなければいけないことだろうと。第三者の立場からの検証をしっかりと行う、必要なことだと考えています。

参考人（神保謙君） 私自身は大変重要な御指摘だと思っておりまして、これは、政府内にとどまらず、やはり議員の方々、学術界を含めて、総合的にこれまでの過去二〇年の戦争及びその日本の支持表明の評価というものをしっかり

たため、活動は中断。戦争終結後は、暫定統治の主導権を握ったアメリカを中心に、UNMOVICによらない（公正性の不透明な）探索活動が行われている。

していくということに関しては賛成でございます。

だから、だからこそということでありますけれども、平和安全法制、国際平和支援法案ですよね、まさに多国籍軍型のミッションに後方支援をするかどうかという判断に例外なき国会の事前承認を規定したというのは、まさにそういうことだというふうに思います。まさに、それが正しい戦争であるかどうかというのは、国会議員一人一人の判断の根拠に関わってくる部分でございまして、だからこそ国会承認をしなければいけないと私は思っているわけでございます。

参考人（大森政輔君）　いや、私は、立場上、その辺りの情報を十分把握していませんので、曖昧なる答えをするよりも、そのようにお答えしておいた方が無難だろうと思います。

参考人（宮家邦彦君）　違法な戦争に加担をした、片棒を担いだでしたっけ、そのような御発言はいかがなものかと思います。日本は戦闘に参加したわけではありません。日本は戦争が終わった後、戦闘状態が終わった後に、人道的な支援ということで自衛隊員は向こうに向かったのであります。片棒を担いだなどというような言い方はお慎みください。

山本太郎君　言葉遣いに失礼があったなら本当にお許し願いたいと思います。

それにしても、自衛隊が運んだ荷物の中身はチェックすることができなかったんですね。それは当時、石破長官もおっしゃっていたことです、それが連携している者としてのエチケットだと、そんなことをやったら連携が崩れてしまう。中身の分からない荷物もこの先運ばなきゃいけないという状況になったときのために、是非この問題というのは非常に重要であると。中身が分からないものを運んだのに、どういう貢献をしたかということがはっきりと分からないわけですものね。

今日は本当にたくさんの貴重な御意見、ありがとうございました。失礼いたしました。

Q

2015.09.14

戦争法案、辺野古新基地建設、国民、県民の意見を無視して強行突破ですか？

沖縄の辺野古で、連日座り込みの抗議を続ける八六歳の文子おばあが書いた安倍総理への手紙、総理はいったいいつ読んだのか？　沖縄戦での、日本軍と米軍による沖縄の人々に対する行為、そして日米地位協定の変更についての総理の見解を迫る。

山本太郎君　被災された皆様に心からのお見舞いを申し上げます。*1

生活の党と山本太郎となかまたち共同代表、山本太郎です。

総理、お久しぶりでございます。本日の質問は七分、全て総理への質問でございます。総理以外が答えた場合、答弁とはみなしません。公平公正な委員会審議がモットーでございます鴻池委員長、是非お願いいたします。

総理、たかが一年生議員でございますけれども、どうぞ質問から逃げず、最高責任者としてのプライド、責任をお示しください。お願いします。

本委員会で私の質問に対し総理は、ある国がジュネーブ諸条約を始めとする国際人道法に違反する行為を行っている場合、そのような行為に対して我が国が支援や協力を行うことはないと御答弁されました。では、どのような行為が国際法違反に当たるのか、総理と検証してまいります。

第二次世界大戦当時、国際法であるハーグ陸戦条約では民間人への無差別攻撃は禁止されていました。**米軍による広島、長崎への原爆投下、東京大空襲、日本全国への無差別爆撃、国際法違反、戦争犯罪です。総理、お答えください。違いますか、これ。**

内閣総理大臣（安倍晋三君）　当然、自衛隊が活動をするに当たって、国際法を遵守し、国際法上違法な行為に対する支援を行わないことは当然であって、

＊1 被災された皆様に心からのお見舞い
二〇一五年九月九日から一一日にかけて発生した「平成二七年九月関東・東北豪雨」では、台風一八号から変わった温帯低気圧と台風一七号の影響で、関東地方北部を中心に豪雨となり、気象庁は同一〇日〇時二〇分に栃木県全域、さらに七時四五分には茨城県のほぼ全域に対して大雨特別警報を発令。このうち、茨城県常総市付近では一〇日早朝より鬼怒川の数カ所で越水や堤防からの漏水が発生し、一二時五〇分には同市三坂町で堤防一カ所が決壊――広範囲が水没して多くの家屋が流失するとともに、死者や行方不明者が多数出る事態となった。

＊2 サンフランシスコ講和条約（195頁）

ある国がジュネーブ諸条約を始めとする国際人道法に違反する行為を行っている場合、そのような行為に対して我が国が支援や協力を行うことはないわけであります。このことは、米国を含め、対象国、支援対象国のいかんにより変わることはないということでございます。

山本太郎君　答えていないです。聞いていないことに答えないでくださいね。

ハーグ陸戦条約では無差別攻撃禁止されていましたから、**広島、長崎への原爆投下、東京大空襲、それ以外の空爆も、全てこれ戦争犯罪ですよね、国際法違反ですよね。**

内閣総理大臣（安倍晋三君）　もちろん、我が国としては、原爆の投下については人道上非道な行為であるということを、非道な原爆の投下ということを申し上げてきているとおりでございますが、国際法上の言わば視点について言えば、我が国としては既にサンフランシスコ講和条約[★2]を受諾をしているという立場にあるわけであります。

山本太郎君　進めます。

総理、この方御存じですか。（資料提示／一九七頁㉓）

内閣総理大臣（安倍晋三君）　写真を拝見して、今、存じ上げないわけでございます。

一九五一年九月八日に締結署名され、翌年四月二八日に発効公布されたサンフランシスコ講和条約（日本国との平和条約）に対する安倍総理の姿勢は歴代政権と大きく一線を画する。すなわち、第二次政権発足後の二〇一三年四月二八日に政府主催で開催した「主権回復・国際社会復帰を記念する式典」において、一九四五年九月二日から講和条約発効までのおよそ七年の占領期間を「わが国の長い歴史に訪れた、初めての、そして、最も深い断絶であり、試練」と位置づけるとともに、同条約発効による占領終結を「主権を取り戻し、日本を、日本人自身のものとした」と表現（主権回復の式典が政府主催で行われること自体、回復時を除いて初めてのことである）。これを逆に言

山本太郎君　沖縄の辺野古で毎日座り込み抗議を続ける八六歳、文子おばあ、島袋文子さんです。

今年三月、**文子おばあが安倍総理宛てに手紙を書きました。沖縄県選出の糸数慶子参議院議員から内閣総務官室に託されました。総理、お読みになりましたか。**

内閣総理大臣（安倍晋三君）　その手紙については拝見させていただきました。御指摘のお手紙については拝見させていただいておりますが、手紙の中におきましては、沖縄における日本で唯一の地上戦が展開され、多くの人々が貴重な命を失ったということ、いかに悲惨であったかということが記されていたわけでございます。

また、サンフランシスコ講和条約の発効以降も一定期間我が国の施政権の外に置かれていたという苦難の歴史、我々はそれは忘れてはならないと、こう思うところでございます。その中で、戦後七〇年を経てなお沖縄に基地負担を、甚大な基地負担を背負っていただいており、その負担の軽減を図っていくことは政治家の、政治の責任であると、このように思っているところでございます。

山本太郎君　**手紙はいつ読みましたか。**

内閣総理大臣（安倍晋三君）　膨大な手紙はいただいておりますが、その中で

えば、上記占領期間は歴史における「断絶」であり、「主権が日本人自身のものでなかった」という総理独自の歴史観へとつながっているようだ。

それはたとえば、A級戦犯を断罪処罰した東京裁判に対する疑義にも見て取ることができ、国会の答弁においても「東京裁判という、いわば連合国側が勝者の判断によってその断罪がなされた」（二〇一三年三月一二日の衆院予算委員会）と発言。これは歴代首相が「サンフランシスコ講和条約第一一条により極東国際軍事裁判所の判決を受諾している」として、裁判に異議を申し立てない立場をつらぬいてきたのとはきわめて対照的と言える。

㉓

2015 年 9 月 14 日　参議院我が国及び国際社会の平和安全法制に関する特別委員会　　生活の党と山本太郎となかまたち　山本太郎
<「島袋文子さん」2014 年 12 月 15 日　糸数慶子事務所撮影　場所：キャンプ・シュワブゲート前　山本太郎事務所作成 >

これは総理に読んでもらった方がいいというものを事務方が整理をして私のところにコピーを届けてくるわけでございまして、いつ読んだということは正確ではございませんが、拝読をさせていただきました。

山本太郎君　得た情報と違うんですよ。**内閣総務官室に糸数議員が託された。その後は総理に届かず、防衛省に留め置かれていたんです。読んだの、今日じゃないですか。**この話、資料で入ってくるといったから読んだんじゃないのかな。まあ、でも、結局読んでいただいたんだとしたら、それはすばらしいことです。直接もう一度、総理に対してこのお手紙をお渡ししたいんですけれども、委員長、お許し願えますか。

委員長（鴻池祥肇君）　お手元にもう届いていますから、コピーが。だから、その必要はありません。（発言する者あり）

山本太郎君　駄目駄目駄目駄目、与党側から声が飛んでおります。

本日、このお手紙、コピーを御本人にも御了解を得て皆さんに配付資料として配る、そしてパネルに飾るということをしようとしたんですけれども、自民党側から、もうとにかく駄目だという話になりました。なので、その中で議事録、以前、糸数先生がこのお手紙を外交防衛委員会[*3]で御紹介されたときに残っている議事録を皆さんにお配りいたしました**（二〇〇頁㉔-右下）**。その議事録を皆さんに、コピーを、お手元に届いて

＊3　外交防衛委員会
参議院のみに置かれる常任委員会で、員数は二

いると思います。

それでは、**ここでもう一度代読していただくわけにいかないですかね。総理、是非直接のお手紙を、いかがでしょう。**

委員長(鴻池祥肇君) 山本君に申し上げます。その件につきましても、もう既に手元に配っているものを総理に読めということは、私はどうも道理にそぐわない話だと思います。その件については、委員長としては拒否します。

山本太郎君 あれっ、先ほど何かやり取りありましたよね。(発言する者あり) ああ、そうですか。先ほども石川政務官に読ませたじゃないかと皆さんが今言われていますけれども、それも駄目。分かりました。

じゃ、先行きますね、ここで時間を食うわけにいかないので。

抜粋してお伝えします。島袋文子さん、七〇年前、地獄のような沖縄戦を経験された。一五歳のときに火炎放射器で全身を焼かれた。大やけどを負った。人間の死体が浮いた水たまりの血の泥水をすすりながら生き長らえた人。この手紙の中で、沖縄戦で日本軍は沖縄の人間を守らなかったと書かれている。

沖縄戦での日本軍と米軍の沖縄の人々に対する行為について、総理の御見解、お聞かせください。

内閣総理大臣(安倍晋三君) 沖縄におきましては、唯一の地上戦が行われ、

一人。委員長一人、理事四人が選出または指名され、外務省、防衛省のほか国家安全保障会議に属する事項を所管する。

島袋文子さんの手紙は、三月二六日の委員会の席上、沖縄社会大衆党の糸数慶子参議院議員により紹介され、安倍総理および岸田外務大臣に感想が求められた。

内閣総理大臣
安倍晋三首相　殿

私は、沖縄県辺野古に住む、島袋文子と申します。85歳です。私は18年間、ずっと辺野古新基地建設に反対して非暴力で座り込みを続けています。安倍首相に是非、私の意見を聞いて頂きたく、筆をとりました。

私は、70年前の、地獄の様な沖縄戦を生き抜いてきた者です。父・兄たちは兵隊にとられ、目の不自由な母と、10歳の弟と戦火を逃げ惑いました。15歳の私は火炎放射器で全身大やけどを負い、死んだ人の血の泥水を飲んで生きながらえてきました。

沖縄戦では、4人に1人の命を失った沖縄の人々は、もう二度と戦争は嫌だ！という強い気持を持っています。ですから、昨年の名護市長選も、名護市議選も

1

衆議院選も全勝し、新基地建設NO!の審判が下りました。これほどまでに何回も示した民意を無視して辺野古に新基地建設を強行している安倍内閣のやり方は、私達に対する人権侵害です。私は非常に怒りをおぼえています。

安倍首相は常々「沖縄県民の心に寄り添って」とか「県民に丁寧に説明して」とか、言っておられますが、何故、翁長雄志知事が面会を求めても、会おうとなさらないのですか？

沖縄は日本本土面積のわずか0.6％にしかすぎない、小さな島です。その小さな島に戦後、在日米軍専用基地が73.8％も集中させられています。そして今、辺野古新基地建設が海でも、陸でも海上保安庁や機動隊の暴力によって推し進められています。私は機動隊に暴力を受けて、転倒させられ頭に怪我を

2

第四部　外交防衛委員会会議録第四号　平成二十七年三月二十六日　【参議院】

ということしか言われておりません。もう少し沖縄県のことや日本の国の安全保障、そういう点を踏まえてお考えをいただきたいなという気持ちでございまして、お会いして良い結果が出ればいいと思うのですけれども、より対立が深くなるということではお会いしても意味がありませんと申し上げた上で、そういった状況に至ったならば、お会いすれば良い結果が出るのではないかと。何とか御理解いただけるように、こちらとしても誠意を持ってやってまいりますので、お会いしてお話合いをして、いい結果が出ますようにこちらも努力をしていきたいという趣旨でございます。

したがいまして、私といたしましても、こういった中で沖縄県の皆様方と様々なレベルで対話を行いつつ、こういった状況において御理解をいただきたいという趣旨でございます。

○国務大臣（岸田文雄君）　まず、選挙結果について御指摘ありました。この選挙結果については、いずれも真摯に受け止めたいと思います。

その上で申し上げますが、普天間飛行場の固定化、これは絶対に避けなければならない。これは政府と沖縄県民の皆様方との共通認識であると思っています。そして、政府としましては、辺野古への移設が唯一の解決策であるという一貫した立場にあるわけです。是非、負担軽減に取り組むとともに、普天間飛行場の返還が実現するよう、法令に基づいて諸々と進めていきたいと考えています。

そして、知事さんとの面会の話でありますが、今後、国と地元が様々な政策について連携を深めていく中で対話の機会が設けられる、これは当然のことだと思います。是非、地元関係者の皆様方と政府の関係者の意思疎通、理解が進むように努力をしていきたいと考えます。

○糸数慶子君　次に、普天間飛行場の辺野古移設拒否との民意を受けて就任した翁長知事は、今年の二月二十六日に、普天間飛行場代替施設建設事業に係る公有水面埋立承認手続に関する第三者委員会を設置いたしました。同手続の検証を開始をしております。また、同日、翁長知事は、沖縄防衛局に対して、第三者委員会の検証作業が終了するまで代替施設建設に関する調査を見合わせるなど、作業の中断を求めています。しかし、政府は、こうした申入れを考慮することなく作業を続行し、仮設桟橋の設置工事の準備などを行いました。

政府は、こうした翁長知事の第三者委員会における検証作業や作業中断の申入れの意図について明確に把握しているのでしょうか。防衛大臣にお伺いいたします。

○国務大臣（中谷元君）　お尋ねの申入れは、先般、沖縄県の安慶田副知事さんが沖縄の防衛局を訪れまして、第三者委員会の検証作業の間、同事業に係る調査等を見合わせる等の配慮を求められたと承知をいたしております。また、代替施設建設事業に係る岩礁破砕等の許可に関し、二月十六日、沖縄防衛局は沖縄県から、同局が行ったブイのアンカー設置について必要な手続を実施するとともに、資料や現状写真を求められたと承知をいたしております。

いずれにしましても、最も大事なことは、市街地の真ん中にある普天間飛行場の固定化、これは絶対に避けなければならないということでございまして、これが大前提であり、かつ地元と政府の間の共通の認識であると思っておりまして、今後とも、政府全体で連携し、様々なレベルで地元との対話を行いつつ、普天間移設の位置付け、また意義をお話をしていただければと考えております。

○糸数慶子君　第三者委員会の件に関しても把握していらっしゃるということでありますが、そういうことであれば、なぜあの作業を続行したのでしょうか。やはり、沖縄の民意は辺野古に新しい基地を造らせないという、そしてそのために検証委員会をつくって、今おっしゃったように安慶田副知事が対応していくというこの状況、今、御存じということでございますが、それは沖縄の民意を示した行動であって、その民意というのは無意味なものでしょうか。防衛大臣の見解を再度求めます。

○国務大臣（中谷元君）　工事の実施等につきましては、様々な角度、現地におきまして沖縄県に調整を行いまして、許可をいただいたわけでございますので、私たちといたしましては、工事の実施等につきましては瑕疵のないものである、一日も早く普天間基地の移設が実現できるように進めていきたいと、そういう気持ちで実施をいたしております。工事の内容等につきましては何ら瑕疵がないというふうに考えております。

○糸数慶子君　翁長知事は、第三者委員会の報告を踏まえた上で、承認に法的瑕疵があれば埋立承認を取り消し、そして法的瑕疵がない場合も、辺野古移設拒否との民意を受けて就任した知事としましては、その立場から承認を撤回するとの認識を示しているわけです。

すなわち、繰り返しますが、沖縄の民意は辺野古移設中止、県外移設ということであるわけです。これを踏まえ、政府は直ちに海上ボーリング調査などの全ての作業を中止して、辺野古から撤退をすることを求めます。

ところで、今日は何の日か御存じでしょうか。

○国務大臣（岸田文雄君）　今日は何の日かという御質問ですが、糸数委員のお立場を考えると、一番関係の深い日として挙げるとしたならば、沖縄戦において米軍が上陸を開始した日だと承知をしております。

○糸数慶子君　まさにその日は、七十年前の三月の二十六日に、太平洋戦争で初めて米軍が、日本の沖縄の慶良間諸島、いわゆる日本での地上戦を展開した日なんです。

たくさんの方が犠牲になっているわけですが、そういう沖縄戦が展開されて、その戦争を体験された方が、実は今八十五歳になる島袋文子さんというおばあちゃんがいらっしゃいますが、その方が、昨日ですが、内閣総理大臣安倍晋三殿、いわゆる安倍総理大臣宛てに手紙を出されました。私がお預かりいたしまして、内閣官房内閣総務官室の佐野美穂様にお渡しをしたんですけれども、その手紙の内容をちょっと御紹介したいと思います。

私は、沖縄県辺野古に住む島袋文子と申します。八十五歳です。私は、十八年間ずっと辺野古新基地建設に反対して、非暴力で座り込みを続けています。安倍首相に是非私の意見を聞いていただきたく、筆を執りました。

私は、七十年前の地獄のような沖縄戦を生き抜いてきた者です。父や兄たちは兵隊に取られ、目の不自由な母と十歳の弟と戦火を逃げ惑いました。十五歳の私は火炎放射器で全身大やけどを負い、今でも傷が残っています。死んだ人の血を、いわゆる泥水を飲んで生き長らえてきました。

沖縄戦では四人に一人の命を失った沖縄の人々は、もう二度と戦争は嫌だというその強い気持ちを持っています。ですから、昨年の名護市長選挙も、そして名護市議選挙も衆議院選挙も、新基地建設ノーの候補者が全勝し、新しい基地は要らないという審判が下りました。これほどまでに何回も示した民意を無視して辺野古に新基地建設を強行している安倍内閣のやり方は、私たちに対する人権侵害です。私は非常に怒りを覚えています。

安倍首相は常々、沖縄県民の心に寄り添ってとか、県民に丁寧に説明してとか言っておられますが、なぜ翁長知事が面会を求めてもお会いにならないのですか。

沖縄は日本本土、そして全体の面積の僅か〇・六%にしかすぎません。小さな島です。その小さな島に戦後、在日米軍専用基地が七三・八%も集中させられています。そして今、辺野古新基地建設が、海でも陸でも海上保安庁や機動隊の暴力によって推し進められています。私は機動隊に暴力を受けて転倒させられ、頭にけがを負わされました。それに対して米軍人は、サッカーでのジェスチャーと同じ、ばかばかしいと言っている始末です。私は、一つしかない命を懸けて座り込み行動をしています。この命懸けの非暴力行動に対して、

二三

2015年9月14日　参議院我が国及び国際社会の平和安全法制に関する特別委員会
生活の党と山本太郎となかまたち：山本太郎
会議録情報参照システムより　参議院外交防衛委員会会議録第四号　平成27年3月26日(23-24ページ)一部加筆　山本太郎事務所作成

委員会で配られた議事録の一部（右）と、自民党から配布、パネル提示を拒否された島袋文子さんの手紙（山本議員がパネル提示すべく準備をしていたもの）。島袋さんご自身の許可を得て掲載。

文子おばあから
安倍総理への手紙

3

……米軍人はサッカーでのジェスチャーと同じ、バカバカしい」と言っている始末です。私は、一つしかない命をかけて、座り込み行動をしているのです。この命がけの非暴力行動に対して何という失礼な言い方でしょうか。この様な米軍人の発言を許している日本政府も許せません。

安倍首相、辺野古に来て、現場を見て下さい。沖縄にだけ、この様に強制的に基地を集中させ、日本本土は生き延びられると考えているのですか？　安倍首相は、「我が国を守る為」と言っていますが、その「我が国」の中に、沖縄は入っていますか？　沖縄にだけ犠牲をまた、強いるのですか？　何故、日本本土に、普天間基地に代わる基地を置こうとはしないのですか？

沖縄戦で日本軍は沖縄の人間を守らなかった。現在辺野古で国が行なおうとしている、地元の民意を踏み

4

にじって作ろうとする新基地建設は、70年前に日本軍がやった事と同じです。安倍首相は国民の生命と財産を守る、と言いながら、沖縄に新基地が建設されれば、戦争が起きれば、沖縄はターゲットにされ、再び沖縄の人間の命は奪われる事になります。

それでもなお、70年前の沖縄戦と同じように、沖縄県民の意志など問答無用とばかりに、辺野古に新基地建設を推し進めるなら、沖縄にある全基地を撤去せよ！と、私は言いたい。

最後に、「私の戦争体験」を同封致します。これを読んで安倍首相の意見をお聞かせください。

[redacted]

島袋文子

2015年9月14日　参議院我が国及び国際社会の平和安全法制に関する特別委員会
生活の党と山本太郎となかまたち：山本太郎
〈沖縄県名護市辺野古在住の島袋文子さん（現在86歳）が安倍総理に宛てた手紙のコピー　山本太郎事務所作成〉

そして多くの尊い命が失われたわけであります。我々は、そのことを胸に刻みながら、二度と戦争の惨禍を繰り返してはならないと、こう考えているわけでございます。

山本太郎君　手紙の内容に戻ります。

七〇年前の沖縄戦と同じように、沖縄県民の意思など問答無用とばかりに辺野古に新基地建設を推し進めるなら、沖縄にある全基地を撤去せよと私は言いたい、文子おばあはそうおっしゃっています。

本日、沖縄の翁長知事、埋立ての承認を取り消す手続の開始、宣言されました*4。この戦争法案だけでなく、辺野古新基地建設も、国民、県民の多数の意思を無視して、法律を無視して強行突破ですか。いかがですか。

内閣総理大臣（安倍晋三君）　今、工事を一か月間停止をいたしまして、沖縄県側とお話し合いを進めてきたところでございますが、普天間基地はまさに住宅地に囲まれた基地でありまして、この危険性の除去につきましては一致しているわけでありますし、その固定化は断じてあってはならないと、このように思っております。その点では一致をしておりますし、我々は、具体的に沖縄の基地の負担の軽減を一歩一歩進めていきたいと考えているところでございます。

＊4　翁長知事、埋め立ての承認を取り消す
沖縄県の翁長雄志知事は二〇一五年一〇月一三日に行った記者会見の席上で、名護市辺野古沿岸部の埋め立てを承認した前・仲井眞弘多県政の手続きに瑕疵があるとし、普天間飛行場の代替施設を県内に建設する根拠が乏しいこと、環境保全策が不十分なことなどを指摘して、その取り消しを発表。これにより、沖縄防衛局は埋め立ての根拠を失い、辺野古沖での作業ができない状態になった。
対する国側は、同二七日の閣議で知事による埋め立て承認取り消しを違法とし、地方自治法に基づき、国が知事に代わって埋め立てを承認する「代執行」の手続きに着手することを了解。一一月一二日には七月から中また、この普天間基地につきましても、辺野古にそのまま丸々機能が移転するわけではなくて、機能としては三分の一になるわけでありますし、一五機の空中給油機は全て岩国にもう移転したのでございます。そしてまた、同時に、今までは約一万戸の方々のお宅に対して防音の措置をしていたところでございますが、辺野古に移ればそれがゼロになるわけでございます。

また、嘉手納以南の返還につきましても我々はしっかりと進めていきたいと思いますし、既に西普天間住宅については、これは返還がなされることは決まったわけでございます。そうしたことを一歩一歩進めていきたいと、このように考えているところでございます。

山本太郎君　配付資料の一（二〇四～〇五頁㉕）は朝日新聞、二（二〇六頁㉖）、三（二〇七頁㉗）は琉球新報に対して、一はマイケル・アマコスト元米国駐日大使のお話、沖縄の嘉手納基地こそ王冠の宝石のように重要で、海兵隊は重要でないとおっしゃっている。ミスター外圧《ガイアツ》と呼ばれた方が辺野古の新基地の必要性がないことをおっしゃっている。そして、おなじみ**ジャパン・ハンドラー、リチャード・アーミテージ様、対案があれば間違いなく米国は耳を傾ける。ジョセフ・ナイ様、辺野古を再検討すべきとおっしゃっている。いいんですか、言うこと聞かなくて、ここは。**本法案だけじゃなくて、原発再稼働、ＴＰＰ、特定秘密保護法、防衛装備移転

断状態にあったボーリング調査が再開され、粛々と（いう名の強引さで）作業が進む一方、これを支援するかのように宜野湾「市民」一二人が承認取り消し処分の無効確認と県・翁長知事への損害賠償を求める訴えを起こすなど（一〇月二〇日）、県内を二分しての基地移設問題はいよいよ混迷を深めている。本書一六頁＊１参照。

第3種郵便物認可

必要か

㉕

2015年9月14日　参議院我が国及び国際社会の平和安全法制に関する特別委員会　生活の党と山本太郎となかまたち　山本太郎
〈国立国会図書館提供「2015年6月23日　朝日新聞17面」より一部加筆　山本太郎事務所作成〉　資料①

政治的コスト高く
空軍基地と違い
戦略的価値に疑問

沖縄の米海兵隊普天間飛行場の県内移設計画は、返還合意から20年近くの歳月を経た今も、県民の強い反発を招いている。1980年代末から90年代初めにかけて米国の駐日大使を務め、「ミスター・ガイアツ(外圧)」とも呼ばれたマイケル・アマコスト氏は、日米同盟重視の立場でこう語る。本当に、沖縄に海兵隊は必要なのか、と。

——駐日大使在任中、湾岸戦争や貿易摩擦で日米関係は様々な課題を抱えていました。今、日本の安倍政権は日米同盟の強化を推し進めていますが、90年代と比べ、今の日米関係をどう見ていますか。

「貿易摩擦、湾岸戦争だけでなく、(米海兵隊員による) 沖縄での少女暴行事件、小渕恵三首相とクリントン大統領による同盟の再

れは同盟がバランスの取れたものになる先触れでした。日本はさらにグローバルに、遠隔地で活動するようになるということです」

■　■

——日米の安保協力といえば、基地の提供があります。しかし、沖縄では過重な負担に県民の反発が強まり、普天間の名護市辺野古

元米駐日大使

マイケル・アマコスト さん

Michael Armacost　1937年生まれ。米国務省の外交官として駐フィリピン大使、国務次官などを経て駐日大使（89〜93年）。現在はスタンフォード大アジア太平洋研究所特別研究員

経済構造の変革協議。協議後、コスト駐日大使
89年9月

強く求められている。限られた予算でアジア太平洋地域における効果的な戦略を考えれば、空軍と海軍が持つ機動力と即応力こそが最も重視すべきものです。そこで、こんな疑問が浮かぶ。なぜ韓国に米陸軍が駐留しているのに、さらに沖縄に同じ地上軍である海兵隊がいるのか、と。もちろん海兵隊は水陸両用部隊で、海軍の第7艦隊と連携していますが、機動性といえば空海軍が主役です。各軍の間で限られた資源を再配分すれば、アジアでの能力と機能を増大させることができます」

——ではなぜ、海兵隊は沖縄に駐留し続けているのでしょうか。

「ワシントンから離れて13年になりますが、海兵隊が大きな政治力を持っている現実は変わらない。議会から支持を受け続け、古くはマイク・マンスフィールド元駐日大使ら、海兵隊出身の政治家も多くいます。イラクやアフガニスタンでも重責を負い、米国民か

安保強化は重要
移設強行なら
同盟のリスクに

ら称賛を受ける仕事をしてきたことも支持されている理由です」

「とはいえ、予算削減で軍備を減らすという時、個々の部隊が駐留する地元の反対も判断理由になり得る。沖縄の問題は、米国の予算獲得競争とつながっています」

——沖縄戦を戦った海兵隊にとり、この島は「血であがなったもの」という意識があるのでは。

「それが沖縄の海兵隊の空気なのは確かでしょう。でも、もう70年前のことです。現役海兵隊員の大部分は20歳ほどで、沖縄戦についての個人的な記憶はない。空気は今も続いているが、時が経つにつれて薄れていくはずです」

■　■

朝鮮の状況に依存しています。中国がより攻撃的になったり、北朝鮮が執拗《しつよう》に核兵器開発を続けたりすれば、米議会はアジアにおける米軍のプレゼンスを保ち、防衛予算の増加を認めるでしょう。米軍を維持させる『外圧』は今、米国側にあるのではありません」

——日米同盟の今後をどう見ていますか。

「理想の同盟とは、効果的に紛争を抑止するものです。過去に生まれた安全保障における日本の自主規制は、国民の多くが持つ軍事反対の感情に配慮すると同時に、米国による日本の防衛政策への介入を制限するために考えられたのだと思います。今や日本はよりグ

インタビュー

沖縄に海兵隊は

確認など、90年代の日米関係は浮き沈みが激しかった。比較は難しいですが、今はうまく行っていると思います」

「任期中、最大の難題は、やはり冷戦終結後初めての紛争である湾岸戦争への対処でした。石油の輸入を依存している中東は日本にとって重要な地域ですが、当時の日本はイラクのフセイン政権に対する多国籍軍への協力と、その後の国連平和維持活動（PKO）への参加について、法的枠組み、政治的な合意のどちらも存在していなかった。湾岸戦争を機に、その後、どちらも大きく前に進んだのは良いことだったと考えます」

――4月に訪米した安倍晋三首相の上下両院合同会議での演説も、現在の良好な日米関係を反映したものと言えそうですね。

「素晴らしい演説でした。戦争で犠牲になった米国人に弔意を表し、第2次世界大戦で日本がアジアの苦しみを引き起こしたことを認めた。過去の首相たちの正式な謝罪を引き継いだものと私は思います。最も大切なことは、日米同盟のさらなる強化を望んでいるというメッセージを伝えたことで、今回の訪米の重要な要素でした」

――安倍政権による安全保障政策の変更をどう考えますか。

「集団的自衛権の行使を閣議決定したことはとても評価しています。が、これは決して新しいことではありません。9・11同時多発テロを機に小泉政権によって特別措置法が作られ、米国のみならず他の同盟国へも洋上給油などの後方支援ができるようになった。こ

への移設は実現していません。

「太平洋における米国の戦略基盤として、沖縄は重要な場所であり続けました。嘉手納飛行場は米空軍にとっては王冠の宝石のような存在です。一方で、沖縄に駐留する海兵隊が死活的に重要なものだとは私には思えません。嘉手納と同様の決定的な役割を海兵隊が担っているという、納得のいく説明を私は聞いたことがない」

「この20年、普天間という二流の基地の問題が日米の大きな懸案となっていることに当惑を禁じ得ません。もし事故が起きたら日米同盟に壊滅的な影響を及ぼす。辺野古移設は今のスケジュールでも2020年代までかかるわけで、コストと便益を考えると見合わない。さらに沖縄における反対運動は広範で、選挙区から選ばれた国会議員と知事、名護市長の全員が反対している。これほど高い政治的コストに比べて、海兵隊基地の戦略的な価値はどれほどあるのでしょうか」

――一方で、中国が海洋進出を進め、沖縄県の尖閣諸島をめぐる緊張もあります。

「確かに過去10年、中国は多くの予算を海軍に注いできました。中国はグローバル経済大国として世界中から資源を得ており、エネルギー市場へのアクセスを守ろうとするのは当然とも言えます。中国海軍の存在が大きくなるにつれ、アジアでの戦略を調整しなければならない。それが現在、米国と日本が行っていることです」

「一方で、ワシントンの米議会では国防費を含めた予算の削減が

「普天間基地の県内移設がベストの案とは私には思えない」＝米カリフォルニア州、真鍋弘樹撮影

日米の貿易摩擦解消のため、日本の
と市場開放をテーマにした日米構造
記者会見する米代表団の中にアマ
（右から3人目）の姿もあった＝19

――普天間移設計画は、20年近く宙に浮いています。

「日本政府では首相が毎年のように代わり、政治的に最優先の課題となりませんでした。近年、中国の台頭と北朝鮮の核開発により、日本国民が国際情勢に危機感を持つようになり、日米同盟の深化を求める気持ちが高まった。それゆえ、安倍首相は長い間、未解決のままだった問題に高い優先度を与え、政治的なコストを費やそうと考えているのでしょう」

「しかし、この移設計画には実行する価値があるのか、私の疑問は依然として残っています。基地周辺の住民の善意に頼っている現状は不幸なことであり、もし移設を強行すれば、嘉手納のような重要な基地すら住民の反発というリスクにさらす恐れがあります」

――将来、沖縄からの海兵隊の削減はあり得ると思いますか。

「もちろん。普天間に加えて、沖縄の海兵隊駐留そのものを減らす必要があります。グアムへの移設が主に考えられていますが、一時的なオーストラリアへの移転、フィリピンへの訓練移転、ハワイ、米西海岸への帰還などもあり得るでしょう。19年間も解決されなかった問題を解くには、難しい決断も必要です」

「一方で多くのことが中国と北

ローバルで、より行動的な手段を取ろうとしており、それは日米のさらなる統合を可能にします。私の任期と比べて多くのことが変化しましたが、改革は続けなければいけない。日本で言う『カイゼン（改善）』が必要なのです」

■　■

取材を終えて

「ミスター・ガイアツ」と呼ばれていたことはご存じですね。そう問うと、にやりと笑った。外圧、つまり「米国の意思」を象徴した元駐日大使の口から沖縄の海兵隊不要論が飛び出した。沖縄に同情的だから、ではない。米軍が地元世論に受け入れられなければ、日米関係が不安定化するという冷徹な視点である。

日米同盟についての元大使の考えは、あくまで米国の国益に即したものだ。仮に米側が普天間移設を見直すとしても、アマコスト氏のいう「日米のさらなる統合」、同盟強化と米軍の肩代わりを一層求められる可能性は高い。

それでも注目すべきは、日米同盟を重視し、安倍政権の安保政策を支持する立場からも、沖縄の海兵隊の存在意義を疑問視する見方が米国に存在するということだ。米国の戦略上、必要不可欠でないとしたら、沖縄に基地を押しとどめている本当の理由は何か。

沖縄の翁長雄志知事は、日米安保の重要性を認めつつ、なぜ沖縄なのかと問う。本当に、それしか選択肢はないのかと。問われているのは私たちだ。

（ニューヨーク支局長・真鍋弘樹）

(日刊)
琉球新報
THE RYUKYU SHIMPO 第38152号
2015年（平成27年）4月4日土曜日
[旧2月16日・大安]
発行所 琉球新報社
〒900－8525那覇市天久905番地
電話 098(865)5111

辺野古移設「再検討を」
ナイ氏、地元民意重視

【ワシントン＝問山栄恵本紙特派員】米クリントン政権で米軍普天間飛行場返還の日米合意を主導したジョセフ・ナイ元国防次官補（現米ハーバード大教授）は2日、日米両政府が進める普天間飛行場の名護市辺野古への移設について「沖縄の人々の支持が得られないなら、われわれ、米政府はおそらく再検討しなければならないだろう」と述べ、地元同意のない辺野古移設を再検討すべきだとの見解を示した。ワシントン市内にある米有力シンクタンク戦略国際問題研究所（CSIS）で琉球新報に答えた。米外交政策に影響力を持つ米国防省元高官が辺野古移設に疑問を投げ掛けていることは、沖縄の民意を無視する形で工事が進むことに米国内でも懸念が広がっていることの表れとみられる。

（2面に解説）

元国防次官補のジョセフ・ナイ米ハーバード大教授＝2日、ワシントン市の戦略国際問題研究所

ワシントン発

ナイ氏は辺野古移設に反対する翁長雄志知事が就任するなど、県内移設反対の声が根強いことについても「承知している」と述べ、沖縄と日本政府は話し合う必要性も強調した。

ナイ氏は昨年の知事選後、日本メディアに対し、辺野古移設に関して「長期的には解決策にはならない。固定化された基地の脆《ぜい》弱《じゃく》性という問題の解決にならないからだ」と指摘し、中国の弾道ミサイルの射程内にある沖縄に米軍基地が集中することが対中国の軍事戦略上、リスクになるとの見方を示した。ただ「今後10年といった短期間で考えれば宜野湾市の負担を軽減したいわけだから、施設や海兵隊を辺野古に移す方がいいと言えるだろう」とも述べ、短期的な解決策としては有効だとした。これに対して、ナイ氏は「その通りだ。変わらない」と強調した。

ナイ氏は冷戦後の日米同盟を再定義する「ナイ・イニシアチブ」を推進した。リチャード・アーミテージ元国務副長官との連名で、超党派の対日専門家による政策提言書「アーミテージ・ナイ報告」を発表し、集団的自衛権の行使容認などを求めてきた。米外交政策に最も影響力を持つ国際政治学者の一人として知られ、2014年10月、ケリー国務長官に助言する外交政策委員会のメンバーに就任している。

2015年 9月 14日　参議院我が国及び国際社会の平和安全法制に関する特別委員会
生活の党と山本太郎となかまたち　山本太郎
< 国立国会図書館提供「2015年 4月4日　琉球新報」より一部加筆　山本太郎事務所作成 >

資料③

㉗

ニュースや情報提供
098(865)5158
広告のお申し込み
(0120)415059
購読・配達の問い合わせ
(0120)395069
本社事業案内
098(865)5256
読者相談室
098(865)5656

琉球新報
THE RYUKYU SHIMPO
第38294号

(日刊)
2015年(平成27年)
8月27日木曜日
[旧7月14日・友引]

発行所 琉球新報社
〒900-8525那覇市天久905番地
電話 098(865)5111
©琉球新報社2015年

「米、代案あれば聞く」

辺野古見直しに柔軟

80年代、普天間移設検討

アーミテージ氏インタビュー

【ワシントン＝問山栄恵本紙特派員】米知日派の重鎮、リチャード・アーミテージ元国務副長官が25日までに琉球新報のインタビューに応じた。米軍普天間飛行場の名護市辺野古移設計画について「日本政府が別のアイデアを持ってくるのであれば、間違いなく米国は耳を傾ける」と述べ、翁長雄志知事が県内移設に反対していることを踏まえ、計画見直しに柔軟な姿勢を示した。またアーミテージ氏は国防次官補などを務めていた1980年代に普天間の移設を協議事項として考えていたことを初めて明らかにした。（2面に解説、一問一答）

ワシントン発

アーミテージ氏は日本政府が「辺野古が唯一の解決策」と繰り返し主張していることについて「日米間の安全保障上の関心事や沖縄の関心事をかなえるには、『最も実現可能性がある選択肢』という理解だ」と指摘した。地域情勢の変化によっては選択肢が変わる可能性があることを示唆した。

ただアーミテージ氏は「米国内で、本気でプランB（移設計画の代替案）を考えている人はいない。私には現状を変えることはできない」とも述べた。「辺野古に移転せずに普天間を閉鎖すれば、中国や北朝鮮に誤ったシグナルを送ることになる」とも語り、普天間飛行場の重要性を強調し

日本政府が別案を提案すれば、米国は耳を傾けると語るリチャード・アーミテージ氏＝米バージニア州

た。森本敏元防衛相が辺野古移設は政治的理由と主張していることについては「（政治決定は）民主国家の実情である。日米安保条約に関係する全ての決定は政治的、軍事的の両方からな

される」と指摘した。日本政府が移設作業を1カ月停止し、沖縄県と集中的に移設問題を協議していることについては協議の行方を注視する意向を示した。

アーミテージ氏は「国防

次官補の時、私は普天間飛行場の移設を協議事項として持っていた。だが、冷戦だったし、アフガニスタンで、ソ連と戦争していた。全てがテロの対処に向かっていた。沖縄から気がそれてしまった、大変、申し訳ない」と述べた。

アーミテージ氏はジョセフ・ナイ元国防次官補との連名で、超党派の対日専門家による政策提言書「アーミテージ・ナイ報告」を発表し、集団的自衛権の行使容認などを求めてきた。

2015年 9月14日　参議院我が国及び国際社会の平和安全法制に関する特別委員会
生活の党と山本太郎となかまたち　山本太郎
＜国立国会図書館提供「2015年 8月27日　琉球新報」より一部加筆　山本太郎事務所作成＞

資料②

などなど、全部第三次アーミテージ・ナイ・レポートに書いてある日本への提言、全力で実現しているのに、これ言うこと聞かなくても大丈夫なんですか。利権がまた違うのかな。

続けます。

二〇一〇年五月八日、サイパン、テニアンなどを含む北マリアナ州のフィッテル知事の声明、普天間基地移設に関し、グアムと北マリアナで環境影響評価を実施した。軍事基地と訓練所の場所となる考えを受け入れる。北マリアナ諸国連邦はどんな支援もする所存です。普天間代替、おっしゃってくださっているんですよね。

総理、新基地の建設、直ちに中止してくださいよ。

沖縄の海兵隊、キャンプ・ハンセン、ホワイト・ビーチのみをローテーション基地とすればいいじゃないですか。**普天間は速やかに撤去、代わりにグアム、テニアンの新しい訓練基地、日本の費用で建設する提案、アメリカ政府に当然すべきだと思いますよ。しないんですか。**

内閣総理大臣（安倍晋三君） まず、委員に利権という言葉については取り消していただきたいと。何の根拠もなく極めて名誉を傷つけるような発言は控えていただきたいと思います。そのことをまず強く申し上げたいと思います。

そして同時に、この普天間の移設につきましては、例えば民主党において最

＊5 日米行政協定（209頁）

現行の「日米地位協定」は、そもそも一九五二年の旧日米安保条約締結により結ばれた「日米行政協定」の内容をほぼ継承するもの。主権放棄と呼ばれかねない一方的な内容は、サンフランシスコ講和条約以後も、実態は占領期同様に日本に軍隊を配備し続けるためのとり決めと言っていい。

その視点から戦後史を見直せば、節目ごとにこの〝憲法以上〟ともいえる新旧両協定（条約と同じ扱い）が影を落としているのは明らかであり、基地にかかわるあらゆる問題（領土主権、法的主権の放棄）はもちろん、直近のTPP参加（経済主権の放棄）、原発再稼働（エネルギー主権の放棄）、特定秘密保護法（国民主権の放棄!?）な

低でも県外という公約をされたわけでありますが、三年間の言わばこの政権を担っている間を通じて、この辺野古への移転しか道がないという結論に、様々な案を検討されたと思いますが、ということになったわけであります。

自民党におきましても長年これは検討してきたところでございますが、我々は唯一のこの普天間の移設先であるという結論に至っているところでございます。

山本太郎君　残念ながら、民主党がちゃんとその北マリアナの方々とお話をされていたんですよ、どうやったら移せるかということを前向きに。

話、続けます。

沖縄で、もう一つ大きな問題あります。一九五一年……（発言する者あり）理事会協議って言いませんでしたか、今理事の方々も。一九五一年、最初に結ばれた日米安全保障条約、旧安保。一年後、それとセットで締結された日米行政協定、[*5] これ大問題なんです。その後、新安保に変わったときに地位協定[*6]に変わる。で、この内容はどういうことなのかということなんですけれども、要は、戦勝国である米国に対して、日本国内で好き勝手できる、全てフリーハンドを与えますという超不平等なものだったんです、行政協定は。

時が流れて、一九六〇年に新安保に変わり、そのときに行政協定は地位協定に変わった。で、何が変わったのって、表向きは占領色が弱まったような雰囲気だったけど、

どもすべてその延長線上。最たる例が今回の「平和安全法制」であることは言うまでもない。

＊6　日米地位協定
一九六〇年一月一九日の新日米安保条約締結に伴い結ばれた、日本とアメリカ合衆国との間の地位協定（条約）で、在日米軍の日米間での取り扱いなどを定めている。具体的には、合衆国軍隊による使用施設・区域の決定手続き、民事および刑事の裁判権・課税・出入国管理に関する同国軍隊と構成員への特権と免除、調達・交通・通信・公益事業に関する便宜の提供など――まさに主権の放棄と言っていいほどアメリカ軍の〝やりたい放題〟。在日米兵に対して治外法権にも等しい裁判権の不平等が残るほか、アメリカ側が施設返還の

実はそのまんまだったよって。密約が裏で交わされていた。岸政権当時の藤山外務大臣、マッカーサー米駐日大使との間で交わされた基地の権利に関する密約、公文書で明らかになっています（二二二頁㉘）。

これ、地位協定変えなきゃ駄目なんじゃないですか。おじい様がやったことですよ（二二三頁㉙）。この国の主権を売り飛ばしたような売国条約になっているんです、これ。中身分かっているでしょう。行政協定からそのままになっているんですから。**総理、変える気ないんですか、地位協定。アメリカに求める気はないんですか、地位協定の変更を。**（発言する者あり）

委員長（鴻池祥肇君） 私は、政治家というのは議場においてどういう発言でもいいと思う。私も相当暴言を吐いてきました。ただ、今の山本君の発言につきましては、やっぱり売国奴とか、（発言する者あり）売国条約とか、いろいろ不適切と私のような不適切な発言をしてきた者がそのように思う箇所が多々見られる。[*7] これについては、後刻私は理事会においてこの議事録をもう一度精査して、そのようにさせていただきたいと思います。理事の皆さん、いいですか。

――よろしいですね。

じゃ、山本太郎君、質問を続けてください。

山本太郎君 売国条約という言葉、ちょっと皆さんの物議を醸すような言葉があった

際の原状回復義務を負わないなど、きわめて不平等。

実際、たび重なる沖縄での米兵による犯罪行為はもとより、墜落事故の頻発が危惧される「オスプレイ」の訓練高度についても、日本の航空法令で決められた最低安全高度が150mであるにもかかわらず、「平均150m（500フィート）」で実施する旨米軍側が発表するなど、不平等きわまりない本協定が影を落としている問題は枚挙にいとまがない。

同協定には締結後まもなく外務省内で作成され、もっぱら内容の〝拡大解釈〟のためのマニュアルともいうべき「地位協定の考え方」なる機密文書の存在が明らかになっているほか、山本太郎議員の指摘にもある日米安保締結時の藤山愛一郎外務

と思います。そこは訂正させていただきます。

全ての主権を売り渡しているような条約に対して、これを継続する、占領時代と変わらないものを今も約束し続けるというのはあまりにもおかしいと思います。

総理、地位協定、アメリカに対して、これ変えることを求めないんですか。

内閣総理大臣（安倍晋三君）　今、山本委員が指摘された文書においては、政府として、米国において公開されたとされる文書の中身について一つ一つコメントすることは適当でないと考えます。米国も、一般に公開された文書につきコメントを行わないものと承知をしております。

また、地位協定については、事実上の改定とも評価される、今回は環境についてのこの地位協定についてのこれは新たな合意を行ったわけでございます。

このように、一歩一歩着実に進んでいるところでございます。

山本太郎君　一歩一歩前進しているどころか後退していくというか、継続しっ放しなんですよね、占領時代を。やはりここを変えていかなきゃいけないと強く申し上げて、そして辺野古の新基地は必要がない、代替地もある、そしてアメリカの関係者でさえも必要がない、話し合えと言っている、そのことに対して是非耳を傾けていただきたい、そしてこの本法案は廃案しかないと申し上げて、質問を終わらせていただきます。

委員長、失礼しました。

大臣とマッカーサー二世駐日米国大使の間で結ばれた密約も二〇〇八年に米国内で発見。「朝鮮半島有事の際、米国側が日本側との事前協議なしで基地使用ができる」とする内容に大きな懸念が寄せられた。

＊7 **鴻池委員長の注意（210頁）**
本書・本表紙のシーン参照。

㉘

[redacted]

CONFIDENTIAL
(Official Use Only after Treaty Signed)

The following was mutually understood concerning Article III and Article XVIII, paragraph 4, in the course of the negotiations on the revision of the Administrative Agreement signed at Tokyo on February 28, 1952, and is hereby recorded for the guidance of the Joint Committee:

Article III:

The phrasing of Article III of the Agreement under Article VI of the Treaty of Mutual Cooperation and Security between the United States of America and Japan, Regarding Facilities and Areas and the Status of United States Armed Forces in Japan, signed at Washington on January 19, 1960, has been revised to bring the wording into closer consonance with established practices under Article III of the Administrative Agreement signed at Tokyo on February 28, 1952, including the understandings in the official minutes of the 10th Joint Meeting for the negotiation of the Administrative Agreement held on February 26, 1952. United States rights within facilities and areas granted by the Government of Japan for the use of United States armed forces in Japan remain the same under the revised wording of Article III, paragraph 1, of the Agreement signed at Washington on January 19, 1960, as they were under the Agreement signed at Tokyo on February 28, 1952.

With regard to the phrase "within the scope of applicable laws and regulations", the Joint Committee will discuss the desirability or necessity of seeking amendments to Japanese laws and regulations currently in effect should such laws and regulations prove insufficient to ensure that the defense responsibilities of the United States armed forces in Japan can be satisfactorily fulfilled.

Article XVIII, Paragraph 4:

The Agreed View contained in paragraph 5 of the Jurisdiction Subcommittee recommendation approved by the Joint Committee at its 13th meeting on July 30, 1952 shall continue to be applicable to any claims arising under Article XVIII, paragraphs 1 and 2 of the Administrative Agreement under Article III of the Security Treaty between the United States of America and Japan, but shall not be applicable to Article XVIII, paragraph 4, of the new agreement signed on January 19, 1960. The inapplicability of the Agreed View to Article XVIII, paragraph 4 shall in no way prejudice the position of either Government regarding private claims advanced by or on behalf of individuals described in paragraph 4.

CONFIDENTIAL
(Official Use Only after Treaty Signed)

資料⑬　1959年12月３日にマッカーサー大使と藤山外務大臣が「基地権の密約」として合意した「テキスト」の秘密文書。

2015年８月19日　参議院我が国及び国際社会の平和安全法制に関する特別委員会
生活の党と山本太郎となかまたち　山本太郎
〈創元社「検証・法治国家崩壊」新原昭治ほか著に、一部加筆　山本太郎事務所作成〉

㉙

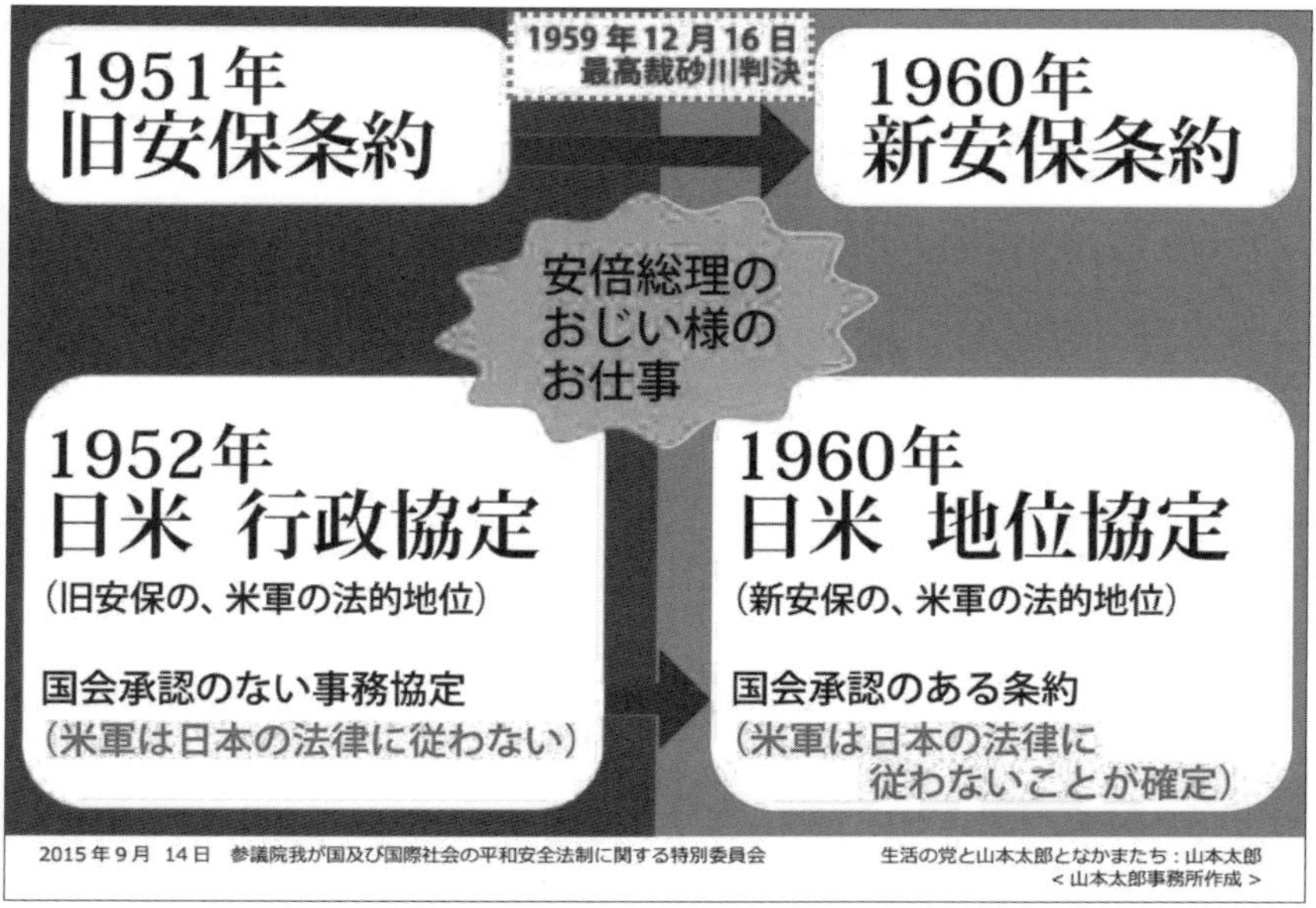
1959年12月16日
最高裁砂川判決
1951年
旧安保条約
1960年
新安保条約
安倍総理の
おじい様の
お仕事
1952年
日米 行政協定
（旧安保の、米軍の法的地位）
国会承認のない事務協定
（米軍は日本の法律に従わない）
1960年
日米 地位協定
（新安保の、米軍の法的地位）
国会承認のある条約
（米軍は日本の法律に
従わないことが確定）
2015年9月 14日 参議院我が国及び国際社会の平和安全法制に関する特別委員会
生活の党と山本太郎となかまたち：山本太郎
< 山本太郎事務所作成 >

Q

自衛隊が戦争犯罪の共犯者になってはならない、そう考えます。いかがでしょうか？

2015.09.16（地方公聴会）

横浜で行われた安保特別委員会・地方公聴会。日本の自衛隊と米軍が共同訓練するさい、米軍の交戦規定、自衛隊の部隊行動基準、どちらが優先されるのか？　イラク戦争での米軍の証言をもとに、修羅場での現実を訴え、国際法上適法ではない武力行使が予想できる国に対する後方支援の是非を問い、イラク戦争に関する第三者委員会の設立と審議を強く要請。

山本太郎君　生活の党と山本太郎となかまたち共同代表、山本太郎と申します。よろしくお願いいたします。

先生方の貴重な御意見[*1]、本当にありがとうございます。

私が本日お聞きしたいのは、自衛隊の海外での活動、国際法上の正当性についてお聞きしたいと思います。

先生方のお手元には、以前パネルとして作ったものを、このパネルですね、これをコピーしてお渡ししていると思います。

このパネルのとおり、八月二五日の本委員会で私は安倍総理と岸田大臣に質問いたしました。総理は、ある国がジュネーブ諸条約を始めとする国際人道法に違反する行為を行っている場合、そのような行為に対して我が国が支援や協力を行うことはございませんと答弁。協力を行わない範囲につきましては、おとといの私の質問に、米国も含め、変わることはないと答弁されました。

また、岸田大臣は、八月二五日、総理答弁の後、直接支援していない行為以外の部分において仮に国際法違反がもし確認されたとしたならば、それが国家として組織的に行われているものなのか、あるいは一部の兵士の命令違反によって行われているものなのか、これを具体的に判断することによって我が国の対応を考えていく、これが基本的な方針であります、これからもこうした方針をしっかりと守っていくのが我が

＊1　先生方の貴重なご意見（要約／抜粋）
○伊藤俊幸氏＝前海上自衛隊呉地方総監・海将。
「自衛隊の使命とは我が国の平和と独立を守ること」「一定の軍事力を持つことで日本を侵略しようとする他国の意図をくじく抑止力、これが、戦後、我が国のみならず世界中の軍隊の主たる役割であり、日米安全保障条約に基づき米軍とともに活動することで、この抑止力は更に強固になっています」。「平素から抑止力を高めるため、及び国連を中心とする活動に国際社会の一員として積極的に参加することで信頼される日本として友好国を増やすため、なすべきことを盛り込んだ今回の平和安全法制の一日も早い可決を希望」した。
○広渡清吾氏＝専修大学教授・東京大学名誉教

国の協力、支援のありようでありますと答弁されました。

そこで、まず公述人の先生方全員に伺いたいと思います。

もし今後、自衛隊が支援や行動を共にする諸外国の軍隊が民間人を殺傷するなど国際人道法違反や戦争犯罪を犯し、自衛隊がそれに巻き込まれ、共犯者になるようなことがあっては絶対にならないと考えます。いかがでしょうか。

できれば一言ずつ、コンパクトに全ての先生方にお聞きしたいんですけれども、よろしくお願いいいたします。

団長（鴻池祥肇君）　では最初は、水上公述人からお願いいいたします。

公述人（水上貴央君）　コンパクトにということですから、当然そうであると考えています。

公述人（渡部恒雄君）　基本的にはこの答弁のとおりだと思いますが、国際社会というのは世界政府みたいなのがないのでなかなか難しいので、そこは、自分のところの国益も冷静に考えるという結構したたかなところが要求されると思います。

公述人（広渡清吾君）　事前にこういう危険な状態が生じないように、節度を持った日本の行為が必要だと思います。

授・元副学長・前日本学術会議会長。集団的自衛権はどのような必要性からどのように行使、発動されるのか、また立法の必要性の根拠となる立法事実の不透明さ、法案の内容と並び民主主義と立憲主義に背く進め方を指摘。武力の行使は問題解決にはならず、問題を生み出すものであることはヨーロッパに押し寄せる難民問題でも明らかと論述。

○渡部恒雄＝東京財団上席研究員。今回の法制は、日本の防衛及び東アジア地域の平和に極めて重要な役割を果たしている米国の軍事プレゼンス及び日米同盟をより持続的で安定的なものにするための一連の措置であり、米国という世界最強の軍事力を持つ同盟国との共同対処が想定されているからこそ、少ない予算とリ

公述人（伊藤俊幸君）　この前提というのは、恐らく国連による決議あるいは一定の国際社会の決議の下に何かをやっている、そこに支援をしているということだと思いますので、そこことの関係で決めることだと思います。

山本太郎君　ありがとうございます。

自衛隊の支援の国際法上の正当性、これを確立するためにも、自衛隊員を戦争犯罪に巻き込まないためにも、これ事前に行動を共にするであろう国をリストアップして、それらの軍隊がこれまでに行った戦争で国際法上の正当性があったか、戦争犯罪がなかったかなど、第三者委員会による検証、これ必要不可欠じゃないかなと思うんですよね。その上で支援国リストに入れるのか入れないのかを検討する必要があります。そのように私は考えます。いかがでしょうか。

このような仕組み、必要であるか必要ないか、コンパクトに、先ほどのように一言でお答えいただけると助かります。

団長（鴻池祥肇君）　伊藤公述人からお願いいたします。

公述人（伊藤俊幸君）　これまでも、テロ特措法*2ですとかいろんな特措法を作っていますが、その都度きちっとした情報収集をして、そういった前提を全部考えた上で我が国は派遣をしてきたというふうに認識しています。

スクで自国の安全を確実に守ることができると理解している、と強調。

○水上貴央氏＝弁護士・青山学院大学法務研究科助教。冒頭「公述の前提としてお伺いしたいのですが、この横浜地方公聴会は慎重で十分な審議を取るための会ですか、それとも採決のための単なるセレモニーですか」と問う。法案についてはまず実態において違憲な、武力行使と極めて密接な準備行為を行い、それを隠し立てするために我が国の個別的自衛権を犠牲にしているものだと指摘。二つめに、以下の自衛官による武器使用問題について。

「本法案では、他国の武器等を守るために自衛官が武器を使用して守れるという条文、これは自衛隊法九五条の二、この条文の主語は自衛隊ではな

公述人（広渡清吾君）　アメリカのイラク戦争については、フランスの国際法学者★3は明確に侵略だと認定しました。こういう議論が国際法学会の中にあります。したがって、この支援リストを作ると、アメリカが最初に支援の対象国にならないということになると思います。

公述人（渡部恒雄君）　今の広渡公述人の話と同じ部分があって、だからこそしたたかにと言ったわけで、日本はアメリカと同盟を組まないで日本を守れますかという現実的なところが必要であると同時に、だからこそ同盟国が国際法を違反するようなことをしないようなことを不断に働きかける。

逆に言えば、過去にこういうものがあったから駄目というような、そんなことを言ったら、日本だって過去にいっぱいありますので、どことも組んでもらえません。現時点でどういうふうになっているかをよく見て決めることだと思います。

公述人（水上貴央君）　私は、三つ要件があると思っています。

一つは、この法律自体に明確に国際法上適法な行為しか支援しないということを条文上法定するということです。二つ目は、実際にどのような行為が支援対象となり得る適切な行為なのかということに対する判断基準、要件というものを明確に決めて公開するということです。その上で、第三者委員会がその要

い、国でもない、自衛官です。そして、この守ることができる対象になっている武器等には艦船や航空機が含まれています。イージス艦が守れるということになります。つまり、自衛官個人がアメリカのイージス艦を武器を使って守るというとんでもない規定であり、明らかに不合理な条文になっているのは、この行為をもしも我が国自身がやっている、組織的にやっているということになれば、これは明確に武力の行使だからです。武力の行使だと言われないためには、自衛官個人がやったということにしなければならない。しかし、条文に自衛官と書いたからといえ、実際には、明らかに武力の行使です。

またこの場合には新三要件の縛りはなく、存立危機事態も認定されない。

件該当性との関係でどうなっているかということを事前に審査することになります。その点では、渡部公述人がおっしゃっていましたけど、過去に悪いことをしたという国があったとして、その国が自動的に全部駄目なのか、将来に向けてどう考えているのかということをきちっと相談をした上で、今後はそういうことはしませんということを約束してくれるのかどうかということを含めて判断することになると思いますが、将来において国際法上適法とは言えないような武力攻撃をすることが十分な蓋然性を持って予想される国に対しては、当然、後方支援はできないということになるだろうというふうに思います。

山本太郎君　ありがとうございます。

伊藤公述人にROE、ルール・オブ・エンゲージメントについてお伺いしたいと思います。

ROEは、自衛隊では部隊行動基準、米軍などでは交戦規定と言われるそうですけれども、**日本の自衛隊と米軍が共同訓練をするときなどは、米軍のROE、自衛隊のROE、どちらのROEによるのか、それとも新たな別のROEを作るのか。**ちょっとコンパクトに教えていただけると助かります。

公述人（伊藤俊幸君）　訓練の場合は訓練用のROEというのを作って、それで考えるということです。

つまり、政府はこの条文においてフルスペックの集団的自衛権を認めてしまっています。限定されてもいない。以上より、この条文は明確な違憲条文であり、自衛隊法九五条の二は必ず削除しなければなりません。

さらに、このような不合理な規定を取ったことによって一番しわ寄せを受けるのは、自衛官です。この条文の主語は自衛官ですから、万が一、他国が自国の民間船を盾にして攻撃してきた時、それを自衛官が守り、それが正当防衛や緊急避難を成立させない場合には自衛官個人が責任を取ることになる。我が国の刑法、あるいは当該攻撃をしてしまった国の国内法で罰せられる可能性があります。

一方で、自衛隊法一二二条の二という条文で、

山本太郎君　その訓練用のＲＯＥというのはどちら側に寄ったものなんですか。米軍側なんですか、自衛隊側なんですか。

公述人（伊藤俊幸君）　そのものがどういうものか、私はちょっと見ていないんですけど、基本的には日本の考え方だと思います。

山本太郎君　ありがとうございます。

もし自衛隊が米軍に対しての駆け付け警護を行うという事態になれば、より国際法違反に巻き込まれる確率というのは格段に跳ね上がると思うんですよね。誰が敵か味方かも分からない修羅場に身を置くことになりますよね。イラク戦争での米軍のＲＯＥ、交戦規定はしょっちゅう変更されたと、最終的には振り向くたびに交戦規定が変更されたとイラク戦に参加した多くの米兵たちが証言しています。イスラムの衣装の者は撃て、息をする者は撃てとまで交戦規定が緩和されたと。修羅場ですから当然ですよね。

大人、子供、性別関係なく虐殺された現場がいくつも存在し、米軍による国際人道法違反、戦争犯罪が海外メディアでは数多く取り上げられました。建国二三九年、その歴史の90％戦争をしているとも言われる、戦争で経済を回している、主な産業の一つが軍事だと言えるこの米国、戦争犯罪の常習国とも言えるんじゃないかなと私は思います。

上官の命令に従わなければ罰則が加えられます。自衛官は、上官の命令に従ってやむを得ず武器を使用した結果、正当防衛や緊急避難が成立しなければ罰せられる可能性があります。これで、我が国を守ってくれている自衛官の皆さんに胸が張れますか。

この法案は違憲の問題を抱えているだけではなくて、法律自体が欠陥法案であり、極めて不当な結論を導くような不当法案です。

したがって、まずは、政府は改めるべきところは改め、しっかりと合憲の枠組みを作ることができるのかということを模索するべきです。

「国会は立法をするところです。政府に白紙委任を与える場所ではありません。ここまで重要な問題が審議において明確に二〇〇三年、国連の査察団、イラクは全面的に受け入れました。ＵＮＭＯＶＩＣ、ハンス・ブリクス元委員長がもうそれを証言されています。五〇〇か所、七〇〇〇回の調査を行った、大統領宮殿まで調べた、大量破壊兵器はない、査察団が結論付けても、アメリカは無理やりイラク戦争を始めました。そればかりでなく、アフガン戦争、テロとの闘いにおいても、数多くの、数万人以上の女性、子供たちを含めた民間人、市民を殺害している。

私は、先ほどの総理と外務大臣の答弁を担保するためには、特にイラク戦争での国際法上の正当性についての検証、不可欠と考えます。以前、外務省の検証、行われましたけれども、いつものお手盛りでした。イギリス、オランダでは既に検証委員会が存在し、何度も検証が重ねられ、その様子はネットでも中継をされ、総括が行われ、当時の閣僚が謝罪などを行っています。当時、我が国は正当性をしっかりと見極めずにアメリカに追従、真っ先にイラク戦争に賛同、自衛隊も派遣されました。その総括もなく、自衛隊の活動の拡大。政治家は自衛隊の存在を軽く見過ぎているんじゃないかなと思うんですよね。活動拡大の前に、以前行われた派遣に対して、その戦争に対しての独立性の高い検証、必要だと思うんですよ。イラク戦争を知るジャーナリスト、ＮＧＯの人々も含めた第三者委員会による検証、必要不可欠だと思うんです。

したたかに考えるということを考えた上でも、こういうものは必要だと思うんです

なり、今の法案が政府自身の説明とも重大な乖離がある状態でこの法案を通してしまう場合は、もはや国会に存在意義などありません。これは、単なる多数決主義であって民主主義ではありません」

＊２　テロ特措法（テロ対策特別措置法／２１７頁）

正式名称は「平成一三年九月一一日のアメリカ合衆国において発生したテロリストによる攻撃等に対応して行われる国際連合憲章の目的達成のための諸外国の活動に対して我が国が実施する措置及び関連する国際連合決議等に基づく人道的措置に関する特別措置法」というじつに長大なもの。二〇〇一年のアメリカ同時多発テロを契機に、第一次小泉内閣のもと、同

けれども、いかがでしょうか。そのような**第三者委員会による検証、必要があるかないかということを先生方にお聞きしたいと思います。必要はないと言われる方は、ちょっと合理的なお答えを聞かせていただければ助かります。**お願いします。

団長（鴻池祥肇君）　伊藤公述人からお願いいたします。

公述人（伊藤俊幸君）　まず、イラク戦に参加したというのは、私は間違いだと思います。これはあくまでも復興支援です。要するに、もうイラクのその後、終戦の後の復興をどう支援するかという形に参加した枠組みだったということだと思います。

　それから、先ほどのＲＯＥについても、まるで戦争を拡大するようなものをＲＯＥと捉えておられるかもしれませんけど、逆だと思います。いかにこの状態を抑止的にするかどうするかという、この概念に持ってくるのがＲＯＥの考え方です、交戦規定。これは軍事的常識です。

　以上のことから、それから先ほどの議論ですが、私は、政府あるいは国会というところでしっかりした情報を持って議論をしていただいた上で、こういったものは出していただければいいんだと思います。

公述人（広渡清吾君）　今回の法案を前提に今の御提案があるとすると、今回

年一〇月五日に法案が提出され、同二九日に成立・制定された（同年一一月二日に施行・公布）。

　アメリカ合衆国などがアフガニスタンなどに対して、対テロ戦争の一環として行う攻撃・侵攻を援助（後方支援）することについて定めた法律であり、これに基づき二〇〇一年一一月九日に派遣された海上自衛隊の艦隊が、インド洋で護衛艦二隻によるレーダー支援や補給艦一隻による給油などを実施。集団的自衛権とのかかわりから、その役割の範囲について議論されたが、同時多発テロ直後の混乱と「特別措置法」という法案の性格上、十分に論戦が尽くされたとは言いがたく、自衛隊の海外派遣の〝前例〟となったうらみもある。

　もともと二年間の時限立法であったが、安倍政

の法案はとにかく廃案にしてというのが私の立場ですから、今後、誇るべき新しい安全保障関連法案が出てくる場合には、国際的な平和支援の活動の中で山本議員がおっしゃったようなシステムを一緒に考えるということは一つのアイデアではないかと思います。

公述人（渡部恒雄君）　イラク戦争の検証というのは、アメリカのイラク戦争の検証を日本でということでいいんでしょうか。それとも、イラク戦争での日本の対応の検証を日本でということでしょうか。

山本太郎君　答えていいんですかね、これ。委員長、答えていいですか。

団長（鴻池祥肇君）　先生の時間がもう既に来ておりますので、この件だけ一言で答えていただきたいと思います。

山本太郎君　ありがとうございます。

もちろん、日本側が参加したという目線からと、その戦争全体に対してのというものの検証が必要だと思っています。

公述人（渡部恒雄君）　であれば、アメリカのいいところは、イラク戦争は大変失敗したという問題意識を持って向こうで検証していますから。アメリカはしていますよね、ナイン・イレブンに対しても。

日本も、それも参考にしながら、そういうものを幅広く検証しながら次の参

権、福田政権でも継続・延長され、最終的に二〇〇七年一一月一日期限切れ失効した。

＊3 フランスの国際法学者（218頁）

アメリカによるイラク戦争が侵略、すなわち国際法違反である根拠は、国連憲章第二条四の「すべての加盟国は、その国際関係において、武力による威嚇又は武力の行使を、いかなる国の領土保全又は政治的独立に対するものも、また、国際連合の目的と両立しない他のいかなる方法によるものも慎まなければならない」という規定による。

例外としては、国連安全保障理事会の決定による軍事的強制措置の場合と、武力攻撃に対する個別的・集団的自衛権の行使の場合があげられるが、まず前者は問題外。後者

考にしていくということはありだと思います。

公述人（水上貴央君）　ついこの間の国会の審議、一四日ですか、に福島委員からイラク戦争については質問がありまして、大量破壊兵器については結局なかったではないですかということで、そのなかったということを前提にした場合は、やはりこの戦争への支援は間違いだったのかというような御質問がありましたが、それに対して、正確には資料二の九ページ目に写していますので見ていただければと思いますが、妥当性は変わらないというのが政府の判断でございますというふうに答弁をしています。

　そういう意味では、ある意味では総括していて妥当だというふうに言っているということだと思いますが、どうして妥当なのか、何の基準でアメリカ自身があの戦争については適法性がなかったと言っているものについて我が国は妥当だと考えるのかという基準に対する説明は全くなされていない、単に妥当だと言っているという状況は大変危険なことだと思います。

　したがって、当然、明確な判断基準を持った上で、事前に第三者委員会みたいなものが開かれて判断基準が明確になっているということがまず極めて重要で、この法案、継続審議にした上で、次の国会までの間にそういったものをしっかりと準備するということについて議論していただければと思います。

に関しても、「この憲章のいかなる規定も、国際連合加盟国に対して武力攻撃が発生した場合には、安全保障理事会が国際の平和及び安全の維持に必要な措置をとるまでの間、個別又は集団的自衛権の固有の権利を害するものではない」（国連憲章第五一条）の「武力攻撃が発生した場合」を、「（イラクにより）将来的に武力攻撃を受けると判断した場合」と読み替えて先制的自衛や予防攻撃をしていいものでないことは言うまでもないだろう。

Q

あまりにも歯止めのないこの法案を数の力で押し切り、無理矢理通そうとする。なぜですか？

2015.09.17（鴻池委員長不信任動議から強行採決、法案可決へ）

安保法案強行採決に至る直前の山本議員による鴻池委員長不信任動議への賛成討論全文。今回の安保法案、つまり戦争法案は、いったい誰のための、なんのための法案なのか？　武力で緊張関係をつくる時代ではない。今国会での質疑総括を行いつつ、断腸の思いでなされた四五分間にわたる討論。そして――。

山本太郎君　私は、生活の党と山本太郎となかまたちを代表いたしまして、ただいま提出されました鴻池特別委員長の不信任動議、[*1] 本当にこれ、断腸の思いで、賛成の立場から討論を行わなければならない状況になってしまいました。

鴻池先生も、そして私も兵庫県民であります。（発言する者あり）そうなんです。この参議院で山本太郎は、はっきり言って浮いている存在だと思うんです。二年前、私がこの参議院に参加したときには特にそれが顕著であったと思うんですけれども、それも最近、参議院の先生方のいろんな御助言があって、大分政治について皆さんから教えていただいて、そしてどういう振る舞いをするのかということを毎回怒られながら、少しずつ前に進めている状況があると感じるんです。

その中でも、鴻池委員長は、内閣委員会という私が初めて入った委員会、その一つしか無所属のときには入れなかったんですけど、その初めての委員会で、鴻池委員長もその中で委員を務めていらして、すごく怖い顔で私の質問を聞いていらしたんですね。そのときが、ちょうど子宮頸がんワクチン、子宮頸がん予防ワクチンですね、これによる副反応に苦しむ少女たちをテーマにした質問だったんですけれども、その質問を終えた後に鴻池委員長が私のそばに来て、これは大変な問題やと、これは考えなあかん、政治家やったらと、ええ質問やったというお声掛けをいただいたんです。そのときに非常に感激しました。この子宮頸がんワクチンもものすごく大きな問題であ

＊1　鴻池特別委員長の不信任動議
この日の参院平和安全法制特別委員会では、前日に予定していた安倍総理出席の締めくくり質疑と採決が、野党側の反対により開会できないまま、未明に鴻池祥肇委員長が野党側理事と協議のうえ午前八時五〇分に同委員会理事会を再開すると決定。が、実際には八時半過ぎに鴻池氏と与党側理事が委員会室へ直行（通常、理事会は理事会室で行われる）し、これに「だまし討ち」と反発する声があがるや、午前九時過ぎに委員長職権で特別委員会を開会し、質疑を行わないことを決める。
民主党はただちに福山哲郎理事名で鴻池氏の不信任動議を提出し、同氏は自民党の佐藤正久理事に委員長の職務を委託する旨を発言して退室。そ

ることはもう皆さん御存じだと思います。三二八万人の少女たちが接種を受けた。全員の追跡調査、行わなきゃいけない。その中で、自民党の中でも重鎮であられる鴻池委員長からお声掛けをいただいたというのはものすごく心強かった。

それだけじゃなく、こんなことを言っていいのか分からないですけど、一緒にお酒を飲ませていただいたこともあります。鴻池委員長はこういうふうにおっしゃいました。君と僕だけで行くと「フライデー」とかに撮られたらやばいからなと、だからほかの人も誘うでと。で、民主党の先輩方と一緒に、(発言する者あり)いや、済みません。一緒にですね、そのような場を設けていただいて、いろんなふだんのお話から、そして政治に至るお話までいろいろ聞かせていただいたという思い出もあります。

非常に自分自身にとって、親しみを感じるというよりも、もっとそれよりも深い、何かたまにしか会わない父親のような存在といいますか、その中でもリスペクトもあるというようなお方だったんですけれども、今回のこの戦争法案の強行採決に関しましては、やっぱりこれは、この動議に関しては賛成する以外はないという判断になりました。本当に断腸の思いで賛成討論をさせていただきたいと思います。

おとといですか、九月一四日、本委員会で私、鴻池委員長に厳しくお叱りを受けました。会議録を読みますと、鴻池委員長、このようにおっしゃっているんですね。私は政治家というのは議場においてどういう発言でもいいと思う、私も相当暴言を吐い

の後、与野党の参院国会対策委員長が動議をめぐって会談のうえ、委員会は午後一時に再開され動議への賛成討論(民主党、維新の党、共産党、社民党、生活の党と山本太郎となかまたちの五党と無所属クラブ)が行われることとなった。

てきました、ただ、今の山本君の発言につきまして、ちょっとある条約のことを指して、日米地位協定のことを指しまして、それを言い換える言葉として表現が適切ではなかったという御指摘を受けたんですよね。で、分かりました、じゃ、その言葉を言い換えますという形になったんですけれども、国の主権をまるで売り渡してしまったような条約ではないかというふうに改めさせていただいたんですよ。

でも、いろいろ調べてみると、私が使ったキーワードというのは意外と国会の中では使われているようでして、私のその鴻池委員長から御指摘を受けた言葉を検索すると三四八回、国会の議事録に残っているというお話だったんです。うち、日米地位協定絡みは二件、日米行政協定絡みは六五件。

やはり、この日米地位協定、行政協定に関して、私と同じ問題意識、もちろんここにいらっしゃる皆さんも恐らくは同じ意識をお持ちであると思うんですけれども、そのような方々がたくさんいらっしゃるんだと。その内容というのは、もう皆さん御存じのとおり、米軍は日本の占領時代をそのまま今も維持、継続させられるというのが、日米行政協定から地位協定に移った、そのままの継続なんだよというお話なんです。

この件に関しても本当に、その言葉が適切であるか適切でないかということにも関しまして、委員長からはいろんな御意見、御意見といいますか御指導をいただきまして、私の至らない言葉というものを訂正していただいたりとかいう部分に関しましては本当に感謝を申し上げたいんですけれども、どうしてもやはりこの地方公聴会からの流れというものに関しては賛成しかねるという部分があります。

続けます。

どうして今、今回の安保法案、まあ戦争法案とも言われますけれども、何のための法案なのかなと。これ、皆さんに考えていただきたいんです。恐らく、これは国会議員だけではなく、この国に生きる全ての人々に考えていただきたい。どうして今、集団的自衛権って必要なんだろうと。どうして世界中で米軍の後方支援が必要なんだろうと。どうして今回、これまでの憲法解釈を変えて、現に戦闘行為が行われている現場でなければ、核兵器、ミサイルであっても弾薬提供、輸送もできるように、歯止めないですものね、発進準備中の戦闘機に給油できるようにしたのかと。

これ、全て米軍からのニーズなんですよね。そのようにお答えくださっていますから、米軍からのニーズがあったと。大臣がそのような答弁をなさるって、米軍のニーズのためにこの国のルールを変えるのかと。国民の命を守る、この国の、この国に生きる人々を権力者の暴走から守るようなルールまでも米軍のニーズがあれば変えてしまうことになるなんてあまりにもおかしい話ですよね。けれども、米軍のニーズだ、アメリカのニーズだと政府は平気で答弁しちゃうんです。

今回の集団的自衛権の行使容認から、日米新ガイドラインから、一一本の戦争法案、それだけじゃない、これはもう原発の再稼働＊2もＴＰＰも特定秘密保護法から防衛装備移転の三原則までも、これらは全てアメリカのリクエストであるということが明らかになっていますよね。この委員会でもお話をさせていただいたと思います、第三次アーミテージ・ナイ・レポート、完全なコピー、完コピじゃないかよと。主権があるのか、この国にはと。

先ほども申しました。旧安保、それとセットであったのが米軍の在り方を決めた法律、法的地位を定めたものが日米行政協定。旧安保が新安保になった。その新安保とセットにされていて、米軍の法的地位を定めたものが地位協定。行政協定は、占領下時代のアメリカ、占領下時代の日本におけるアメリカの自由度、フリーにできますよということが記されたもので、そして日米地位協定はそれがそのままスライドされたものだと。あまりにもおかしくないですか。

先日、総理、アメリカに行きましたよね。＊3本法案の成立を約束されたという、アメリカへの旅行と言ったら駄目ですね、アメリカを訪問されました。そのときに言われませんでしたか、昔戦ってきた同士なのに、今こうやって真の友となってこの場に立てる、この場でこのような演説ができていることが奇跡なんだと。そのような趣旨のことを言われていましたよね。でも、明らかに今、日本とアメリカの関係は友人と呼べるものなのかと。少なくとも、友人と言えるようなものに移行していくならば、そ

＊2 原発の再稼働
二〇一一年の東京電力福島第一原子力発電所の破局的大事故収束の兆しさえ一向に見えぬまま、各電力会社で進められる原発再稼働の動き。背後には、こちらもアメリカによる圧力があるのは想像に難くない。事実、アメリカの軍産複合体の意見を代弁する戦略国際問題研究所のリチャード・アーミテージとジョセフ・ナイによる二〇一二年八月の「第三次アーミテージ・ナイ・レポート」は震災と原発事故を踏まえ、日本が一流国家であり続けるか否かの〝重大な局面〟を迎えていると指摘。「このような状況において原子力発電を慎重に再開することは責任ある正しい措置である」とし、原発再稼働を強く迫った経緯がある。こうした圧力の理由と

の内容というものは改定されていくべきだろうと。

日米地位協定にしても、それ以外のことに関しても、全て丸のみ、言われたとおりじゃ、この国は誰のための国なんですかと。この国の法律は誰の意思で変更されていくんですか、この国に生きる人々の憲法は誰のニーズによって変更されることになるんですかと。じゃ、我々が支払っている、この国に生きる人々に支払っていただいている税金、誰のために支払われるんですか、誰の代理人がこの国会に入っているんですかと。もちろん、選挙で選ばれました、全て有権者から選ばれた者であるには間違いないでしょう。でも、その中でも、大多数を占める政治家の中には、企業の代表として、企業の代弁者としてこの国会に入っている人もいるでしょう、恐らく。だとしたら、皆さんがお支払いになった税金、誰のための恩返しに使われるか、これ非常に大切なお話だと思っています。

少し話を変えまして、先に行きたいと思います。（発言する者あり）乱暴という話を、ありがとうございます、御意見いただきました。今の話は乱暴だと。そのお話を後ほど詳しく話させていただきたいと思います。済みません。ありがとうございます。

それでは、はっきり言います。過去の自衛隊の派遣に関して、どのような活動が行われたか。そして、例えば戦争であったり紛争であったりしたならば、それを総括したというものがなければ、しかも、ある一つの省庁の評価、検証というものではなく、

して、開発途上国による原子炉建設の継続と同分野における中国の売り手としての台頭を背景に、アメリカが戦略的な対中国包囲網を強め、ＧＥ（ゼネラル・エレクトリック）をはじめとする原子力独占資本に恒久的な利益をもたらそうという目論見があるのは間違いないだろう。もっぱらこれらの資本が所有する原発の基幹技術が利益を生むには、日本の原子力産業存続が大前提であり、その意味で原発再稼働こそ対中および経済上の安全保障において不可欠のファクターなのだろう。

＊3 安倍総理のアメリカ行き（230頁）
二〇一五年四月二九日のアメリカ連邦議会上下両院合同会議における演説で、安倍総理は「かつての敵、今日の友……熾

第三者の目にさらされた、厳しく精査されたものがなければ、自衛隊の活動地域を拡大させたりすることは決してできないわけです。なぜならば、自衛隊は我が国にとって非常に重要な存在だからです。

先日の災害*4でもそうでした。自衛隊がいてくれてよかった、みんなそう思ったと思います、被災された方も、そしてその様子をテレビで御覧になった方も。東日本大震災のときにもそうでした。もし自衛隊が海外に派遣されてしまった後にそのような自然災害などが起こっていたら、とてもじゃないけど間に合いません。一〇万人の自衛隊員を動かす決断をされた、そのような決断をされた方が民主党の筆頭理事であります。

話、戻ります。

じゃ、今までこの日本で海外に対して派遣をしたという内容を見ていく、非常に重要だと思います。もちろん、陸上自衛隊もイラクに行きました。そして、航空自衛隊も行った。航空自衛隊、そして陸上自衛隊、イラクでの活動は、それぞれの陸上、航空の目線からはいろいろなものが出てくるかもしれません。

では、違う目線から見たらどうなんだろうと。イラクのサマワに派遣をされた陸上自衛隊の皆さん、本当に緊張感ある中で大変だったと思います。そこでは隊長も、隊長もと言ったら駄目ですね、委員長もそこに参加されていたんですものね、最高責任者として。

烈に戦い合った敵は、心の紐帯が結ぶ友になりました」との発言で現在の日米関係を自賛したが、一方で、ポツダム宣言や東京裁判への懐疑的な姿勢、靖国神社参拝、慰安婦問題への対応などは、米国内でも「歴史修正主義」との批判が少なくない。

親米主義者としての自賛と、歴史修正主義者という批判――その意味で、集団的自衛権の行使も日本がアメリカの「イコール・パートナー」として胸を張るためにこそ必要、というのが総理の本音かもしれない。が、それであればなおのこと、不平等極まりない日米地位協定をそのままにする姿勢は、厳しく問われてしかるべきだろう。

***4 先日の災害**
194頁*1参照。

イラクの人たちはびっくりしたと言います。サマワの人たちはびっくりしたと言います。何にびっくりしたか。日本には軍隊がない、だから、自衛隊が来るといったときに、一体どのような人々が来るかということは想像も付かなかったと。現地にNGOとして入られていた方々がイラクの人々に言われたことなんです。ソニーが来るんだろう、トヨタが来るんだろう。今までサマワに住まわれていなかった方々もサマワに引っ越しされてきたと。すごいな、この田舎町にビルが建つんじゃないかって、東京みたいになるんじゃないかというような夢を膨らませていたと。

でも、実際に自衛隊の皆さんが到着をされたとき、オランダ軍に護衛をされながら入ってきたと。イラクの人々、サマワの人たちは本当に腰を抜かしたとNGOの方々は言われるんです。おかしいじゃないか、どういうことなんだと、話が違うじゃないか、どうして軍隊が来るんだよって。自衛隊が軍隊でないなんていう話は日本でしか通用しない話ですよね。当然です。

そのイラクで、イラクの人々が、どんな支援をしてくれるのかということを非常に期待を高めていたけれども、実際にされた数々のことは、地元の人たち、多く使われていたと聞いています。それはそうです。アメリカと日本は同盟国であり、そしてそれが一体化しているということが多くの人々に知られてしまえば、危険度は増すと。だからこそ、大きな日の丸をいろんなところに付けて行ったというような事実もあると思うんです。

その一方で、航空自衛隊、輸送をされていました。どのような輸送をされていたのか。国連関係者ですよとずっと言われていた、国連関係者の輸送をやっていたって。でも、それはたった6％で、60％以上が米軍や米軍属だったと。国会で言われているような審議、その答弁とは全く違う内容というのがどんどん出てくるわけですよね。

結局、この違憲、違憲と言ってしまいましたけれども、これは民事では負けてしまいましたけれども、そのときに判決として違憲という言葉が出てきているんですよね。じゃ、どういうことなのか、何を運んでいたんですかという話になると思うんです、そのような司法判断がなされるというのは。何を運んでいたかは分からない、中身さえチェックできないということはもう明らかなんですよね。おい、何を運ぶのかと、中身をチェックさせろなんて、信頼関係の問題ですよね、信頼関係壊れてしまう。いちいち中身なんてチェックできないよって。

じゃ、いろいろ、武器弾薬、いろんなものを運べると言っていることで、でも、大丈夫だと、我が国はそのようなものを運ばない、そう言い切れるものなんて何一つないんですよね。チェックできないんだし、それが何なのかさえも分からないかもしれない。何もかもがでたらめだなって。

話、戻したいと思うんです。

イラクの派遣だけではなく、海外派遣、いろんなことに対してその検証がなされなければならない、当然だと思うんです。誰の税金を使ってその派遣が実現したのか。この国に生きる皆さんからの税金からです。であるならば、その内容というものは明らかにされなければなりません。税金が一体どのように使われたのか、はっきりさせるのは当然ですよね。じゃ、もし航空自衛隊が、名古屋高裁で違憲だという判断が出たこの航空自衛隊のイラクの輸送、この中にひょっとして、イラクの人々、傷つけたりとか命を奪ってしまうような輸送もひょっとしたらあり得たかもしれない。それは弾薬かもしれないし、それが米軍人だったかもしれないし。

もう皆さん、何度もここでイラクのお話をしていると思います、イラク・ボディー・カウントが発表している。必ずここで何度もお聞きするイラクのことに関して、日本が参加したのは戦争が終わった後だという言葉がよく聞かれます。

でも、残念ながら、イラクに戦後はないんですよね。今もずっと続いていると。二〇〇三年から一三年までずっと、イラク・ボディー・カウントが数えている数で一四万人以上の民間人が犠牲になっていると。あまりにもあり得ない。二〇〇七年の一年間で一四四七回空爆されたって。一年で一四四七回日本国内が空爆されたら一体どうなるかということを想像していただければ分かると思うんです。その空爆に参加したかもしれない米軍人、ひょっとしたら弾薬、分からないです、そのようなものが搭載された可能性があるかもしれないからこそ、名古屋では違憲という判決が出たわけですよね。

航空自衛隊のイラクでの空輸活動については、二〇〇八年の名古屋高裁で違憲判決、憲法違反だという判決が出たというのは先ほども言いました。イラク特措法を合憲としても、憲法第九条一項に違反する活動を含んでいることが認められる。人道支援と言われるものの実態は結局米軍との武力行使一体化であったと。それがはっきりと司法によって判断された。イラク戦争でも、我が国は多くの民間人を殺すことに加担していた可能性が高いんだって。この振り返りをしないことには、自衛隊の活動地域の拡大なんてできますか。これ、すごく重要なことだと思うんです。この法案だって、違憲だとされる、司法判断されるという日が恐らく来る可能性高いですよね。（発言する者あり）１００％です、真っ黒です。小西さんもおっしゃっています。

とにかく、総理は衆議院の質疑で、国連憲章上違法な武力の行使を行っていれば、それは国際法上認められないことであり、我が国はそのような国を支援することはないと答弁されていた。我が国がジュネーブ条約や国際人道法、国際人権法に違反する行為、つまり戦争犯罪に協力するなんてことありませんよねってお聞きしたら、総理は、我が国は、我が国として、国連憲章上違法な武力の行使を行う国に対して支援や協力を行うことはないわけでありますとお答えになっているわけです。ああ、じゃ、安心できるよなって思えるかなって。

戦争にはルールありますよね。戦場にはルールがありますよね。当然です、ルールがなきゃ取り締まれないし、それが違反だと言えないんだからって。ルール・オブ・エンゲージメント、部隊行動基準というんですか、自衛隊では。戦争、戦争、その戦争に巻き込まれているところでのルールというものがあるけれども、これからアメリカと一体化、恐らくしていくと、アメリカの後方支援に回ると。そこで駆け付け警護みたいなことが行われるとするならば、それは間違いなくアメリカの違法な戦争に巻き込まれるおそれが高いということですよね。

一体どうなるかって。イラクだってそうですよ。本法案がもし通っていたとしたならば、イラクの時代に、恐らくアメリカの戦争犯罪に巻き込まれていた可能性はあるかもしれない。イラクでも、戦争犯罪の常習犯と、ＮＧＯであったり、いろいろなイラクの人々を助けていたＮＧＯの方々は、もう常習犯だと言っています。

二〇〇四年の四月、米軍はイラクのファルージャという都市を包囲した、猛攻撃を行った。翌月、国連の健康に対する権利に関する特別報告官が、ファルージャの攻撃で死亡したのは90％が一般市民だったたって。修羅場なんですよね。駆け付け警護なんて修羅場じゃないですか。じゃ、誰が味方ですか、誰が敵ですかって見分けられますか。やっちゃいけないことをやろうとしているんですよ。その結果、アメリカが民間人を大量に殺りくしてしまったという過去があるじゃないですか、イラクに。だから、イラク戦争を、それに加担した者として検証する必要があるんですよね。

その当時、ファルージャ攻撃を行ったときに、国連は、一刻も早く人権侵害行為に関して独立した調査を行うべきであるという声明も出しています。

救急車まで攻撃されたって。これ国際法違反ですよね、救急車ですもの。学校も占拠して、学校の上に土のうを積み上げて、住民を撃つためのスポットにしたんですって。むちゃくちゃですよね。でも、しようがない。どうしてか。先ほど言ったROE、戦時下でのルールがむちゃくちゃになっていったからだって。

ROEに関していろんな答弁があったと思います。その中ではっきりした答えというのは出ましたか。アメリカ側に寄るのか、日本側に寄るのか、新しいものを作るのか。戦闘地帯でイニシアチブを握っている人たちのROEに引きずられるんじゃないですか。駆け付け警護という話になって、修羅場になっていて、とにかく撃て、撃ちまくれという話になっているときに、じゃ、気を付けながら撃たせていただきますという状況になりますかね。

話、戻ります。

じゃ、その米軍のファルージャ、どんな戦いだったのか。二〇〇四年の一一月から米軍の大規模攻撃を受けていたファルージャ、この作戦に参加していた米兵が、「冬

の兵士　良心の告発」というＤＶＤでも語っています。

攻略戦の訓練を受けていた全員が、みんな攻略戦を受ける前にキャンプに行くと。その訓練を受けたある日、軍法、軍の法律、軍法の最高権限を持つ部隊の法務官に招集された、そしてこう言われたと。武器を持つ人間を見たら殺せ、双眼鏡を持つ人も殺せ、携帯電話を持つ人は殺せ、何も持たず敵対行為がなかったとしても、走っている人、逃げる人は何か画策しているとみなして殺せ、白旗を掲げ命令に従ったとしても、わなとみなし殺せと指示されたそうです。ファルージャで私たちはその交戦規定に従ったって。米兵たちは、ブルドーザーと戦車を使って家屋を一つ一つひき潰していった。人間は全部撃ち尽くしたって。犬や猫や鳥など動くもの何でも撃った。動物もいなくなったから死体も撃ったって。これ、一部の米兵がやったことじゃない、米軍が組織的にやったことなんだと。軍法の最高権限を持つ部隊の法務官が招集してそれを伝えているんですから。そのような状態に巻き込まれたとしたら、自衛隊が国際法違反、戦争犯罪に巻き込まれるという可能性、高いに決まっているじゃないですか。自衛隊員を戦争犯罪者にしないでくださいよ。あまりにも歯止めのないような穴だらけの法案を、どうしてこれを無理やり通そうとするんですか。自衛隊は物じゃない、自衛隊員は人間ですよ。この国を専守防衛で守るということを、服務の宣誓を行って、そして正義感を持って、この国を守ってくれ、災害からも専守防衛でも守ってくれるていう心意気を持った若い人たちも、そしてそうでない方々も自衛隊に集まってくれているんですよね。その方々に対して、この国の憲法を無視したような内容を今これだけ急いで通そうというのは、あまりにもあり得ない話じゃないですか。

納得する人いますか。若い自衛官で納得している人いますか、命令だったら行くしかないよなって。（発言する者あり）本当です。おまえら行けよって。国会議員が行けよ、決めた総理が行けばいいじゃないか、防衛大臣行けよ、外務大臣行けよって、若い人々はよくそういうことを言います、この戦争法案に関しての話をしているときに。おかしいだろうって、どうしてこういう穴だらけの法律を作るんだって。もしも有事の際には真っ先に最前線に行きますと政治家が言ってくれるならば、まだ、まだ許せるかもしれない、そのように若い方々はおっしゃいます。とにかく、自衛隊員に関して一体どのようなカバーがされるのか、考えられていますか。もしものことがあった場合、その家族はいくら受け取ることができるんでしょうか。

服務の宣誓とは違ったことをさせられる、これ大きく変わっていますよね、仕事の内容。あまりにもおかしいじゃないですか。もう一回服務の宣誓取り直してからにしろって話じゃないですか。何よりも憲法の改正を先にするということをやった上でこれを出されたならば、まだ話し合いは前向きにできる可能性もある。憲法改正、いい悪いは置いておいて、段取りが違うじゃないか、段取りが違い過ぎることがあまりにも多過ぎるじゃないかって。

鴻池委員長、このような形で不信任動議ということになったけれども、どうして不信任動議になったのかというと、段取りが違うじゃないですかということからですよね。それまでのこの委員会の運営は、私のような者にもしっかりと時間を与えてくださり、そしてお話を聞いてくださった。そのことに対しても感謝をしている。でも、明らかに地方公聴会からは様子が変わってきた、段取りが変わってきた、そのように思うんです。

何よりも隊員の皆さんの安全というものが担保されていない限りは、海外になんてその活動範囲、拡大させるわけにはいかない。当然です。一般雇用契約でいうと、完全にこれアウトですよ。全然変わっているじゃないですか。不利益変更じゃないかって。労働条件、労働内容、勤務地、大きく変わることに対して、どうして、しようがない、行ってくれで行ってもらうという形にしてしまうんですか。あまりにもあり得ない。

この自衛隊に対してのフォロー、自衛隊員の皆さんに対してのフォローというものをもっと広げていかなきゃいけない。ふだんからされていますかって。

相談体制の弱さというものが挙げられると思うんです。これ非常に重要なことだと思うんです。鴻池委員長も、本法案の審議、委員長として参加されていますけれども、やはり自衛隊員の方々がどのような状況に置かれていくかということは非常に重要なことだとお考えになっている方のお一人だと思うんです。

例えば、どのような形で自分のメンタルという部分の相談をすればいいのかって。現在の自衛隊員の方々、電話相談はあるらしいです、OBの方、OGの方に。でも、あなたのさぽーとダイヤルという名前であるけれども、自分の勤める組織の先輩に相談できるかなって。難しいですよね。考えていただきたいんですよ。そういうものを整備されていないのにこういうものを進めようとしちゃ駄目なんだって。

考えてみたら、イラク特措法、補給支援特措法[*5]に基づいて海外に派遣された自衛隊員のうち、在職中に自殺された自衛隊員の合計は五六人なんですよ。これ、退職者は含まれないんですよ。一方、アメリカはどうなのかって。二〇一〇年の会計年度予算でメンタルヘルス対策関連経費四五億六千万ドルですって。これ、米国の退役軍人省の予算らしいんですけれども。そのような、戦場に大量に人を送ったりとか、非日常的な場所に人々を送り込むというようなことになってメンタルが壊れてしまうようなことになれば、このようなメンタルヘルスの対策関連経費も必要になるし、ただでさえ必要な社会保障費がどんどん削られていってしまうということを理解されているのか。それに対する整備をする気はあるのかという話だと思うんです。（発言する者あり）装甲救急車もないと、先輩からのお話もあります。

＊5 補給支援特措法
「テロ対策海上阻止活動に対する補給支援活動の実施に関する特別措置法」は、第一次安倍改造内閣が二〇〇七年九月に突如退陣するなどの混乱を受け、同一一月一日に期限切れを迎える「テロ対策特別措置法」（2－7頁＊2参照）の失効を想定、海上自衛隊のインド洋における補給活動を「再開」することを目的とした、期間一年の時限立法。支援活動が必要である場合は延長する規定だが、旧法にあった国会承認規定は削除され、実施計画の決定や変更があった場合に国会に報告することとなっている。
ねじれ国会下における衆院の再可決で可決成立し二〇〇八年一月一六日に施行、これにより前年一一月にインド洋を撤退した海上自衛隊が二月二先ほどの話に戻ります、鴻池委員長のお話に行く少し前に、先ほど、じゃ、この国の政治は一体どちらの方向を向いているのかと。皆さんも昨日聞こえていたでしょう。外から聞こえる。めったなことじゃないと聞こえないですよ。ふだんトラックの音とか聞こえますか、ここ。大きく、あれだけの声を上げるという人々がこの国会周辺を取り囲んでいる。どうしてと、暇だから、違います。今この法案が通されたら、そこに担保される未来なんて、もう光なんてないということを感じるんですよ。

こんな勝手な法案を通すために憲法を解釈で変えてしまう。アメリカに渡って約束をしてしまう。しかも、自衛隊のトップまで行ってそのような話をしてしまう。[*6] 誰の国なんですかって。はっきりしているんですよね。あまりにもはっきりし過ぎている。

この安倍政権の二年間の動きを見ていれば、全て企業側を向いた政治しか行われていない。本法案もそこにつながっていくと思います。武器輸出、[*7] この国は武器輸出に関して歯止めがありましたよね。その歯止めを事実上なくしてしまったのは安倍政権でした。それによって皆さんの税金、横流しされるような気がしませんか。当然です。予算として付ければいいんだから。五兆九一一億円という防衛予算が組まれると。

でも、その一方で、ローンを組んで武器、兵器を買えるんだというような法律、五年ローンを一〇年ローンまで延ばしているんですよ。四兆八千億円超えているんですよね。表向きの五兆円だけじゃ分からない。でも、しっかり計上先を変えて、これ国

一日から活動を再開するが、翌一月一五日の期限切れを一年間延長する改正案は、当時の麻生内閣と早期の政権交代（解散総選挙）をめざす民主党の間で二転三転（二〇〇八年一二月一二日衆院で再可決）。麻生内閣退陣を受けた民主党主導の鳩山内閣において非延長が決定され、二〇一〇年一月一六日に失効した。

＊6 自衛隊のトップが渡米
二〇一五年九月二日の参院安保法制特別委員会において日本共産党の仁比聡平議員は、二〇一四年一二月一七日に自衛隊トップの河野克俊統合幕僚長が渡米し、アメリカ側のオディエルノ陸軍参謀総長と会談し、安保法制について「来年（二〇一五年）夏までに終了する」との見通しを伝えた

民だましていませんか。防衛費は増えないという発言をされていますが、防衛費、既に増えているし、これから増えていかざるを得ないという状況、当然です。

海外からもこのような情報が入ってきているじゃないですか。どのような情報が入ってきているか。スターズ・アンド・ストライプス、星条旗新聞、これはアメリカの準機関紙です。二〇一五年五月一三日の分、何て書いてあったか。アメリカの防衛予算は既に日本の自衛策を当てにしている。二〇一六年の最新のアメリカ防衛予算は、日本政府が後押しをする新法案、すなわち同盟国防衛のための新法案を可決するという前提で仮定をしている。見込まれているらしいですよ、もうこれが通るからって。これが通るから、だから四万人アメリカは兵員を削減したと。防衛予算も日本のこの法案が通ることを見込んで自分たちは減らしていっている方向だと。

フォーリン・ポリシー、皆さん御存じですよね。米国の権威ある外交政策研究季刊誌「フォーリン・ポリシー」、七月一六日にこのような見出しがあった。日本の軍事面での役割が拡大することはペンタゴンとアメリカの防衛産業にとって良いニュースとなった。どういうことか。金が掛からない上に金ももうけられるって。誰がもうけるんでしょう。

日本政府は多くの最新の装置を買うことができる。それはアメリカの防衛産業にとって良いことであると書かれているんです。テキサスに本社を置くロッキード・マー

と暴露。この時点では、直前の総選挙における自民党の公約集にも法案の策定日時は言及されておらず、これが事実とすれば文民統制を踏みにじり、自衛官の政治的中立性というルールを無視した暴走と言えるのではないだろうか。

＊7 武器輸出（243頁）　第二次安倍内閣で閣議決定された、新たな「防衛装備移転三原則」（85頁＊2参照）では――
①移転を禁止する場合の明確化
②移転を認め得る場合の限定並びに厳格審査及び情報公開
③目的外使用及び第三国移転に係わる適正管理の確保
――がうたわれているが、実際には完成兵器の一部に日本の技術が使われている場合など、これ

チン社製のF35、バージニア北部に本社を置くBAEシステムズ社製の海兵隊用の水陸両用車両、日本政府は購入する予定。日本政府はまた、アメリカに本社を置くノースロップ・グラマン社製のグローバルホークの購入計画を持っている。二隻のイージスレーダーを備えた駆逐艦とミサイル防衛システムの開発を行っている、これらはロッキード社製だとフォーリン・ポリシーには書かれている。いいんですか、こんなことで。

第三次アーミテージ・ナイ・レポートにも書いてあるとおり、今回の安保法制は、戦争法制も、原発再稼働も、TPPも、特定秘密保護法も、防衛装備移転三原則も、サイバーセキュリティ基本法も、ODA大綱も、全部アメリカのリクエストであり、そしてニーズだって。米軍のニーズだから変えなきゃいけないって、ニーズってはっきりおっしゃっているんですよ。これはアメリカのことだけじゃない。アメリカも日本と同じように、企業によってコントロールされている政治が幅を利かせているのかもしれない。御存じですよね、皆さん、先日、経団連が発表いたしました、武器輸出の推進を提言、国家戦略として推進するべきだ。これは前から言われていることです。ずっと政治に対して、提言、命令を行ってきたのが経団連、日本経済団体連合会。

それだけじゃない、派遣法、これに関しての提言も行っていた[*8]、二〇一三年七月。外国人労働者に至っては二〇〇四年四月一四日。それが広がっていったらどうなる。この国でより安い労働力がたくさん入ってきたとしたら、企業は喜ぶでしょう。どう

らの条件を厳格に適用、あるいは透明性を確保できるかにはおおいに疑問がある（とりわけアメリカ向けの移転の場合）。

その一方で防衛省は現在、政府開発援助（ODA）の枠外で、日本の防衛関連企業から武器を購入した開発途上国などを対象とした援助制度の創設を検討しているという。この制度が動き出せば、わが国の防衛技術が際限なく拡散し、多くの人命を奪うことに結びつくのは間違いない。

＊8 派遣法への提言
いわゆる非正規雇用者が全雇用者の四割近くを占める一方、残業代の頭打ちや解雇手続きの簡略化など、政府と財界が一体となって進める労働条件改悪の数々。なかでも、二〇一五年四月に閣議決定された労働関連法の改

して政治がそのようなことを開いていくんですか。ホワイトカラーエグゼンプション、残業代ゼロって話ですよね。労働の基本の法律が破壊される、これは二〇〇五年に経団連からの提言。

消費税は最終的には19％にまでしろって言っているんです、二〇二五年までに。おかしくないですか。その一方で言っていることは、自分たちの法人税を下げろって。法人税を下げた分、この国の収入がなくなるから庶民から取れ、そういう話になっているんです。どうしてそれを片っ端からかなえるんですか、今の政治は。

武器輸出もそうです。あまりにもあり得ませんよね。全てが関係しています、全てが。鴻池先生がそのように関係があるという話ではありません。本法案に関して、一体何が目的なのかということを私ははっきりさせたい。強い国、美しい国というスローガンを挙げられた皆さん、与党の皆さん、本当に私も強い国、美しい国にしたい、その気持ちは同じです。鴻池委員長も同じ思いでしょう。その気持ちにうそはない。

でも、実際を見てほしい。この国には、六人に一人が貧困、二〇歳から六四歳までの単身女性、独り暮らしの女性三人に一人が貧困。貧困ってどんな状態。月々一〇万円以下で暮らしているような人、ざっくり貧困。大人が貧困だったら子供も貧困。当たり前ですよ。ここに予算付けている場合じゃないんですよ。どんどん軍事を膨らましていけば、この国の主な産業が軍事になってしまうという話。だとしたら、アメリ

正案に盛り込まれた、いわゆる「残業代ゼロ」法案では、企画業務型裁量労働制の拡大で追加の残業代が出ない層が一気に増える恐れがある。

対象となる、一部の営業や品質管理などには非正規雇用者も多く従事しており、すでに逼迫状態にある彼らの生活を、さらに追い詰めるのは間違いないだろう。

カのように軍事を中心にこの国の経済を回さなきゃいけなくなる。建国して二三九年、その93%を戦争でつないできている。その使いっ走りとして自衛隊は出せない、自衛隊員はこの国の宝だ、災害があったときにたくさんの人々を救ってくれ、そして専守防衛でも命を懸けてくれると言っている……

理事（佐藤正久君）　山本委員に申し上げます。

理事会協議で、討論は常識の範囲となっております。かなり時間が経過しておりますので、討論の取りまとめをよろしくお願いします。

山本太郎君　済みません、まだまだ言いたいことがたくさんあったんです。まとめた方がいいっていうことですね。（発言する者あり）ありがとうございます、本当に。そうですね、自分の中でスケジュールがあったので、なかなか急にまとめろと言われましても、もう少しお時間をいただけますかね、これ。（発言する者あり）分かりました。じゃ、終わりにした方がいいですよね、分かりました。

じゃ、最後に言わせてください。

私たちは、もちろん、今回のお話は鴻池委員長に対する動議、それに賛成をするという話で私は話を始めております。けれども、やはり、その内容の振り返りも含めた上でのお話ということが、いかに自由な発言を認めてくださっていた鴻池委員長が今このような不穏な動きをされたというのは、圧力掛かっているんじゃないかなって思

＊9　**議場騒然、聴取不能（249頁）**

鴻池委員長復席後は、TV中継等でも同様に伝えられた「議場騒然、聞き取り不能」の状態（250～51頁参照）であったにもかかわらず、後日参議院の議事録にはこの文言の後、以下のように付記された。

「本日の本委員会における委員長（鴻池祥肇君）復席の後の議事経過は、次のとおりである。速記を開始し、我が国及び国際社会の平和及び安全の確保に資するための自衛隊法等の一部を改正する法律案（閣法第七二号）

○国際平和共同対処事態

うんですよ。汚い仕事をさせないでいただきたいんです。正々堂々と公平公正な委員長としての審議をされていた鴻池委員長に対して、私たちは、日本の安全保障に関する対案となる政策も主張していかなければならないと思います。当然です。

日本の領域に対する急迫不正の侵害に対しては、従来どおり、個別的自衛権、日米安保、もちろん安保の内容や地位協定の改定の必要はあると思いますが、それで対処できます、従来どおり。尖閣、小笠原、東シナ海の中国漁船等については、海上保安庁の能力を一段と高め、自衛隊はそれをサポートすべきだと。南シナ海に対しては、軍事力ではなく外交力で対処すべきだと。安倍政権が一番弱い部分ですよね。ＡＳＥＡＮ諸国と連携し、ＡＰＥＣの枠組みで海上輸送路の安全を確保すべきだと。中国に国際法に違反するような行為があったとするならば、中国、中国という名前がよく政府から出てくるのであえて中国と言いますが、ＡＰＥＣやＧ７などとも協力して経済制裁をすることが一番の道じゃないかと。

もう武力で緊張状態をつくる時代じゃないんですよ。それをやって傷つくのは、この国に生きる人々、そしてその相手国の人々。中国を見れば分かるじゃないですか。アジアの輸出どれぐらいですか、56％、輸入は51％。経済連携によって一歩踏み外すことを止めることはできますよね。外交力です。（発言する者あり）はい、分かりました。

それでは、そろそろまとめに入りたいと思います。

に際して我が国が実施する諸外国の軍隊等に対する協力支援活動等に関する法律案（閣法第七三号）
○武力攻撃危機事態に対処するための自衛隊法等の一部を改正する法律案（参第一六号）
○在外邦人の警護等を実施するための自衛隊法の一部を改正する法律案（参第一七号）
○合衆国軍隊に対する物品又は役務の提供の拡充等のための自衛隊法の一部を改正する法律案（参第一八号）
○国外犯の処罰規定を整備するための自衛隊法の一部を改正する法律案（参第一九号）
○国際平和共同対処事態に際して我が国が実施する人道復興支援活動等に関する法律案（参第二〇号）
○国際連合平和維持活動

このような私の自由な発言に対しましても、鴻池委員長は私にたくさんのチャンスをくださった方。でもやはり、まだ会期が残っているにもかかわらず、この法案を途中で切り上げて、そして数の力で押し切ろうという姿は、たとえ鴻池委員長であっても、私はこの動議に賛成する以外にない、断腸の思いで私の不信任動議に対する賛成討論を終わらせていただきます。ありがとうございました。

理事（佐藤正久君）　他に御意見もないようですから、討論は終局したものと認めます。

これより採決に入ります。

我が国及び国際社会の平和安全法制に関する特別委員長鴻池祥肇君不信任の動議に賛成の方の起立を願います。

〔賛成者起立〕

理事（佐藤正久君）　起立少数と認めます。よって、本動議は賛成少数により否決されました。

鴻池委員長の復席を願います。

速記を止めてください。

〔速記中止〕〔理事佐藤正久君退席、委員長着席〕

委員長（鴻池祥肇君）　……〔発言する者多く、議場騒然、聴取不能〕*9

等に対する協力に関する法律の一部を改正する法律案（参第二三号）
○周辺事態に際して我が国の平和及び安全を確保するための措置に関する法律及び周辺
○事態に際して実施する船舶検査活動に関する法律の一部を改正する法律案（参第二四号）
　右九案を議題とし、
○我が国及び国際社会の平和及び安全の確保に資するための自衛隊法等の一部を改正する法律案（閣法第七二号）
○国際平和共同対処事態に際して我が国が実施する諸外国の軍隊等に対する協力支援活動等に関する法律案（閣法第七三号）
　右両案の質疑を終局した後、いずれも可決すべきものと決定した。なお、両案について附帯決議を行った」

2015.09.17

2015.09.17

7

8

参議院「我が国及び国際社会の平和に関する特別委員会」での安保法案強行採決の一部始終（P249＊9参照）。山本太郎議員の鴻池委員長不信任動議への賛成討論終了後、同動議は自民・公明他の反対多数により否決、委員長は復席。安倍総理、岸田、中谷大臣が着席。直後、質疑の打ち切りに抗議した野党が委員長席に詰め寄るが、同時に与党関係者らが走り寄り（写真1）、「人間カマクラ」で鴻池氏を囲み、委員長席周辺は大混乱に。数分で総理は退室。鴻池氏の姿は隠れて見えず、議事録にあるように氏の声などもまったく聞こえない中、カマクラの一角の筆頭理事らの合図で議員席の与党議員らは起立着席を繰り返し、拍手、万歳。この暴挙に「自民党が死んだ日」と山本議員は抗議。NHK中継は「鴻池委員長が（中で）何かを読み上げているのでは」「法案に対する採決が行われた可能性があります」。一六時三六分、鴻池委員長が退室、散会。直後「安保法案は参院特別委員会で採決が行われ、自民、公明両党と次世代の党などの賛成多数で可決されました」と報道。翌一八日、本会議へと。

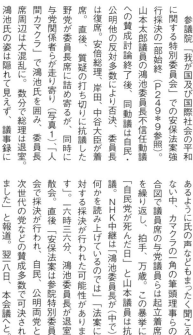

参議院本会議では、安倍首相問責決議案、鴻池委員長問責決議案、二回の討論時間制限の動議、安保法案と計五回の議決投票がなされたが、山本議員はすべての回で牛歩を行った。一回目の「安倍首相への問責決議」での牛歩の後、前日の〈自民党が死んだ日〉を踏まえ、壇上にて数珠を手に焼香の仕草を行い、安倍総理に向かい礼拝（二〇一五年九月一八日）。

2015.09.18

2015.09.18

2015.09.19

〈牛歩戦術〉は、与野党が対立する議案に対し、賛成する議員が反対する議員より明らかに多数である場合、反対する議員が審議を引き延ばし議案の可決を阻止するために行う。立ち止まりすぎると投票の意思なしとされ棄権とみなされるため、呼名以降、投票箱までごくわずかずつ前進。法案は、国会の会期中に可決するか、継続審議の手続きを行わないと理論的には廃案となる。山本議員は議事日程を少しでも遅らせるべく、「安保法制決議」でも5回目のひとり牛歩を行った。壇上に着くや、反対票を手に抗議のスピーチ。（9月19日未明）

アメリカと経団連に
コントロールされた政治は止めろ
組織票が欲しいか
ポジションが欲しいか

誰のための政治をやってる
外の声が聞こえないか
外の声が聞こえないんだったら
政治家なんか辞めた方がいいだろう
違憲立法してまで
自分が議員でいたいか

みんなでこの国変えましょうよ
いつまで植民地でいるんですか
本気出しましょうよ

安倍総理
いいお土産ができましたね
ニューヨークに行くのに

ひっくり返しますからね

2015.09.19

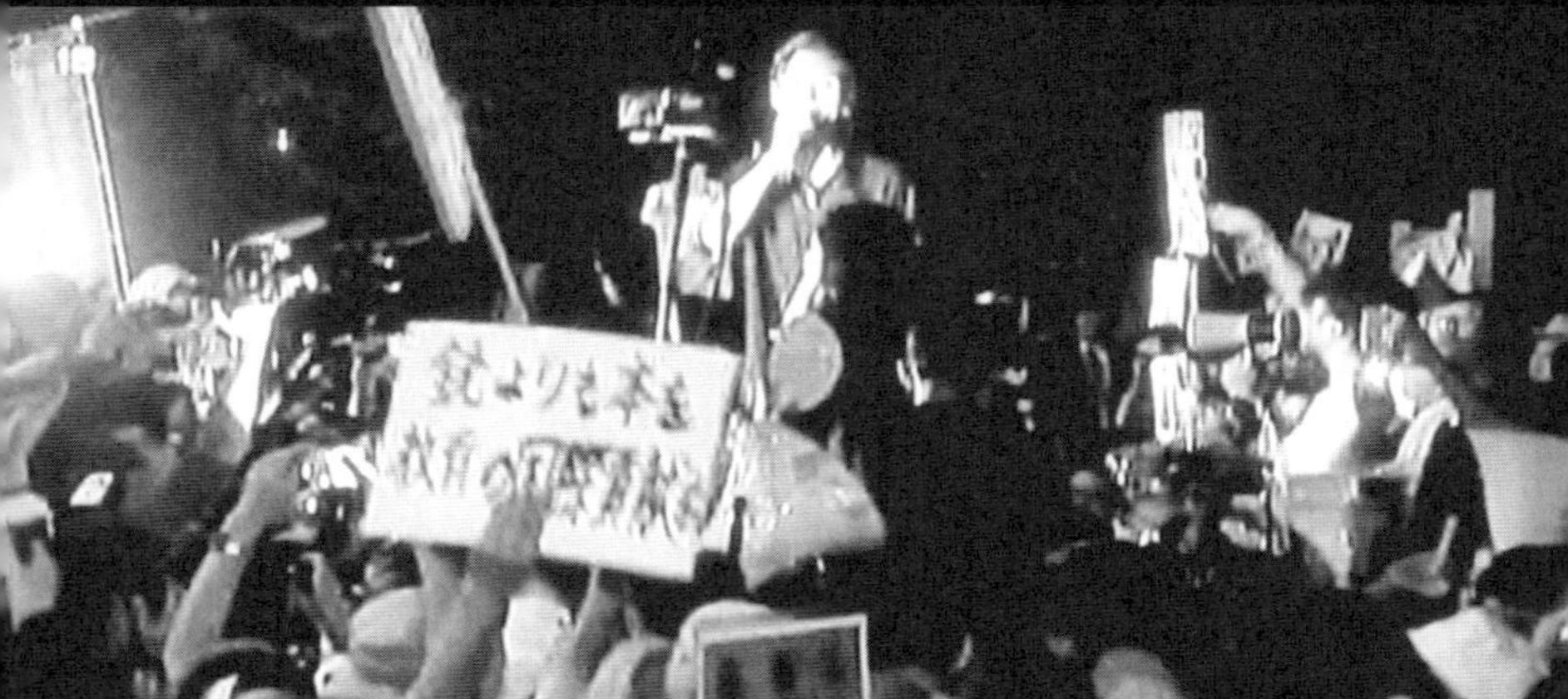

2015 年 9 月 19 日午前 2 時過ぎ、安全保障関連法案が可決、成立。直後、山本議員は国会外で同法制への抗議デモを続けていた市民たちに合流、SEALDs（自由と民主主義のための学生緊急行動）の奥田愛基氏らに「牛歩お疲れさま!」「ありがとう!」と迎え入れられ、スピーチを行った。

2015.09.19

みなさまの鉄砲玉、参議院議員山本太郎でございます、よろしくお願いいたします！

ばかじゃないのあいつ、そんなさあ、もう勝負ついてんだから、二分三分引き延ばしていったいなんの役に立つわけ、ばかじゃないのあいつ……私です！

なんであんな法案通ったのにそんなに明るいんだ、って思われる方いらっしゃるかもしれませんけれど、これ、もう、変えていくだけなんですよ、あとは。そうですよね！

安倍晋三お坊ちゃまが、今年、五月くらいでしたっけ、アメリカ様にわたり、そしてアメリカの皆様に対し、議会でこの法案を通すことをお約束されました。そして今月九月の二六日頃に、ニューヨークにお出かけになります。この安保という法律、この法律を手みやげに……ふざけんな！

（市民たちから「安倍は辞めろ！」コール）

あべ～はやめ～ろ、せんそ～うはする～な。あべ～はやめ～ろ、せんそ～うはやめ～ろ……なんだか楽しくなってきましたね（笑）

ほんとうにもう、雨の中も、もう天候かかわらず、みなさんが声を上げ続けてきてくれたことが、この悪の枢軸、このとんがった建物の中にいる人たちの背中を押してくれたか。

今回、やられてしまいましたけれども、野党は本当に少数で、これは押し切られるという状況の中、なんとかがんばろうという、その勇気をくれたのは、みなさんだったんです。

（「俺たちも勇気をもらったよ！」と声が上がる）

2015.09.19

今からですよね、これ、けじめ取るしかないでしょう。
アメリカ様に差し上げた、今回差し上げるおみやげは、これ、返していただくしかないですよね。わが国の一番大切な部分を差し上げたようなんですが、むかし、総理だった男が……だけどそれはわが国にとって一番大切なものなので、返してください、というような外交ができる政治を、みなさんの力で、私たちの力で作っていきませんか!

できる。やらなかっただけです。その先頭が私。私、なにもやってこなかった、政治のこと。いま、世の中がここまでぎりぎりのところまできてる。その責任は私にもあります。だから、遅ればせながら、立ち上がった。そういう大人もいると思います。みんなで力を合わせていきましょう!
なぜならば、一番の権力者は、大企業でもアメリカ様でもなく、この国の消費者であり、この国に生きるみなさんなんですよね!

ありがとうございます! がんばっていきましょう!

2 国会質疑のバックステージ

——山本議員の〈質問〉は、こう作られる

木村元彦

牛歩、そして「葬式パフォーマンス」

安保法制が強行採決されてから六日後の二〇一五年九月二五日。山本太郎は参議院議長、副議長、議院運営委員長の三者から呼び出されて厳重注意を受けた。強行採決時、手元にあった賞状用紙に〈自民党が死んだ日〉と書き、それを頭上にかかげた。さらに翌日、安倍首相に向かって数珠を出して拝んだ行為が、「参議院の品位を著しく落とした」というのが、その理由であった。牛歩については議長の持っている議事整理権の範囲内で行ったことなので咎めないが、この「葬式パフォーマンス」は問題があると叱責されたのだ。

これに対して山本は「ルールを無視されて民主主義をぶち壊されてしまったという気持ちから、あのような振る舞いをしました」とまずは思いを説明し、その上で「注意は深く受け止めます」と丁寧に詫びを入れている。

そのことを水上貴央弁護士（強行採決前日に横浜地方公聴会で発言した公述人。本書二一六頁〜参照）に伝えると、水上はこんなことを言った。

「違憲なだけではなく、法案としても政策としても破綻している安保法案を無理やり通すために、人間カマクラまで作って強行採決した政府の方が品位を落としているのにね。日本は民主主義からいざカマクラ主義に転換したんですね（笑）。でも、山本さんらしいですよ。私が一般的な世の中の印象とすごく違うなと思うのは、山本さんって、たいへん謙虚な人だし、規範意識がすごく高い。（弁護士の）私なんかよりもルールを守ることをいつも考えている。つねにルールの中でどこまでできるかを考えていますから、あの行為もぎりぎりまでかなり悩んだはずです。結局、前日の与党の暴挙を受けて、ここは自分の役割として筋を通そうと覚悟を決めてやったと思うんです。多くの人はおちゃらけたお調子者が目立ちたくてやったと考えているでしょうけど、全然そうじゃない。よく考えてみればわかりますよね。だって、目立ちたいだけならリスクが大きすぎるでしょう。私はわかりますよ。私は山本さんと仲良しでも何でもないけど、今回の質疑を通して見ていれば、それはわかりますよ」

水上は公聴会の席上で「この横浜地方公聴会は慎重で十分な審議をとるための会ですか、それとも採決のための単なるセレモニーですか？」と政府のアリバイ作りのイベントを喝破して鴻池議長に釘を刺したことで知られるが（本書二一七頁＊一参照）、それ以前にも法律家としての見地から、自民党の一部から共産党に至るまで、各党の議員に向けて安保法制廃案に関するロビー活動をした人物である。社民党に対しては、「アメリカは何十年も国際法上違法な戦争をして来た国、それに対して支援するということ、それはまさしく〈戦争法案〉ではないか」と、違憲法案であることを説き、民主党の右派には「自国防衛を犠牲にしてアメリカに隷属し、自国防衛や自主独立を蔑ろにしている法律だ」とナショナルプライドに訴える、というように、相手によって柔軟に引き出しを使い分けて来た手練れでもある。かつては自民党政権下で行政事業レビューも担当しており、保守からの信頼も厚く各府省の事業にも精通している。その水上が質疑の内容を論拠に、山本の規範意識の高さを評価する。また、続けてこう語る。

「そもそも質問の組み立てがすごく理性的なんですよ。私は法律家だから演説の勢いよりも文章としてのロジックや行間を読みます。政府の出してくる条文を読めば、その背景の思想もわかる。私は今までに他の政治家の質問も嫌と言うほど聞いています。そうすると山本さんの質問って、すごく言葉遣いが丁寧だし、相当細かくロジックを踏んでいることがわかります。そして決めつけが少ないんですよ。たとえば野党がよくやる『こうなんでしょ、どうせ』ってけっして言わない。そして長く議員をやっている人にはとうてい出せないような質問を堂々と出してくる。たとえば彼が八月二五日の質疑で言った、イラクで米軍が行った民間人への虐殺とアメリカに追随する日本の関係、それはつまりは軍産複合体を儲けさせるためで、まさにこの安保法案の本質だというメッセージでもあったんですが、そんな尖りきったタブーを論証、推論とりまぜて七分で言いきって突っ込むさまは、私の想像をはるかに超えていました。今回、テレビ中継は少なかったけれど、一度でもこの質疑を見れば、さすがに誰にとっても強く印象に残ったのではないかと思います。こういうポジションの政治家は、まあほかにはいないでしょうね」

水上が感心しているのは、普通の議員ではとうてい質問できないテーマのものを、山本は理詰めで固めた上に、細かな時間調整までして、最終的には一種の「ドラマ」として市民に届けようとしたということである。

では山本のその質問は、いったいどのようにして作られるのか。

無所属時代の業績

山本太郎が議員になって最初の二年間は無所属ということで、与えられた委員会はひとつだけだった。現在の「数の政治」において、「無所属」はほとんど国会で干されている状態だと言っても過言ではない。しかし幸運だったのは、最初に所属したのが「内閣委員会」で、ここは七つの大臣を所管しているために、あらゆる分野にアプローチすることができたのである。その中で山本が徹底的にこだわったのが、議場での質問であった。まさにこのときから、全精力を傾けた。

事務所のスタッフには以前、他の議員に秘書として付いていたベテラン職員がいて、当初、「なぜそんなに委員会での質問に固執するのか?」と訝しがる表情を見せていた。しかし、山本本人は近い将来、総理と直接対決する機会が必ず出てくると考えており、先を見据えた上での行動だった。事前練習でも本番でもつねにストップウオッチを持って質問に臨み、ボクサーが1ラウンド三分の感覚をスパーリングで体得するように、時間の感覚を身体に刷り込ませた。

国会議員には、知りたいこと、わからないことがあると、国会連絡室に電話をかけて、そのテーマの担当部局の役人を紹介してもらい、即日レクチャーを受けることができる、通称「レク」というシステムがある。山本は自分はまだ何も知らないという自覚から、この権利を徹底的に利用した。しつこく質問を重ねていくうちに、当初、原発の被曝問題から始まった問題意識が、〝原発内労働者の労働環境〟、〝逃げたくてもそこから抜け出せない貧困格差〟、〝DV問題〟、〝ブラック企業〟、〝サラ金化した奨学金〟というようにどんどんと広がり、そして深化していった。

二〇一三年一〇月三一日、招かれた園遊会で「原発労働者と子どもの被曝の窮状をお伝えします」という手紙を天皇陛下に差し出したのも、そんな頃だった。右翼からは不敬罪、左翼からは天皇制の肯定ということでさんざん叩かれ、「近日中に刺殺団を派遣します」という殺害予告とともにナイフまでも事務所に送られてきたこの行動の真意を、山本はこう語る。

「議員になって国会で仕事をしたら、原発事故の収束に関して誰も本気で考えていないということがわかったんです。でも一番急がなくてはいけない緊急の課題であることは明らかで、こうしている間にも被曝している子どもがいる。そして、命を削りながら働く原発労働者の方は中間搾取がひどくて、ごくわずかな賃金で働かされている。この状況を知って、いてもたってもいられず、なんとかしなくてはいけない、と思ったんです。天皇陛下の政治利用という気持ちはなく、私信として僕がお手紙を出せば、そのことで、何でこいつはこんな失礼なことをしたんだ、と思考してくれる人がいるかもしれない。浅はかかもしれませんが、『この人の行動にはどんな背景があるのか』、とイメージを広げることが前の仕事だったので、僕がそうすることで、この問題を考えてくれる人もいるんじゃないか、とも思ったんです」

役者としての属性がなさしめたとも言えるこの直訴は、大きなバッシングを招いた。しかし山本はこの事件の五日後の一一月五日、国会議員として初めて行った質疑で、原発作業員の日当に対する搾取問題を改めて取り上げ、追い打ちをかけている。

「事故収束の現場では、たとえば東京電力が元請けに八万円で発注したものが、何重もの下請けの構造の中で、最終的に末端の作業員たちは数千円しか受け取っていないという例があると聞きました。経産省が責任を持って適正な労働条件というものを確保するべきだと思いますが、いかがでしょうか」

すると三日後の一一月八日、東京電力は翌月から下請け作業員の日当を一万円増額することを発表したのである。直訴との厳密な因果関係を今は立証のしようもないが、結果として事故収束作業員の窮状を救った、無所属時代の質問の大きな功績と言えるだろう。（山本はさらに二〇一四年三月二七日、「その増額分は作業員本人にきちんといきわたっているのか」と、内閣委員会の国会質疑において追及している)。

やがて、生活の党の小沢一郎から合流の話が持ち込まれた。これには事務所の中で賛否が分かれ、最終的には山本の判断にゆだねられた。熟考の末、「どこにも縛られず無所属で闘い続けることも美しいことであるが、このままひとつの小さな委員会で、質問も少なく、ネット中継しかされないところに居続けて、何に貢献できるのか、それよりも政党要件を満たすところから発言力を高めることのほうが効果的ではないか」という考えに至った。合流は決意された。

この合流にあたって、山本は小沢にひとつだけ条件を出した。自分は政党に所属しても、「党議拘束」に縛られずに行動したいというものであった。虫の良い条件とも思われたが、了承された。こうして二〇一四年一二月、「生活の党」改め「生活の党と山本太郎となかまたち」の共同代表に就くことになる。

質疑と「質問主意書」

そして本書にあるように、翌二〇一五年の第一八九回国会・「我が国及び国際社会の平和安全法制に関する特別委員会(「安保特」)」において、安倍総理との直接対決がいよいよ現実のものとなる。

通常、各政党の質疑時間の割り振りは、委員会の前に行われる「理事懇談会」と呼ばれる与野党の非公式の会合の場で決められる。基本的には委員会所属の議員の数で持ち時間は割り振られるので、少数政党は短い。ぎりぎりで政党要件を満たしている「生活の党と山本太郎となかまたち」の不利は自明であった。

ここで山本が重視したのはテレビ中継の存在だった。それまでにも街宣活動に力を入れていたが、駅前に立つにしても千人の聴衆を集めることは困難である。しかし、テレビならばたとえ1パーセントの視聴率でも百万人が見ている。そもそもが高校時代にテレビ番組に出演して人気を博したことが世に出るきっかけであった。その特性はつかんでいる。中継の入る日に最も重要だと思う質問をぶつけることで問題を喚起させることを考えた。

国会議員には、内閣に対して質したいことを、「質問主意書」という文書を用いていつでも問う権利がある。政府は議員から提出された日から七日以内に、この文書に対して閣議決定の上、文書で答弁することが義務づけられている。更にこの制度は委員会における所属議員数に関係なく、国政一般についての質問が広く認められているので、少数会派でも公正な権利として行使できる。山本は質問テーマを決めると、無所属時代から頻繁に利用していたこの「質問主意書」をも利用しながら、短時間での効果的な質疑のやり取りを図った。

「実際に、日本にミサイルを向けている国は存在するんですか?」（二一〇頁～）という質問は、まさにこの合わせ技であった。国会質問に立つ前、二〇一四年一二月二四日、クリスマスイブの日、「九州電力株式会社川内原子力発電所への弾道ミサイルによる武力攻撃に対する国民保護計画に関する質問主意書」を参議院議長宛に提出した。年末年始をまたぎ、翌一五年一月九日、答弁書が戻ってきた。本書にもその書類の一部が収録されているが、そこにはこうあった。

「攻撃された場合のシミュレーションはしている」が、「『川内原発の稼働中の原子炉が弾道ミサイル攻撃の直撃を受けた場合、最大でどの程度の放射性物質の放出を想定するのか』及び『避難計画・防災計画作成の必要性は最大で何キロメートル圏の自治体に及ぶと想定しているか』とのお尋ねについては、仮定の質問であり、お答えすることは差し控えたい」。つまり、実質的には想定していない、ということが明確に記されていた。この言質を引き出した上で、七月二九日の安倍首相に対する質問に臨んだ。読者は本書二一頁あたりから読み直していただくと、安倍首相に畳みかけていく過程がいかに周到に準備されたものであることかが、より理解できるであろう。

「これテレビ御覧になっている方々、御存じなかったらいけないので軽く説明させてください」という出だしから、質問主意書の答弁を前に押し出しながら、北朝鮮や中国の脅威を煽っている政府も日本にミサイルを向けている国などじつはない、と考えていることを引き出し、その流れから、今まさに通そうとしている安保法制が誰のための政策であるのかを一気に浮き彫りにしている。

本番での質問について、心がけていることがあるという。

「一番大事にしているのは、自分の主張をただぶつけるのではなく、見ている人にそこで起きていることを、前後の流れも含めて、ストーリーとして理解してもらえるようにすることです。当日も、自分の出番が来るまでは、何度も質問を足したり削ったり順番を変えたりして工夫を重ねていますし、本番では緩急を心がけます。たとえば最初はすごく低姿勢で入っていって、相手の言いたいことをまず聞かせていただいてから、お話によっては、『でもね、それは全然矛盾している話なんですよ』と切り返す。テレビを見ている人が退屈しないような流れにしたいんです」

野党の政治家ならばまずは反意の主張だが、そうではない。主眼を置くのは、あくまでも「政治」を見てもらうことなのだ。

「それは僕自身、かつてまったく政治に無関心なところから始まっているので、政治に、国会に関心を持てない人の気持ちもわかるからなんです。これでもまだしゃべっている言葉が難しすぎると思っています」


質問主意書で取り上げるテーマについては、山本本人の意向だけではなく、秘書や、外部でつながっているジャーナリストや市民などから「出してほしい」と提案されてくるものを選択するというやり方も取っている。どうぞ自分をどんどん利用してくださいというスタンスだが、チョイスは、可能な限り、自身が実感した問題の切実さ、緊急性に沿わせて行う。

二〇一四年一一月一〇日に提出した「雇用保険給付の一部について申請期間がごく短期間に制限されている問題に関する質問主意書」は、育児休業給付金の申請が、出産後、たった四か月の間しかできないことを問題視したものであった。中小企業などではカムバック後、仕事に忙殺されているうちに期間が過ぎてしまうことが多々あるからだ。結果、この主意書によって育児休業給付金は二年まで遡って申し込むことが可能になった。ある地方の福祉事務所のスタッフが、いきなり申請期間の幅が広くなったので不思議に思ってネットで調べたところ、どうやら山本太郎の事務所が厚生労働省にしつこくアプローチしたということがわかり、「目立ちたいだけの人と思いこんでいたが、こんなことをしていたのかと驚きました」と、議員会館に電話がかかってきたという。

「原発」そして「貧困」

山本が外部の人々と繋がるのは、自身の事務所を開かれたものにしたいという本人の強い意志の表れでもあるが、他方、あまりにも山本が何も知らずに政治の世界に飛び込んだことを知った人々が、さすがにこれは放っておけない、という危機感から自然と集まって来た、というのも実情である。

ブレーンの一人となった作家の雨宮処凛は、当初、メディアを介して触れる山本のことを「ストレートだが少しおかしな人」と認識していた。デリケートな問題を多々含む放射能被曝のことに対して、これは誤解されるんじゃないか、というほどに、遠慮なくスピーチするさまを見て、この人は大丈夫なんだろうか、と不安だったと言う。

「でも、ある脱原発のイベントではじめて会って、ああこれは全然本気でやっているんだなと、本当にびっくりしました。まだ議員になる前のことでした。いずれにしても、今の日本で特にああいう（芸能の）世界で育ってきたら、絶対自己保身というか、大人の作法を身につけているじゃないですか。たとえば私なんかは、何に反対したって何のリスクもないし、それが逆に仕事になっているようなところもある。なのに彼は、自分のそれまでの仕事すべてを失ってまで、やるわけです。そしてまったく冷笑的なところがない人。自分の言うことにいちいち照れないし、かつ、けっしてあきらめない。まっすぐすぎて、衝撃でした」

雨宮も右派から左派まで数多くの社会運動家との交流がある論客である。その彼女にとって、知らなかった問題に遭遇したときに、それを素直に受け止めて一から思考しようとする山本の真面目さは、新鮮だった。

「子どもの被曝について、例の20ミリシーベルト問題のとき、太郎さんは『国は福島の子どもを見捨てたんだ、もうこれはなにがあっても、自分が言い続けるしかない』って言っていたんです。あるとき私が、『棄民はそれだけじゃないよ。派遣切りもそうだし、原発事故由来の貧困や格差もあるよ。たとえば南相馬では、老いたお母さんを介護していた息子さんが急死して、介護を受けられなくなったお母さんが凍死した事件があるんだよ。近所の人たちは親子はこっそり自主避難したと思ってて、発見が遅れたんだよ』って言ったら、知らなかった、と、それはものすごく驚いて。そこから原発と貧困の問題が、彼の中で確かに繋がったようでした。

そのあと、彼が最初に選挙に出るって聞いたときは、さすがにちゃんとしたバックがいてお金もあるんだ、と思ったけど、じつはこの人、本当に何もないんだ、というのがわかってきた。そのときは当然のようにして落選して、ああやっぱりこの人は何も知らないんだ、ってことにはっきりと気がついたんです。それでこれはマジでヤバい、と思って、いろんな人を引き合わせたりしました。気がついたら巻き込まれているというか、逃げ遅れているというか（笑）」

志葉 玲のレクチャー

自衛隊を派兵したイラク戦争をテーマにした質問を構築しようとしたとき、雨宮は戦場を知るジャーナリストとして、山本に志葉玲を紹介している。志葉は自身のツイッター上で、「安保法制について法律や憲法の解釈も重要ではあるが、実際の戦争の現場に即した審議をすべきではないか」とずっと主張しており、共感した山本は、二〇一五年七月にレクチャーを受けたいと申し出た。国会内の面談室に来た志葉は言った。「質問は限られた時間ですから、私が見てきたことだけではなく、世界的な人権団体が出しているしっかりしたリポートの中から、エビデンスのある話を選んで追及したらどうですか？」

そして具体的な事例として、国連の人権委員会が「これは民間人の犠牲者が九割を占める非常に深刻な国際人道法違反である」と異例のアナウンスをした、米軍によるファルージャ総攻撃を挙げた。志葉はイラク報道に関わってきた人間として、米軍が非道を尽くす現場をさんざん見てきており、自衛隊がその片棒を担がされてしまうことを、最も恐れていた。

安倍首相は第一次政権のときに、航空自衛隊がイラクで輸送していたのは国連職員だと国会で発言していたが、質疑にもあるとおり、これは嘘で、実態は国連関係者は6パーセントで、ほとんどが米軍兵士であった。つまり日本政府は、このファルージャ攻撃を支援していたことになる。

志葉いわく、「これはとんでもないことで、人道復興支援をしていた、といけしゃあしゃあと嘘をついていただけでなく、ほとんどイラク戦争に参戦していたということです。民間人の虐殺に加担していた。イラク人に敵だと思われても仕方がないことを、国民を欺いてさせていたわけですよ。その安倍首相が、この法案が通ったところで、アメリカの戦争に巻き込まれることはない、と言ったって、そんなの絶対に信頼できるわけないじゃないですか」

志葉自身、二〇〇四年二月のファルージャでの取材中、銃を持ったイラク人に取り囲まれて「お前はどこから来た。日本人は自衛隊を送り込んで俺たちを殺すから、俺たちの敵だ！」と恫喝された経験がある。そのときはイラク人ガイドの機転で難を逃れたが、経済利権のあるサマワはともかく、米軍との衝突が激しい地域では「日本軍」は完全に敵視され、殺意を向けられることを肌で感じていた。志葉が空爆後にファルージャに入って瓦礫の跡をさらっていると、出てくるのは非戦闘員である子どもや女性の衣服ばかりであったという。

質疑で繰り返し出される「冬の兵士」のくだりにもあるように、大量破壊兵器が見つからずに長期戦で泥沼にはまり、交戦規定が緩くなってしまった米軍は、動くものはすべて、子どもでも、家畜すらも、攻撃していた。テロ組織のアルカイダはファルージャにはいなかったにもかかわらず、ほとんどの男は捕らえられ拷問にかけられていた。無辜の市民がテロリストと決め付けられて殺害され、その憤怒から民間人が銃を取って立ち上がり、武装闘争が激しくなるという悪循環だった。それら米軍の許されざる攻撃の現場を撮影し続けてきた志葉は、いくつもの写真を見せたが、その中で山本がとりわけ興味を持ったのが、救急車が攻撃され、黒こげになっている写真だった。乗っていた医師や患者がどうなったかは自明である。

「山本さんは非常に勉強熱心でした。米兵は病院も撃っていたわけですが、戦争犯罪とかジュネーブ条約については多くの国会議員の方も知らないのか、知らないふりをしているのか、問題にしないんですが、そこに食いついてきてくれたのは、現場を見ている者としては涙が出るほど嬉しかったんです」

山本は志葉に要請して国会質問の叩き台を作ってもらったが、上がってきたものを読んで思わず苦笑してしまった。

「志葉さんはイラク戦争の不当性と、国民に嘘をついていた安倍総理の欺瞞を追及する質問を、すごく論理立てていくつも書いてくれたのですが、必ず最後に『総理、謝ってください』と付け加えているんですね」

捕虜の人間性をまったく無視し、イスラム教徒にとっては禁忌である豚肉を無理やり食べさせたり、女性に対するレイプ、男性同士に同性愛行為を強制する拷問などあらん限りの虐待を尽くしたアブグレイブ収容所の取材までした志葉にとっては、執筆中にさまざまな情景が思い浮かび、その戦争に加担した安倍総理に対して「謝れ」という言葉が心の底から自然に湧き出てきた。

一方、山本は、「志葉さんは、現地の人の声も直接たくさん聞いているし、状況をつぶさに見てこられているわけですから、それは当然の気持ちだと思います。でもいきなりそう言ってしまうのは、相手の回答のハードルを上げてしまう」と考えていた。

イラク戦争に対する検証と総括は、アメリカですら二度にわたって行われており、大量破壊兵器保有の情報は間違っていたことを上院が認めている。しかし日本はといえば、外務省がA4の紙4枚のレポートを出したに過ぎず、答弁は本書に収められたとおりである。自衛隊の活動を拡大していくのであれば当然、過去の派兵についての総括は必ず行うべきものであるが、それがまったく成されていないまま、安保法制が通されようとしていた。

数少ないテレビ中継が入るさい、質疑を通して視聴者に知ってもらおうと思っていたひとつはまさにこの問題でもあった。質問は再構成され、七月三〇日、国会に山本の声が響きわたった。志葉が撮影した焼け焦げた救急車の写真は、パネルとなって登場した。途中、山本はアドリブで第一次安倍政権の二〇〇七年の一年間のあいだ、米軍が何回爆撃したかを首相に問うた。正解は本文にもあるように一四四七回であったが、安倍総理は答えられなかった。山本はこれに対し、「すみません。突然の質問」と謝りながら、質問の最後に「総理、総括する必要があるでしょう。あなた自身が」と突き詰めた。

テレビを凝視していた志葉はこの瞬間、数多くの亡くなったイラク人の友人たちの顔が思い浮かんだという。「まるで殺された彼らと一緒に、このやり取りを見ているような気持ちでした」

質疑前の攻防

「質問取り」というシステムがある。国会質問の前日までに当日は何を聞くのかということを、議員に各省庁の官僚が聞きに来るという制度である。これが何のためにあるのかというと、質疑当日、質問に対してその場で具体的な答えや数字が欲しい、と議員が考えているときに、ある程度前もって相手に内容を知らせておかないと、幅が広すぎて答えられない場合が出てくるからである。また各省庁からすれば、質問によっては、この段階で事前に解決してしまおうという狙いもある。役人にとっては当日に向けての予習という意味合いのやりとりであるが、今回の安保特別委員会での質疑が進むにつれ、山本に対しては、この質問取りに大人数の官僚が殺到するようになった。以前の東日本大震災復興及び原子力問題特別委員会において、東京電力の社長と一騎打ちになったときでさえ、事前に来たのは四人だけであったが、安保特別委員会での質問になると、三、四〇人が大挙して押しかけてくるようになったのである。元々重要法案のときになると過敏になって増える傾向があったが、何しろ山本は通告なしの本番で何を言い出すのかわからない。あらかじめその様子を数を頼んでチェックしておく必要がある、という内閣の警戒心の表れとも言えよう。

山本は当初、やって来た内閣府や防衛省の役人を前に、ごく軽い口調で話していた。「えーっとまずは『ミサイルが飛んでくるそうですけど、それはどこからですかね？』みたいな軽いやり取りがありますが、これはまあ、あくまでも導入ですから」「原発の話もしますが、そこではあまり時間を使いたくないんですよ」。しかし、毎回の国会質疑が重なっていくうちに、山本太郎が軽く「そこは問題ない、時間がない」と言っているところがどうも一番怪しい、と相手も勘ぐりはじめた。質問取り自体はけっして義務ではなく、議員側も「明日は憲法問題について聞きます、以上」程度で済ますことも可能である。しかし、山本の目的は一方的にスピーチをすることではなく、総理や大臣に答えさせたいデータや引き出したい言葉、さらには感情がある。事前に持ち帰って調べてもらいたい案件もある。

やがて、本来の前日の予習というよりは、まるで一種の駆け引きのようになっていった。テーブルがコの字型に設置された会議室に着席し、質問内容を詳細に書いた紙を広げていたら、秘書の近くに座っている官僚に覗かれてメモを取られていたことがあった。「おおっ」。それからは覗きにくいように席をずらし、質問も簡素な箇条書きに変えた。それでも盗み見をしようとしている人物を見つけると、山本はできるかぎり目を合わせ、「うん、そうですね」とにこやかに話しかけて、けん制した。場合によっては、あえてダミーの質問を加えておいたりもした。ただし、この質問取りのときは、けっして相手方に失礼な振る舞いをしないことを心に決めていた。

「この場に事務所のスタッフが入ると、政府側の人と激論になって、ついつい追及しすぎたりすることもありますが、僕はここではそれはしたくないんです。うちは人手不足だし、つねにバタバタしていますから、質問取りのためのスタート時刻が、どうしても遅くなりがちなんです。だから、遅くまで待ってくれていることへの申し訳ない気持ちもあるし、向こうの準備のために、手ぶらで帰ってもらうのも悪いですしね。そもそも、ここで対立しても仕方がないわけです。質問取りで事前に（質疑内容を）探らせようとしているのは、ここに来る人たちではなく、もっと上の人たちですから。だから極力、雰囲気は良くしたい、という気持ちがあります」。こんな山本の対応は、ときとして無言の交流を生んだ。質問取りではない通常のレクチャーの際であったが、議論していた経済産業省の官僚が、去り際にぽつりと「妻が原発に反対していて、山本さんのファンなんですよ」と言って帰っていったことがあった。

奨学金と経済的徴兵制

審議が続いていくと、質疑の際に提示するパネルや配付する資料などへのチェックも厳しくなった。これらについては、事前に理事会で承認されてはじめて、質疑中に提示・配布できる決まりになっている。

通常は、たとえば、「A議員から全部で一〇枚の資料が来ています。上三枚は防衛省が出した情報でほかは新聞記事です。問題ないですね？」というように流れていくのであるが、やはり山本に関しては何度もチェックが入り、自民党側からNGとして戻されたものがいくつかあった。

ひとつは、アメリカから取り寄せた公文書を基に作成されたものである。一九五九年三月に東京地方裁判所で出された「米軍の駐留は違憲」という判決が跳躍上告され、年末に開かれた最高裁で一転「合憲」とされてしまったいわゆる「砂川最高裁判決」は、アメリカの要求と指示によるものであったということを証明するパネル（九三頁）。水島朝穂早稲田大学教授のホームページから作成して提出したところ、「情報の出所がよくわからない」という理由で一度、却下された。しかし、そもそものソースは、当時の在日米国大使館から国務長官に向かって打たれた、れっきとした公電であり、米国国立公文書館で情報開示されたものである。何よりアメリカが認めているものであり、信頼するに十分足りる文書を取り下げさせようとした当の意図は、おのずと見えてくる。折衝の末、承認を受けた。これによって本書九一頁からの「集団的自衛権容認の根拠〈砂川事件〉の最高裁判決、どこからの指示ですか?」で提示することが可能になった。

そのほかにも、自衛隊沖縄地方協力本部の本部長が那覇、石垣、名護、浦添、糸満、うるまなど各市町村長宛に出した住民基本台帳閲覧申請の記録などである。この記録中、石垣市長宛に出された申請書に記された請求理由には、「自衛官等及び学生等の募集に際して適齢者を把握し、効率的に募集活動を実施する為」請求に関わる住民の範囲は「1平成四年四月二日から平成一〇年四月一日の間に生まれた男女　2平成一二年四月二日~平成一三年四月一日の間に生まれた男子」（年齢一七歳から二三歳）（年齢一四歳から一五歳）とある。

この閲覧で得た個人情報を基に、自衛隊員が中学三年生の自宅を戸別訪問して自衛隊の募集活動をしていたことが一目瞭然となる資料だが、「閲覧者の個人名と住所が特定されてしまう」という理由で却下された。しかし、これもマスキングをすれば良いだけの話であり、やはり政府としては見せたくないという意向が、逆に浮き彫りになっている。住民基本台帳閲覧申請の資料は「徴兵制、意に反する苦役。」(一三〇頁)で配布された。

山本にとって、この強引な自衛隊員リクルートは、「経済的徴兵制」に繋がるものとして看過できないものであった。発端は、すでに内閣委員会でも追及していた奨学金問題であった。独自に調べたところ、奨学金の貸付を事業とする日本学生支援機構の運営評議会委員であり経済同友会の前副代表幹事の前原金一氏が「奨学金の返済延滞者を教えてほしい。防衛省などでインターンシップをやってもらえば就職は良くなる」と二〇一四年の文科省の会議で発言していたことが判明したのだ。雨宮処凛が言う「けっして冷笑的にならない資質」がここで動いた。貧しい家庭を自己責任として突き放さない。

「奨学金の有利子化は一九九七年から増加傾向にありましたが、小泉政権が日本育英会を日本学生支援機構に変えてしまってから、奨学金は完全に学生に貸し付けるビジネスになっている。サラ金ですよ。そのビジネスに関わっている人がそういう延滞者の情報を防衛省に向けて出せないのか、って言ってるんですよ。家が貧しいけれどただ勉強をしたくて奨学金を借りた子が、最後は就職の選択肢をなくされて戦場に行かされる。これってすごく怖いことじゃないですか」

だから、「八重山毎日新聞」が自衛隊がピンポイントの戸別訪問で勧誘を行っているというスクープを抜いたときには、すぐに身体が反応した。タイミングよく、当事者からの連絡もあった。直接訪問してきた自衛官のリクルーターは、住民基本台帳から見られる

「氏名」「生年月日」「性別」「住所」の住民基本四情報だけではわからない情報を持って（「消防士を目指しているならうちとの併願でどうか」等）戸別に勧誘に来たという。質疑中、中谷元国務大臣に予告なしで「防衛省は個人情報四情報以外からも個人情報を収集しているのですか」という質問をぶつけた。中谷大臣はいつになくはっきりと、「しておりません」と返した。その返答の根拠に迫るだけの時間はなかったが、このことが今後、どれほどの問題を孕むものであるのか、それを知らせることが、大きな目的だった。

文子おばあの手紙とジャパン・ハンドラーズ

九月上旬を過ぎると、テレビ中継が行われている中で質問ができるのは、いよいよ次がラストか、という状況になってくる。その最後に、何の質問を持ってくるか、山本は悩んだ。

イスラエルへの武器輸出の問題、日米地位協定など、どれも優先順位のつけ難いものであるが、世界情勢についてはイラク戦争をテーマにして、これまでに少しは問を投げかけられたかもしれない。であれば、やはり沖縄・辺野古基地移転問題についてだろう。そう考えつつあるとき、沖縄選出の糸数慶子議員が、文子おばあこと島袋文子さんの手紙を持ってきてくれた。現在八六歳の文子おばあは、一五歳のときに沖縄戦を体験し、全身を火炎放射器に焼かれて大やけどを負っている。そのときの断腸の思いが、今も辺野古での座り込みに毎日向かわせている。

手紙は安倍総理に向けて文子おばあが出したものであった。基地建設反対への気持ちが切々と伝わるもので、一読して心を打たれたが、総理に届かずに留め置かれているという。

それを聞いた当初、おばあの切実な肉声が伝わる手紙を、当日の審議資料として出すことをあらかじめ示しておこうと考えた。しかし、事前に出しておいても、総理はおそらく読まないであろう。読んだとしても目を通すだけで、質疑の本質には入って来ないのは目に見えている。それならばやり方を変えて、手紙を中心にして議論はできないか。安倍総理自身、手紙を使ったスピーチや答弁をよく多用する。「難病患者の方から、あるいは子育てに悩んでいるお母さんからこんな手紙を頂いた」ということから、その場で手紙を読み、その後、主張を始める手法である。ならば同じように国民からの手紙ということで、国会質疑の中で読んでもらおう。事前に資料としてさらりと提出はしておくが、狙いは当日、「総理、今ここで読んでください。手紙はここにありますから」と迫るためであった。初見で読めない漢字があるときの恥ずかしさは山本にもよくわかっているため、総理に差し出す手紙のコピーにあるすべての漢字にルビを振り、準備した。

そんな当日の段取りを事前に気取られてはいけないので、このときの質問取りにはいくつかのダミーの質問を混ぜ、手紙についてはあえてひとことも触れなかった。それでも事前の資料チェックのさいに、やはり引っかかった。この手紙は総理への私信であり、それを公開するのは承認できない、という理由だった。しかし手紙を出した文子おばあ自身が了承しており、糸数議員もすでに過去、外交防衛委員会で紹介している。その議事録にも残っているということで、なんとかクリアーした。

二〇一四年九月一四日。質疑の時間のカウントの仕方は、質問者と答弁者の時間を合計する往復方式と質問者の費やした時間だけを数える片道方式があるが、この日の質疑は片道方式だった。じつは山本はこの方式が苦手だった。相手に余計な時間稼ぎをされないという点では良いシステムと言えるだろうが、視聴者にも質問の根拠を伝えるべく、そこに至る経緯や状況を相手とのやり取りで説明するという山本のスタイルは、自分の時間だけが削られていくことに繋がるのだ。

冒頭、「米軍による広島、長崎への原爆投下は戦争犯罪です。総理、お答えください。違いますか、これ」という質問をぶつけた。議事を進行していた鴻池議長が後に、「あの質問に答えられないのが保守の堕落や」と記者団に向けて山本の質問を称賛したという幕開けだった。

質疑が進んだ。山本は文子おばあの手紙の存在を確認し、「総理、今ここで読んでください」と切り出した。しかし、とたんにその議長に制止された。「すでに手元に渡っているものを読めというのは道理ではない」ということだった。山本はこう振り返る。

「あのときは手紙を入り口に、日米地位協定、行政協定の話まで持っていくつもりでした。アメリカの戦争犯罪を頭にもってきたのはその伏線でした。(ジャパン・ハンドラーズの)マイケル・アマコストやリチャード・アーミテージの話もしましたが、さらに一歩突っ込んで(米国国立公文書館から出してきた)公文書にある戦後のアメリカによる日本の統治のされ方、要は自民党と社会党の右派に資金を提供して社会党を分断させて民社党を結党させていたことなんかを突っ込んで、最後に総理に『おじいさん(岸信介)もアメリカのエージェントだったんではないか?』という質問もしたかったんです。それを削除したのは時間的な理由もあったけれど、現政権に関わることは、公文書館も出さないいんですね。この公文書に詳しい日本の方々にもお話を伺ったりとかしながら準備していたんですけど、あと一歩のところが摑めなかった。最後の決め手がなければ、ドラマとしては一見、面白いでしょうけど、結局トンデモ質問にされてしまう。だから今回は、止めたんです」

水上弁護士が言う。

「ジャパン・ハンドラーズについては、多くの人がじつはすでに知っていても、まあそれはタブーだよね、ということで誰も言えなかったことを、山本議員がはじめて国会で言及した。このときはさすがに本当に殺されてしまうんじゃないか、と心配しました。私もよく『勇気がありますね』と言っていただくことがありますが、山本さんに比べたら、まだまだ何もしていないですよ」

自身もかつては議員を務めていた、政策秘書のはたともこは、「山本は孤立をまったく恐れていないんですね。二〇一五年七月から、難病患者に対して国が支援する幅が広がったんです。つまりは難病指定の幅、疾患の対象が広がったんですが、限られた予算の中でそれをやるわけですから、たとえばある補助器具がないと呼吸ができなくなってしまう難病の方も、自己負担が増えてしまうんです。空気を吸うだけでお金が必要になるなんて凄い、それはおかしいだろう、というその一点で、この法案の採決のとき、全国会議員の中で、彼ひとりだけが反対したんです。難病の指定が五六から三〇〇に増えるんだから、いいことじゃないか、どうして反対するんだ、また目立ちたいのか、とこのときもさんざん言われましたが、本人の中では、呼吸するのに金がかかる、そんなのあり得ないだろう、ということで、反対の理由があるんです。どんな負担をどんな人が負うのか、そしてその結果どうなるのか、とか、負担を負う人が少ないんだからいいってわけじゃない、と山本は考えるんです。そこはゆずらない。

自分のセンサーに引っかかると、納得するまで国会図書館や関係省庁などに徹底的に資料を要求して調べるし、誰かが言ったからではなく、自分の主張に自信が出来るまで止めない。後ろだてもないし、しがらみがないからできるんだろうと言われますが、そばで見ていても凄い勢いで議員として成長していったと思います」

誰のための政治か

二〇一五年九月一七日の強行採決を経て、翌一八日、参議院本会議の日を迎えた。

その前日、秘書の後藤一輝は、山本から「明日、牛歩をやるから」と事務所で突然告げられ、息を呑んだ。「地獄っすね……」と思わず本音が口から漏れた。

なぜ山本太郎の秘書を務めるのかという質問に、後藤は、「だってほかにいないからですよ」「まだパフォーマンスじゃないかと疑っていますよ」「選挙を成り行きで応援してたら、逃げ遅れたんです。気がついたらこんな状況に」と、シニカルな答えを返して来るような、自分が付いている議員だからと言ってけっして無批判に持ち上げるような性格ではない。その後藤が、「今の雰囲気の議場で牛歩なんかしたら、罵詈雑言の物凄い修羅場になるに決まっている。野党も絶対に誰もやらないぞ。それでもこの人は支持してくれる人を裏切らずに最後までやり切ろうとしている」と、このときばかりは思わず感じ入ったという。最初の選挙のときにボランティアで入ったもうひとりの秘書、辻佳奈子も同じ思いだった。

決議のたびに、国会内は緊迫した空気が全体を支配し、殺気立っていた。五回目の牛歩は安保法案の決議においてであり、周りがどうあろうと、山本が一人でもそれを行おうと思った理由は、「安倍総理は、今年の五月にすでに国民を無視して、勝手にアメリカと法案の約束をして来ていたわけですよ。その通りに、今回法案を成立させて、意気揚々とニューヨークにお土産としてそれを持っていこうとしたわけでしょう。僕はたとえ六〇日ルールで成立したとしても、なんとか手ぶらで行かせたかった。そうなればアメリカに対するメッセージにもなるじゃないですか。国会の外（で反対集会をしている市民たち）の声も聞こえていましたしね」

野党もあきらめた時間切れを狙うこの牛歩作戦は、圧倒的な多数の前では一方的にサンドバッグにされることはわかりきっていた。事実、中継では聞き取りにくいものの、山本が牛歩を始めるや、筆舌に尽くしがたいヤジ、罵倒が毎回、議場中に飛びかった。傍聴席で見ていた雨宮によれば、「これが本当に一国の立法府かと思うほどに、下品で粗野な言葉が降り注いでいました。山本さんは2ちゃんねるのヘイトが音声化されたようなものを毎回、全身で浴びていました。ＰＴＳＤになってもおかしくない。その場にいた私のほうが、深く傷つくほどでした」

「なんだよそれ」「馬鹿じゃねえのか」「いつまでやってんだよ」「いい加減にしろよ」「無駄だろそれ」「そうまでして目立ちたいのかよ」「メロリンＱ（当時高校生だった山本のテレビデビューとなったダンス）は高校で終わってんだよ」……。

山本はこんな罵声の嵐からどう身を守ったのか。「汚い言葉でしたけど、それを聞かないという選択はしたくないんですよ。だってもったいないじゃないですか、それが自分への言葉なら。でも牛歩をやるたびに五、六分は攻撃に晒されますから、すべてを全身で受け止めてしまうと、さすがに心の傷が深くなるので、一応聞きながらも、『ほーっ、参議院の壁にはこんな彫り物があるんですなあ』と、ときに視線を変えたりして心を保っていました」

名前を読み上げられてから投票までが牛歩である。決議は全部で五回あり、投票と投票の間にはいったん事務所に帰ってくることになる。三回目が終わったとき、次はヤジを飛ばした議員のところに話を聞きに行くのはどうか、という意見がスタッフから出た。つまり、「え、何ですか？ 今、何か私に言いましたよね、何をおっしゃりたいんですか？」とヤジを飛ばした議員の席に行って時間を稼ぐ、という作戦である。もしそれを議長に注意されたら、「いえ、私は投票したいんですが、話しかけて来られるので」と言って時間を稼ぐのはどうか。

「よし、それで行こう」。意を決して、四回目の牛歩に臨んだ。すると一転して議場は静かになっていた。なかなか折れない山本のしつこさと、おそらくあまりに汚い怒声は、与党の印象としてマイナスになるだろう、という危惧からか、「無視をする」と戦術に切り替えたようだった。「無視、無視」という声が確かに耳に入った。

一方で、野党側からは、「応援してるよ」「一緒にやれなくてごめんね」という声がぽちぽちと聞こえ始めてきた。

そして最後の五回目を歩いたとき、社民党の又市征治議員が「山本さん、上で演説しちゃえばいいじゃない」と声をかけてくれた。「ああ、そうや」と思った。牛歩が長くなれば議長から残り時間を示されるから、その時間は担保されている。

壇上に上がった。何も言葉は用意していなかったが、自然に言葉が口から出てきた。いつも冷静さに努めていたが、このときばかりは言うべきことを言おうと思い、感情に抗わなかった。議場を埋めたたくさんの議員に対してだった。おかしいと思っていることになぜ動かないのか。ミュージカルや舞台の経験もある普段の山本なら、議場の壁の位置をよく見て、声のはね返りを計算して発声の方向を決めるが、そんな余裕も計算も、このときばかりはまったくなかった。

「ポジションが欲しいか、組織票が欲しいか、誰のために政治をやっている」

なにを言い出すのか、と出だしで一瞬、議場は静まったが、ここまで来て、再び大音量の罵声が覆いかぶさって来た。

そして、これから

二か月後の一一月、イスラム国によるパリ市街へのテロの直後、今の気持ち、そして今後のことを聞いた。何を目標にして政治に関わるのか、そしてこれから、どういう戦略を考えているのか。

「まず安倍総理には、余計なことを言わないでほしい、と。敵を煽ってしまうような不用意な言葉が、これからの日本へのテロのリスクを高めることにつながるわけですから、どうか静かにしていてほしい、と祈る気持ちです。……それから、なにを目標に、ということですよね」

数秒静かに考えたのち、山本はこう言った。

「一番は、あなたは生まれてきただけで価値があるんですよ、と思わせてくれるような社会を作りたいということですかね。当たり前のことだと思うんですけれど、生まれてきてよかった、とみんなが思えるのがいい。そのためには、私という存在が認められなければいけないし、あなたという存在を認めたいんだ、と。

役者をやめてこの世界に飛び込んできてから、たくさんの人のお話を聞かせていただいてきましたが、価値がない人間、切り捨てられていい人なんて、ひとりもいません。そんなの決まってるじゃないですか。僕はずーっと周りから浮き続けてきた人生だし、窮屈な慣例や風習に押し込められて生きることの辛さもずっと感じてきたし、見てきたし、よくわかるんです。今も、ここにいても、それは変わらない。僕自身が居心地が悪いし、とても生きづらい。

僕は国会を密かに「学校」って呼んでます。今日も先輩にイジメられるな～とか、今日は学校、休みたいなと思う日もある。人間ですから。

永田町って、実社会とかけ離れた場所と思われがちだけど、社会の縮図なんです。自由に表現する枠がなかっただけ。嫌な部分がたくさんあるからって、休むわけにはいきません。たくさん学校で学ばせてもらって、自分自身がバージョンアップしていかないと。だから誰かのため、と言うんじゃなくて、自分自身のためなんです。それに、今より成長しなきゃ、みなさんの役に立てませんから。でもそんなふうに一人で思ってるだけじゃ、ただの夢なんです、ただの寝言なんですよね。だからそれと並行して、自分がそこで手に入れたものを国会外にも直で伝えて、急速に、そしてしっかりと横に繋がっていかないと。

政府側の嘘はどんどん露骨になってきていますが、それを一から説明するには、どうしても時間がかかってしまう。だから遠回りのようでも、地道に話をしていくしかないんですね。全国を歩いて小さな集会を開いて、あなたに、私に不都合なルール変更が山ほど行われている、それはたぶん、これからもっとひどくなる。だからそれは変えていきませんか、って。シンプルなことなんです。やったことないかもしれないけど、一緒にやってみましょうよ、と。政治に関心がなくても、政治はあなたの生活や人生を決めてくる。じゃあどうしたらいいのか、と。政治にあなたの意見を代弁してくれる人を送り込んで、変えていくしかないんです。

役者はまたやりたいんですけどね。笠智衆みたいな、味わいがあって言葉少ない老人の役とかね（笑）。でも今はまだできないです。あまりに政治がひどすぎますから。いつになるかわからないけれど、少しはマシになったときには」

（きむら・ゆきひこ　ジャーナリスト）

解説 3

政治は山本太郎の天職である

小林 節

私の常識を超えていた山本太郎

「政治」を対象とした法学である「憲法学」を生業《なりわい》とする私は、既に何十年もの間、政治を見詰めて来た。その結果、いくつかの前提を立てて政治を観察するようになっていた。それらの前提を「常識」と呼んでも良い。

そのひとつに、私は、現代の高度文明の時代に国家や世界というレヴェルで利害の調整を行いながら最大多数の最大幸福を目指す政治を司る者は一定以上の教養がなければならない……と確信している。それなしには、政治家は、特定の部分利益に過ぎないものをあたかも全体の公益であるかのように言い繕う悪徳官僚やロビーストに謀られて判断を誤ってしまうことになる。

だからこそ、わが国の政界の中心地である国会における第一学閥は東京大学である。学力試験によって登用される官僚の世界(霞が関)の第一学閥が東大であることは当然で驚くべきことではない。しかし、全国各地から「人気投票」で選ばれて来た人々の出身大学が結果的に東京大学に集中していることは、やはり、政治の本質を考える上で示唆に富むと私は考えて来た。

だから、私は、若い時代に明らかに勉学に励んだとは思えないいわゆる「世襲」議員が恥ずかしげもなく部分利益の代言人に成り下がっている姿を苦々しく思って来た。そういう教養がないと思われる議員たちの失言がギャグのネタになっているのも周知の事実である。

そういう前提に立っていた私は、高校中退の俳優である山本太郎が国会議員に当選したと知った時に、あまり期待はしなかったし、そもそも関心が湧かなかった。

ところが、その後の山本太郎という政治家の言動を知り、私は、彼に、大きな関心と期待を抱くようになった。

本書を通読すれば誰でも気付くはずであるが、彼には、深い思索に裏付けられた「教養」と呼ぶべきものがある。

そういう意味で、山本太郎という四〇代の若者は、明らかに私の常識を超えていた。

私が初対面で言わせてもらったこと

とは言え、今では山本太郎の友人だと言って憚《はばか》らない私も、初対面の時に、ふたつの苦言だけは言わせてもらった。

第一が、天皇陛下を政治に巻き込もうとしてはいけない……ということである。「反原発」という山本太郎の止むに止まれぬ思いは正しいし、私もそれを共有する。しかし、だからといってそれを天皇に直訴する行為は、現行憲法下の象徴天皇制とは相容れない。天皇陛下には政治から超然としていていただかなければならない。それが現行憲法上の原則である。

山本太郎君のあの行為は、右翼から見れば不敬で、左翼から見れば馬鹿馬鹿しいものだった。

第二が、小沢一郎氏と結成した政党の名称が非常識だ……ということである。

現に国会最長老である小沢一郎代議士が、さまざまな合従連衡《がっしょうれんこう》の結果、自党が政党要件を失いかけた際に、あえて辞を低くして山本太郎に合流話を提案して来たのであろう。

それは、無所属であった彼にもさまざまな利益をもたらすはずのものである。それを「調子に乗った」かのように、党名を「生活の党と山本太郎となかまたち」とするように要求したとは、私は、「図々しい」と言うか「品がない」と思ったので、彼の目を見て、そのように言ってやった。

山本太郎君と以前から友人であったなら、私はこれらふたつの過失を行わせないように事前に動いたと思う。しかし、既に起きてしまったことは仕方ないとしても、彼に二度と同質の過ちを犯させたくなかったので、私はあえてそのことを言った。

彼は、とても素直な表情で頷きながらそれを聞いていた。

その時、私は、その初対面の前に電話で会話した際に彼が「俺(オレ)、馬鹿(バカ)ですから、教えて下さい」と言ったことを思い出していた。

それから二人で寿司屋のカウンターで酒を飲んだのだが、とても楽しい酒であった。

私の経験上、このように素直な人材はどこまでも成長するものである。

山本太郎は礼儀正しい

私は、子供の頃に、親から「言うべき時に即『ありがとう』と『ごめんなさい』が言える人になりなさい」と言われて育てられた。その後、教師になり親になり、私自身もそのように言いながら若者を育てている。

その点で、山本太郎君は素直に育った礼儀正しい青年である。

同時に彼は、純で素直な人物なので、物事の本質が見えてしまうようで、あの強行採決で「自由民主党」が死んだという認識は正鵠《せいこく》を得ていると思う。そこで、礼儀正しい彼は、本会議場で弔問の姿勢をとった。ところが、それはズバリ自民党の悪事の本質を突いていたために、かえって相手の逆鱗に触れてしまった。そこで、絶対的多数に驕った与党が議長を通して彼に厳重に注意を与えた。

もしも私が太郎君の立場であったならば、表現の自由と思想、良心の自由を盾に反論し、その故に、事態は更に紛糾したはずである。

ところが、礼儀正しい太郎君は、あれだけ見事に「憎たらしい」パフォーマンスをしておきながら、今度は礼儀正しく注意を受け、それでその一件を落着にしてしまった。

本書の中でも随所に出て来るが、太郎君は自民党の悪政の本質を沢山ズバリ言い当てている。例えば、今回強行可決された戦争法はわが国の発案ではなくアメリカの要求（ご命令？）に従ったものであるとか、戦争法に基づく海外派兵でかえってわが国の専守防衛が手薄になるとか、悪事の張本人である自民党にとっては聞くに堪えない事を多々、議場で口にしている。

当然、与党側からの失礼な野次も沢山飛んで来る。それでも太郎君は、平然と「ありがとうございました」と一言入れて話を先に進めてしまう。実に見事である。

記録で読む限り、山本太郎は、強大な与党にとっては最も「無礼」で「憎たらしい」議員で、しかも弱小政党の一員である。

にもかかわらず、彼は、言いたい事は全部言い切りながら、辞を低く、礼儀正しく、国会の中を罷《まか》り通っている。

面白くて目が離せない男である。

山本太郎は正しい

本書を通読してみれば明らかだが、山本太郎議員の発言は「常に」正しい。

弾道ミサイルの脅威を盾に戦争法の制定を急いでおりながら原子炉近くにミサイルが着弾することを想定していない首相に、山本は「総理、国民の生命、財産、幸福追求権（を）本気で守る気、あるんですか？」と問うた。

イラクにおける「国連その他の人道復興支援および物資の輸送」を目的に派遣した航空自衛隊が米軍の攻撃部隊を送迎していたことと、その米軍が誤って民間人を殺戮してしまったことは既に公知の事実であるが、当時は小泉政権の要人であった首相に、山本は「当時、米軍に『やめろ』と言えたんですか？　この先、『やめろ』と言えるんですか？」と問うた。

戦争法が（「アーミテージ・ナイ・リポート」に明記されているように）米国からの要請に応えたことも公知の事実であるが、永田町では誰もそれに論及しない。そこで山本は、「憲法を踏みにじり、国民生活を破壊してでもアメリカの要請に全力で取り組もうとするのはなぜですか？」と議場で言い放った。

現行憲法上、わが国は明文で国家としての交戦権の行使が禁じられている（九条二項）。そのために、今回成立した戦争法でも、海外派遣された自衛官は、携行している武器を国家（具体的には隊長）の命令によってではなく「隊員各個人の責任において使用する」ことになっている。だから、武器を誤用した場合にはその個人が「国外犯」として処罰される。この理不尽な法制度に対して、山本は「（この）新設される『国外犯処罰規定』で自衛隊入隊希望者、激減しませんか？　そしたら専守防衛（つまり自国の防衛）、どうなりますか？」と問うた。

自衛隊は、本来、海外派兵を禁じた憲法の下で国内で専守防衛を行うために警察予備隊（いわば「第二警察」）として創設された。それが今回、海外における米軍支援に任務が拡大されてしまった。これは明白に勤務条件の不利益変更である。そこで山本は、「自衛隊員全員に、服務の宣誓、取り直すんですね？」と問うた。

政府側からまともな答弁は返って来なかった。山本太郎の完勝である。見事！

政治は山本太郎の天職である

言うまでもないことであるが、政治の使命は主権者国民大衆の幸福を増大させていくことである。そして、幸福の条件は自由と豊かさと平和である。

こう考えてくると、安倍政権の政治は、むしろ政治の使命に逆行しており、最低である。つまり、特定秘密保護法の制定は、政治の過失を「永遠に」主権者国民に知らせないことができる、主権者国民の知る権利を否定するものである。安倍総理が意見の異なる人物に対してしばしば用いる「不公平なレッテル貼り」という言葉と、その首相の気持ちを付度《そんたく》する人々が反対意見の人々を「不公平な発言」だと攻撃して次々と黙らせていく風潮は、民主主義の不可欠な前提である言論の多様性つまり自由な社会を崩壊させつつある。また、TPPの先に見える光景は、日本の食料生産能力の殲滅《せんめつ》と、日本の市場をアメリカに明け渡すことに等しく、いずれ着実にこの国の富が失われていく。更に、今回制定された戦争法は、戦後七〇年間も平和を享受してきたわが国を、自ら海外における米国の戦争に参加させ、その当然の効果として、イスラム・グループによるテロをわが国に招き入れることになる。加えて、いずれわが国も米国に続いて戦費破産に至ることになる。

だから、今、絶好調に見える安倍政権は、実は、本来の政治の使命に逆行する最悪の政治である。

それが許されてしまうのは、長期政権の下で世襲貴族化した与党の「族議員」たちと、それと癒着した官僚たちと業界団体が、国民全体の利益よりも自分たちの「部分利益」を優先する政治が常態化してしまっているからである。

今、ここを突破する健全な政治勢力の出現が急務であるが、野党の現状は必ずしも希望の持てる状態ではない。それは、かつて与党を経験したことのある野党議員の中には既に族議員化してしまっている者も多く、彼らは既得権益に切り込むことができない。また、長年の野党暮らしの中で、いつの間にか専業野党議員になってしまっている（つまり、野党議員であることが目的化してしまっている）者も多く、そこからは力が出て来ようがない。

その点で、山本太郎には、しがらみのない立場があり、素直な観察力があり、他者をこちらに向かせる力があり、見事な表現力があり、そして、何よりも理不尽を見逃さず怒る力「正義感」がある。政治は彼の天職である。

（こばやし・せつ　憲法学者）

4

（付）

1　2015.12.10 内閣委員会・閉会中審査

2　2015.12.11 東日本大震災復興及び原子力問題特別委員会

3　第185回国会～189回国会における質疑テーマ

付1

2015.12.10

内閣委員会・閉会中審査

山本太郎君　生活の党と山本太郎となかまたち共同代表山本太郎です。よろしくお願いいします。

本日の内閣委員会は閉会中審査。その理由はもう皆さん御存じのとおりだと思うんですけれども、もうさんざんそのことで、与党側の方々はもうその話いいよというふうに思われているかもしれないんですけれども、私にも言わさせてください。

本来なら開かれるべき臨時国会を安倍政権が開く気がないからということですよね。その理由、本日が閉会中審査という理由はですね、憲法五三条で、衆参それぞれ四分の一以上の議員による臨時国会召集要求が出たにもかかわらず、安倍内閣は臨時国会召集を決定しないと。野党五党による臨時国会召集要求書が提出されたのが一〇月二一日、本日は一二月の一〇日、野党からの要求があって五〇日が経過したと、五〇日ですね。

二〇一二年、自民党、これ自らが作った日本国憲法改正草案には、要求があった日から二〇日以内に臨時国会が召集されなければならないとわざわざ書いているんですね。すごいですよね、この二〇日以内にって、もうすごく前向き。だけど、これ、言っていることとやっていること全く逆じゃないかと。野党から要求があって本日で五〇日もたちますが、現在も国会は閉じたままと。

これ、自民党の改憲草案がでたらめなものであると自分たちで宣言しているのに等しいと思うんですよ。このまま臨時国会を召集せず、来年一月まで臨時国会が開かれない場合は、これ憲法違反ですよね。明確に憲法五三条違反であるだけでなく、もちろん憲法九九条にも違反しているだろうと、憲法尊重擁護義務違反でもあると。

これ、国会に入ったばっかりのとき、その後も続くんですけれども、山本太郎、私に対して尊敬する与党側の諸先輩方、本当に口が酸っぱくなるほどおっしゃってくださったんです、このように、ルールを守れと。国会議員が守らなければならない最高法規である憲法をことごとく無視する政権に対して、山本太郎にさんざん御注意くださった先輩方、是非今こそ、憲法違反の詰め合わせセットのような安倍政権に国会を開けとお説教していただきたいんです。これだけ憲法違反を当たり前のように繰り返すという姿は、もうもはや国民の代理人とは呼べないじゃないかと、これもうただの独裁者ですよ、守らなきゃいけないものを守らないんだもん。

本当にこいついつまでしゃべるんだ一人でと、心の中で皆さん思われているかもしれないですけれども、お待たせいたしました、政治家河野太郎さんにお伺いしたいんです。

恐らくこれ、大臣としてとかだったらいろんなお話ができなくなるかもしれないので、政治家河野太郎さんとしてお答えいただけたらと思うんですけれども、将来、河野太郎政権、内閣総理大臣になられたときに、将来的にですね、今回のようなケース、今回のような場合、憲法の規定にのっとって臨時国会召集していただけますよね、いかがでしょうか。

国務大臣（河野太郎君） 憲法六六条三項は、内閣は連帯をして国会に対して責任を取ると規定がございますので、この場で政治家個人としての発言は、これはできないんだろうと思います。

どういうわけだか、最近、総理になったらこういうことをやれといろんな方からいろいろ言われておりますので、一つ一つお答えがなかなかしにくいものですから、そういうものは全部まとめて今は受け止めさせていただいて、総理になったらきちっとお答えをさせていただきたいと思います。

山本太郎君 ありがとうございます。

本当に、それだけ皆さんから、総理になったらこういうことをやってほしいと言われるぐらい待望論というのが出ていることなのかなと思います。

配付資料の一になります。**（資料提示／1）** パネルも同じものが用意されているんですけれども、あれ、イケメンが二人写っているなと思われた先生方もいらっしゃると思うんですけれども、これはちょうど四年前になるんですけれども、河野大臣と私が雑誌フライデー等において太郎対太郎というような感じで対談をさせて

2011 年 09 月 30 日　現代ビジネス　特別対談　河野太郎 × 山本太郎「原発に買われた政界と芸能界」記事より写真抜粋

2015 年 12 月 10 日　参議院内閣委員会　　生活の党と山本太郎となかまたち：山本太郎　＜山本太郎事務室作成＞

いただいたときのものなんですね。

まさかこの頃、あの頃ですよね、私が参議院の内閣委員会で河野大臣に直接質問する日が来るとは夢にも思わなかったんですけれども、現在、河野大臣が大臣になられたと。それによって、私も読んでおりましたけれども、ブログ、過去記事が見れなくなったということで、これは裏切りだろうとかというような声が上がったということも聞かれるんですけれども、私としましては、河野太郎さんは四年前と変わりなく、一般の方々の声にもちゃんと耳を傾ける政治家であると信じております。

今回質問するに当たりまして、河野大臣の所管事項の説明などを受けたんですけれども、非常にたくさんの担当をなさっていると。もう本当に寝る暇あるのかなと心配するぐらいです。その中からざっくりといくつか質問をしていきたいと思うんですけれども、まずTPPについてです。

河野大臣は、消費者及び食品安全担当大臣です。一〇月七日の大臣就任の記者会見でも、初当選、初めて政治家になられたときのことですかね、一番最初に手掛けた問題が遺伝子組換え食品の表示問題だったと、今の岸田大臣と一緒にやったんだというお話をされていました。この遺伝子組換え食品の表示問題ということに関しましては、その翌々日、一〇月九日の記者会見でも発言をされていると思うんですけれども。

このTPPでは、河野大臣が取り組まれた遺伝子組換え食品の表示や、原産地表示の規制、またポストハーベスト、収穫後農薬、残留農薬、家畜への成長ホルモン投与等の規制について、現在の日本の法令を変更する必要はないと、これTPP発効した後も関係ないんだと、緩める必要はないんだと政府は説明していると思うんですね。ということは、TPP発効後に遺伝子組換え食品や原産地の表示の規制、ポストハーベストや残留農薬、家畜への成長ホルモン投与等の規制を現在の基準よりも厳しくするということも可能なんですよね。規制を強化することも当然もちろん可能であるということですよね、これは。

昨日、説明を受けたときには、内外無差別原則に反しない限りは可能であると。TPPといえば規制緩和をずっとしていくのかと思いきや、その逆、それもあり得るんだと。逆に規制、厳しくしていくことも可能なんだということを確認したんですけれども、それでよろしいんですかね。

政府参考人（澁谷和久君） お答え申し上げます。

TPP協定の第八章がTBT、貿易の技術的障害というチャプター、章でございますが、これはWTOのTBT協定を基本的に踏襲した、準拠したものでございます。WTOでもTPPにおいても全く同様でございますが、このTBTという考え方は、各国の様々な規格、規制が貿易相手国によって差別的に適用されてはいけないこと、また、正当な目的がなく貿易上の不必要な障害をもたらす目的で作られてはいけないということでございます。

正当な目的の中には、国家の安全上の必要に加え、人の健康、安全の保護といったようなものが明記されているところでございまして、規格がこうした正当な目的のために制定されている限り障害となるものではありませんし、新たな規制を導入することにつきましても、正当な目的で制定されている限り問題になるということはございません。

国務大臣（河野太郎君） せっかくのお尋ねでございますので、遺伝子組換え食品の表示に関しては、政府の当初の予定では少し先にこの表示の改正の議論をしようということになっておりましたが、私の方から少しそれを前倒しをしようということで、できれば来年度から少しそれに関する調査を始めたいというふうに思っております。調査でいろんなことを調べた上で実際にいろんな議論をスタートさせていただきたいと思っております。

山本太郎君 ありがとうございます。

本日は国家公安委員長としての御出席なので、この食品表示に関しての質問は、答えるというのは前例がないということで直接のお答えはいただけないと思っていたんですけれども、そのように、元々先延ばしにしようとしていたものを御自身で早く取り組むということをされたというお話なんですね。ありがとうございます。

とにかく、規制を厳しくしていくことも可能だということが確認されたと思います。

この問題に関心を持たれて、大変造詣が深いということで、本当に国民の健康、安全を守るためには食べるものってすごく重要だと思うので、本当にそこを死守していただきたいというふうに思います。

続きまして、河野大臣に、国家公安委員長として、テロ対策についてお伺いしたいと思います。

私は、安倍総理のここ一年、二年ぐらいの間の発言だったりとか行動だったり、そして政策だったりというものが、日本、我が国、そして及び日本人であることに対するテロのリスクというのが格段に高まったんじゃないかと思うんですね。国内においてテロの標的にされる可能性もあるだろうと。核施設があると思うんです。日本列島を取り囲んでいるのが我が国の現状ですから、有事を視野に入れた原発のテロ対策、これも河野大臣の大変重要な任務だと思うんですけれども、いかがでしょうか。

国務大臣（河野太郎君） 原子力発電所に対するテロは、これはもし現実化すれば甚大な被害を国民生活及び経済に及ぼすことになると思いますので、これを未然に防止するというのは警察としても非常に重要だというふうに思っております。警察はもちろんその対応をしておりますし、関係省庁及び電力会社、事業者とも緊密に連携をして、これが起きないようしっかりやってまいりたいと思います。

山本太郎君 ありがとうございます。

どのように対処されるかなどのもうちょっと細かいお話が聞けるとな、と思うんですけれども。

国務大臣（河野太郎君） まず、こうしたテロ対策は情報収集が一番大事でございます。テロ情報を早期に集めるということがまず肝要でございますが、そのほかに、今、全国の原子力発電所にサブマシンガンやライフル銃、あるいは耐爆、耐弾、爆弾や弾に耐える仕様となっている車両を装備した銃器対策部隊というのを、これは警察の方で二四時間警戒警備に当たらせております。

また、原子炉等規制法に基づいて、原子力規制庁と連携をして、原子力発電所への立入検査などを積極的に実施して、事業者による防護体制というものをきちんと強化してもらうよう促進をしているところでございます。

山本太郎君 ありがとうございます。

先ほど、藤本先生の方からも、要は警備が薄いところが狙われるんじゃないかというお話が、実際にそういうものがイーグル・サミットでもあったんだというお話があったと思います。

今のお話で、原発の敷地内というものに関しての警備というものに関してはある程度守りを固めていっている状況なのかなということは分かると思うんですけれども、資料、次の資料を見ていただきたいんですけれども、このパネル、資料（**2**）は、一一月二二日に南ウクライナで発生したクリミアへの送電塔爆破、送電線破壊活動によるクリミア大規模停電の影響で、ウクライナ南

外務省提供資料をもとに山本太郎事務所加工・作成

部のサポリッジャ原発と南ウクライナ原発が外部電源喪失に陥るのではないかと心配された、もう皆さん御存じですよね、送電線テロについて、送電線爆破現場と原発との位置関係を表したもの、これ外務省資料を基に事務所で作成していただきました。原発から150キロ離れたところや230キロ離れたところが爆破されていったと。これ、放射性物質の漏れ出しはなかったとの報告があるんですけれども、恐らくその手前に火力発電所とかがあったということで、外部電源喪失ということにはならなかったのかなと。

でも、考えてみますと、我が国にはもう日本列島を取り囲むように原発が山のようにありますから、その送電線までも狙われるということになってしまえば、これ昨日お聞きしたときには、原発の敷地外はそれぞれの管轄されている警察が守っているというお話を聞いたんですけど、これ守り切れるのかという話だと思うんですよ。これ、無理な話じゃないですかって、送電線まで狙われてって。

それぞれの原発敷地、原発、そのサイトを守るということが可能になったとしても、そのほかの部分が守られなきゃいけないと。これ、ある意味もうほとんど不可能な状況になっているんじゃないかという話だと思うんですね。これをどうやって守っていくんだという話なんですけれども、もう無理なんですよ、原発守ろうと思ったら、外部電源喪失させようと思ったら。それと同時に、原発サイト内にテロリストたちが侵入するなどというようなことになれば、もうこれ一体どうなるのかという話ですよね。

だから、今、欧米と足並みをそろえながらいろいろなことを調整していっているという状況だと思うんですよ。でも、この先に迎えることは何かといったら、我が国にはリスクあるものが多過ぎて、わざわざ自分たちからその火の粉の中に飛び込んでいく。これ、火の粉の中に飛び込んでいくというのは、人員を出したりお金を出したりということだけじゃなくて、例えば空爆をしましたということに対して支持ということを示すことさえもリスクなんですよね。

そういう意味で、我が国でこの原発というものを続けるということも、この国に生きる人々にとってはテロのリスクにさらされる可能性が格段に上がることだと。電力は足りていて、何年にもわたって原発なしでやってきたということを、電力会社の経営問題、その他のいろいろな既得権益のことに関して原発を再稼働させていくという姿勢は、非常にこの国に生きる人々にとってそのテロのリスクにさらす原因の一つになり得るんじゃないかなと思ってしまうんですね。

お聞きしたいんですけれども、現在、中東やヨーロッパで起きているようなテロ、これを未然に防げるというようなテロ対策というものが、原発も含めて現在の日本には確立されていると思われますか。

国務大臣（河野太郎君） いろいろな問題提起、ありがとうございます。

御指摘のようなテロ行為が行われることを未然に防ぐために、テロに関する情報収集をしっかりやりながら、電力線もそうでございますし、そのほか重要インフラと呼ばれているものを供給している事業者としっかり連携をして、そうしたテロを防ぐ最善の努力をしているというふうに承知しております。

山本太郎君 本当にそのテロとの闘いというところにこの国の国民を引きずり込んでいくならば、原発、本当に速攻で廃止しなきゃいけないような状況です。どこからでも狙われる、送電線までもと言われたら、何百キロ離れたところのものも壊されてしまえば、爆破されてしまえば、襲われてしまえば、もうそれは外部電源喪失につながる可能性もあるわけですから、とにかく我が国のガンの一つであると言っても過言ではないと思います。

続きまして、核燃料サイクルの無駄について、その先頭を走ってきた河野大臣にお聞きしたいと思います。

皆さん御存じのとおり、一一月一一日から一三日まで実施された秋の行政事業レビュー、いわゆる無駄の撲滅ですよね、核燃料サイクル関係も対象になりましたと。これ、民主党政権時代もあったでしょうけれども、安倍政権になってからは初めてだと。

核燃料サイクル「もんじゅ」については原子力規制委員会からも厳しい指摘がなされている。元ＯＢですよね、田中俊一規制委員長でさえも、「もんじゅ」は二〇年間同じようなことを繰り返してきたと一刀両断です。

もう御存じのとおり、九五年にはナトリウムの漏えい事故で一四年間と半年運転停止、二〇一〇年の五月には試運転再開わずか三か月後、炉内の中継装置の落下トラブル、四万七五〇〇点の機器のうち、中性子検出器、非常用ディーゼル発電機、最高度の安全性が求められるクラス1の機器五五点を含む一万四三〇〇点で点検漏れ。これ、本当にこの国に生きている人々をなめているとしか思えないような仕事っぷりだと思うんです。

「もんじゅ」を運営するＪＡＥＡ、日本原子力研究開発機構の理事長、先月ですね、第三八回原子力規制委員会臨時会議で「もんじゅマネジメントの課題と対策」、これ発表、提出されたのは皆さん御存じだと思うんです。

これ何なのかというと、自分たちの問題点は何なのか、どう克服するか、それについて書かれたもの。その中の一二ページ、資料にも書いてあります。理事長の民間からの視点での潜在する根本的な問題なるものがあるんですよね。理事長が民間目線で職員の資質、力量を自己評価しましたよと。潜在的に、根本的にこんな問題、私たちの職員にございますということが書かれている（3）。

表の一番左側、順に下がっていく形で記されています。発電炉に対する経験不足、危機感、スピード感不足、モチベーション

JAEA 6. 潜在する根本的な課題と その対策（2／6）

（ポイントー3）：理事長の民間からの視点での潜在する根本的な課題（2/2）

<table>
<tr><th>課題点</th><th>実施中の対策</th><th>今後の更なる対策</th></tr>
<tr><td>職員の資質・力量
・発電炉に対する経験不足
・危機感・スピード感不足</td><td>・電力からの支援による啓蒙活動
・理事長によるフォロー</td><td rowspan="4">・20年間の停止で、長期を見越した十分な組織・人づくりが出来ていなかったと反省し、加速度的に復旧すべく、人の育成を加速
・オールジャパン体制での根本的課題への取組み
機構内メンバーに加えて、
設計製作ノウハウを有するメーカー、
運転・保守に関する経験とスキルを有する電力、
等の 民間の知恵を結集したオールジャパン体制で、
潜在する課題の洗出しと対策加速　等を実施
ex. 保守管理業務の「原点に帰った自主的なプロセス総合チェック」により潜在する課題を洗出し
・今後運転までを担っていくために、期限を決めて、上記に監督官庁を加えたオールジャパン体制で、根本的課題への対策立案に関する議論を開始
・モチベーションの高い若手職員の教育に力点
①中期的に職員の教育システムの充実
②成功体験　(DG対策　他)
③徹底的なフォロー（成果はフォローに比例）</td></tr>
<tr><td>・モチベーション不足
PDCA不調、
指示待ち体質</td><td>・KPIによる見える化
・職員の適材配置</td></tr>
<tr><td>・同じ様なミスを繰返す</td><td>・組織（ライン）によるフォローの徹底</td></tr>
<tr><td>・約束したことが実行できていない</td><td>・RCA分析による対策</td></tr>
</table>

原子力規制委員会ホームページより「平成27年度 第38回原子力規制委員会 臨時会議　配布資料1「もんじゅマネジメントの課題と対策」(P.12)」山本太郎事務所加工・作成

3　2015年12月10日　参議院内閣委員会　　生活の党と山本太郎となかまたち：山本太郎

不足、ＰＤＣＡ不調、指示待ち体質、同じ様なミスを繰り返す、約束したことが実行できていない。これ、小学校入学すぐの子供たちの話じゃないんですよね。これ、一般の社会人としても通用しないだろうというレベルの職員の資質と力量だと。これが核燃料サイクルを支える職場の様子だそうですよ。

配付資料の一番最後のページに飛んですけれども、この理事長による「もんじゅマネジメントの課題と対策」の最後のページ、まとめ（4）にこんなすてきな一文があったんです。長年染み付いた悪さ処（どころ）を解消すべく、と。「長年染み付いた悪さ処を解消すべく」、すごい言葉使っていますよね。これ、核燃料サイクル施設にもしも最悪の過酷事故が起こった場合、北半球終了できるぐらいの汚染がまき散らされるおそれがあると。世界中があまりにも危険だといって諦めたものを我が国だけがしがみついている技術ですよね、それが核燃サイクルですよ。

長年染み付いた悪さ処を解消すべく、俺たち本気出しますからって、もう遅いという話なんです。これからオールジャパンでやりますからって、もう信用できないという話なんです。寝言は寝ているときだけにお願いしたいと。いいかげん諦めてくださいと。これに掛かった費用どれぐらい、一兆一七〇三億円。これは毎日新聞の試算ですよね。これだけのお金があるんだったら、子供の貧困対策にここ、使ってくださいよ。どうしてそこ、そこを基金設立してみんなからの寄附でやるって、言っていることむち

8. まとめ

- 「もんじゅ」は監督官庁の指導の下、
  原子力機構が責任を持って開発を担っていく。
- 国民の信頼を得るために、
  早期に「保安規定と下部規定の整合」「保全計画の見直し」と、
  未点検機器の解消を行い、保全体制と品証体制を整備し、
  自律的にPDCAが回る組織となる。
- 加えて、軽水炉を上回る安全要請に応えるべく、
  関係組織の協力を仰ぎながら、
  継続的に安全を確保できる文化を醸成していく。
- さらに、長年染み付いた悪さ処を解消すべく、
  保守管理業務について、今一度原点に立ち返り潜在する問題を徹底的に洗い直し、地道な改善活動を浸透させていく。

原子力規制委員会ホームページより「平成 27 年度 第 38 回原子力規制委員会 臨時会議　配布資料 1「もんじゅマネジメントの課題と対策」(P.19)」山本太郎事務所加工・作成

2015 年 12 月 10 日　参議院内閣委員会　生活の党と山本太郎となかまたち：山本太郎　資料⑥

4

やくちゃじゃないですか。無駄はあるんだ、財源はあるんだ、これをやめればそこにつぎ込めるじゃないかって。

　実際にはその政策をどうこう言うような行政レビューではないと思うんですけれども、是非河野大臣にこの「もんじゅ」が廃止できるように旗を振っていただいて、そしてそれを、何ですか、導いていただきたいというお願いなんですけれども、いかがでしょうか。

国務大臣（河野太郎君）　今年の秋のレビューは、取り上げていただきましたように、ＪＡＥＡという「もんじゅ」の運営主体についても取り上げさせていただきました。

　一〇〇億円以上のお金を掛けて船を造ったけど四回しか使っていない、あるいは八〇〇億円のお金を掛けて造った施設は使われるめどがない、これはＲＥＴＦでございます、そうした指摘をさせていただきました。レビューの後も、自らのＯＢが天下っている団体、企業に対して随意契約を繰り返しているというようなことを今指摘をさせていただいて、それの是正を求めているところでございます。

　ＪＡＥＡという組織の予算の使い方には行政改革の視点から見て非常に問題が多いということは、文科省に対しても指摘をさせていただきました。そうしたことはこれからもしっかりと続けてまいりたいというふうに思っております。ただ、「もんじゅ」をどうするかという政策的な判断については、これは文科大臣の

所管でございますので、馳大臣が今いろいろと検討されているというふうに承知をしております。

予算の無駄あるいは非効率的な、非効果的な予算の使われ方という面ではこれからもしっかり見てまいりたいと思っております。

山本太郎君 質問を終わります。

付2

2015.12.11

東日本大震災復興及び原子力問題特別委員会

山本太郎君 ありがとうございます。

生活の党と山本太郎となかまたち共同代表の山本太郎です。一〇分しかございません。是非、端的にお答えいただけると助かります。

一一月三〇日開催されました福島県県民健康調査の第二一回検討委員会で公表された資料によりますと、当時一八歳以下だった子供を対象に行っている甲状腺検査の結果、二〇一一年から今年九月三〇日までの間に、一五三人の子供が甲状腺がんの悪性又は悪性疑いと診断されました。これって、多いんですかね、少ないんですかね。皆さんはどう思われますか。

現在も官邸に対する助言を行う原子力災害専門家グループの一員であり、県民健康調査検討委員会の初代座長でもあったミスター100ミリシーベルト、山下俊一さん、二〇〇九年、日本臨床内科医会会誌で、日本では思春期を越えた子供の甲状腺がんをまれに見るくらいです、その頻度は年間一〇〇万人に一人と言われています、これは欧米、日本、ほぼ変わりありませんとおっしゃっておりました。東電原発事故後の二〇一一年一〇月、日本原子力学会誌においても、一〇〇万人に一人というまれな小児甲状腺がんとおっしゃっているわけですね。

あの山下俊一さんでさえそうおっしゃるくらいに超レアケースだった小児甲状腺がん。今回、福島県県民健康調査では、38万人中153人に甲状腺がん又は疑いとのこと。三八万人のうち一五三人。現在、福島の県民健康調査で分かった甲状腺がん又は疑いとされた子供の数、これ明らかに多発ですよね。

今年七月の六日、行政監視委員会で、小児甲状腺がんの私の問いに対しまして、環境省環境保健部長の北島さんは多発とは言えないという趣旨のお答えをされました。現在の状況も、先日の答弁のとおり、多発とは言えないんでしょうか。改めて北島さんにお聞きしたいんですよ。多発である、多発でない、二択でお答えください。

政府参考人（北島智子君） 二択でお答えするのは大変難しい問題でございます。

福島県の県民健康調査検討委員会甲状腺検査評価部会の中間取りまとめにおきましては、甲状腺検査の結果、甲状腺がんの悪性ないし悪性疑いと評価されたものが、議員御指摘のとおり、通常の有病率に比べて数一〇倍のオーダーで多いことは指摘されております。ただ、この評価につきましては、被曝による過剰発生か過剰診断のいずれかが考えられるとした上で、過剰発生を完全に否定するものではないが、過剰診断の可能性が高いとの意見があった旨が記載されているところでございます。

山本太郎君　ごめんなさい。これ、多発であるか多発でないかを答えにくいという話じゃないんですよ。多発であるということはもう認められているんです。

一一月三〇日、福島県の県民健康調査検討委員会の後に行われた記者会見におきまして、日本甲状腺外科学会前理事長であり県民健康調査の甲状腺検査評価部会部会長清水一雄先生も、いずれにせよ予想を超えるような多発が起こっていることは事実とおっしゃっています。同日の記者会見では、県民健康調査の星北斗座長も清水先生との意見にそごはないと認め、県民健康調査検討委員会の座長も甲状腺検査評価部会の部会長も多発を認めています。

認めにくいとか、認めにくいの話じゃないんですよ、最前線の人たちが多発だということを実際にもう記者会見で言ってしまっているんですから。福島へ行かれているんですよね、北島さん、毎回、この集まりがあるときに。

福島の小児甲状腺がんは多発です。しかし、多発と認めない方々も存在している。その中の主な理由は二つとされる。

まず、スクリーニング効果。数年後に臨床症状をもたらすがんを前倒しで見付けているんだから多発に見えるんだよという論調。これ、フリップお願いしていいですか、スクリーニングの方です。**（資料提示／5）**しかし、甲状腺検査評価部会に属し、国立がん研究センターがん予防・検診研究センター長の津金昌一郎さんは、多発との関係、スクリーニング効果だけで解釈することは困難であるとおっしゃっている。つまり、確かにスクリーニング効果で、大規模な検査をしたから以前よりたくさんは見付かるけれども、それだけでは説明が付かないということをおっしゃっているということですよね。

そして、もう一つ、多発を認めないと言われるもう一つの理由は過剰診断。将来的に症状が現れたり命を脅かしたりすることのないがんをわざわざ見付けたんだから多発になったんじゃないの、このような論調。しかしこれ、現場の医師に対して大変失礼な発言なんですよね。多発の原因が過剰診断だと言うんだったら、じゃ、今まで一〇〇人以上行われた手術というのは何なんだよ、不適切だったのかと。

福島医科大学主任教授で前県民健康管理センター甲状腺検査部門部門長、つまり福島県の小児甲状腺検査のトップである鈴木

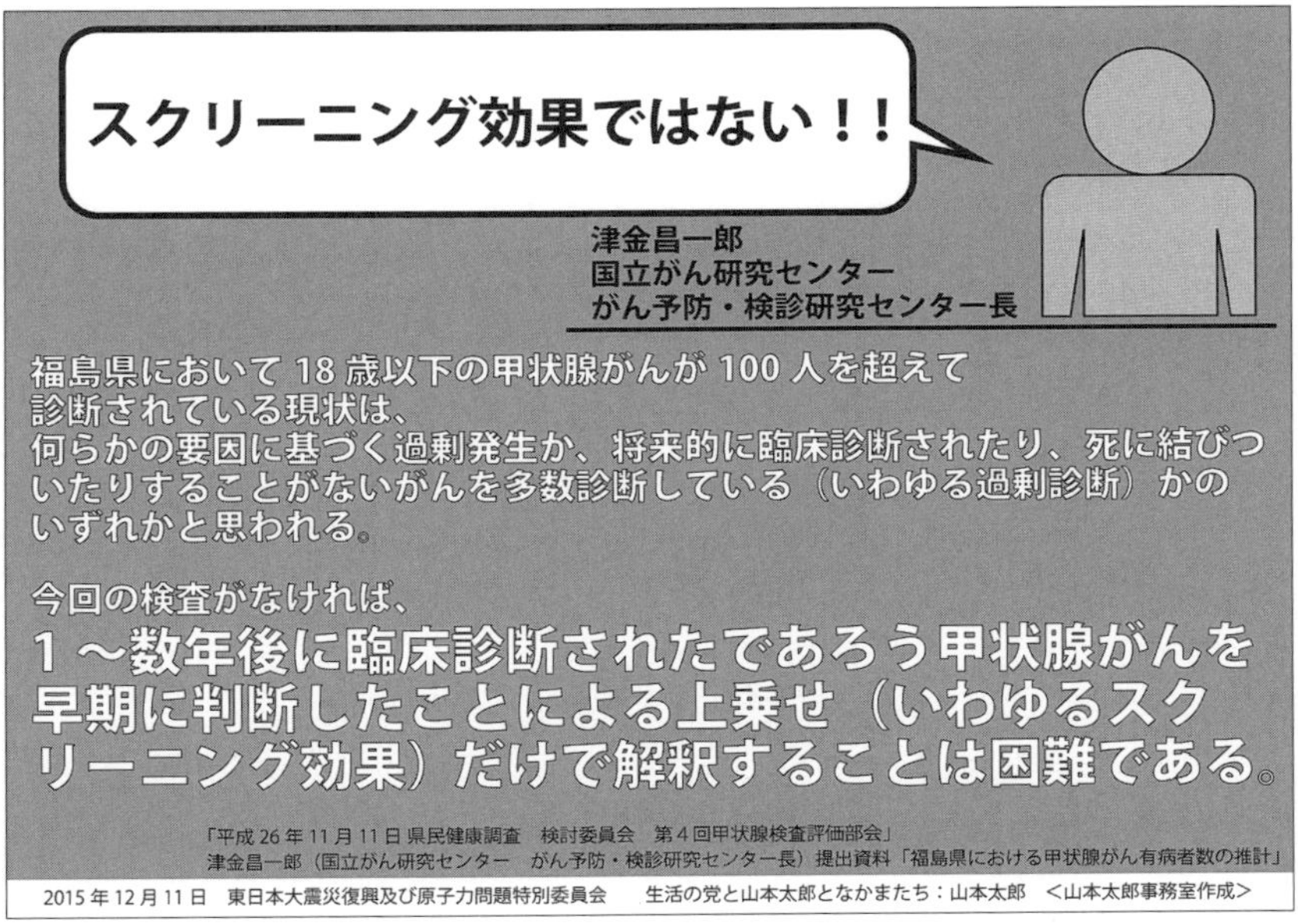
スクリーニング効果ではない！！
津金昌一郎
国立がん研究センター
がん予防・検診研究センター長
福島県において 18 歳以下の甲状腺がんが 100 人を超えて診断されている現状は、
何らかの要因に基づく過剰発生か、将来的に臨床診断されたり、死に結びついたりすることがないがんを多数診断している（いわゆる過剰診断）かのいずれかと思われる。
今回の検査がなければ、
１～数年後に臨床診断されたであろう甲状腺がんを早期に判断したことによる上乗せ（いわゆるスクリーニング効果）だけで解釈することは困難である。
「平成 26 年 11 月 11 日 県民健康調査　検討委員会　第４回甲状腺検査評価部会」
津金昌一郎（国立がん研究センター　がん予防・検診研究センター長）提出資料「福島県における甲状腺がん有病者数の推計」
2015 年 12 月 11 日　東日本大震災復興及び原子力問題特別委員会　　生活の党と山本太郎となかまたち：山本太郎　<山本太郎事務室作成>
5

眞一さん、過剰診断ではないという現場の事実、これは甲状腺検査評価部会の第三回、第四回で説明しておられる。これ、フリップ変えていただいていいですか。そのときに使われた資料がございます。（6）

　これは、日本内分泌外科学会、日本甲状腺外科学会編集の甲状腺腫瘍診療ガイドラインの一部なんですけれども、現場の医師の判断はこれに沿ったものだったと、基本に忠実なものだったということが示されていると思うんですね。腫瘍の大きさやリンパ節転移などからハイリスク群に当てはまっている、つまり危険性が高いという診断で、通常の診療でも治療を勧める範囲、決して過剰にならないと説明をされています。

　福島県の小児甲状腺がんの多発、これを今でも否定しようとする人々は二つの理由を主に挙げる、スクリーニング効果と過剰診断。これらは、それぞれ検討委員会や甲状腺検査評価部会に参加する最前線の専門家からも否定されている。多発の原因が何かは分からない、でも多発であることは間違いない。一〇〇万人に一人と言われていたものが三八万人中一五三人にも増えてきている。明らかに多発であり、異常事態じゃないですか。このまま、根拠のない大丈夫だとか様子見るとか、放置していいわけはないですよね。

　現在福島県で多発している小児甲状腺がんが、もし元々潜在的に我が国の子供たちが持っているものだったとするならば、こ

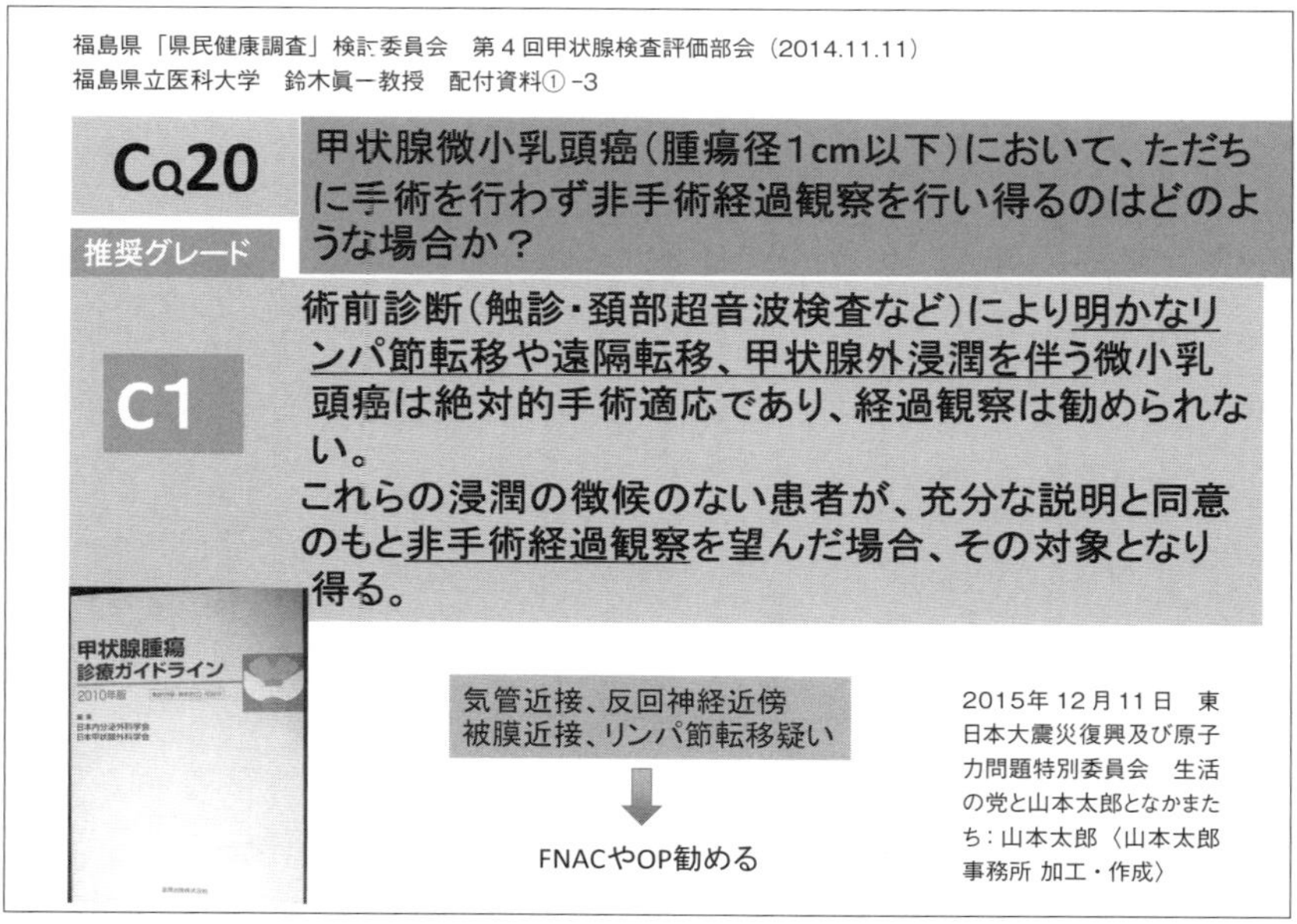

福島県「県民健康調査」検討委員会　第４回甲状腺検査評価部会（2014.11.11）
福島県立医科大学　鈴木眞一教授　配付資料① -3
甲状腺微小乳頭癌（腫瘍径1cm以下）において、ただちに手術を行わず非手術経過観察を行い得るのはどのような場合か？
推奨グレード

術前診断（触診・頚部超音波検査など）により明かなリンパ節転移や遠隔転移、甲状腺外浸潤を伴う微小乳頭癌は絶対的手術適応であり、経過観察は勧められない。
これらの浸潤の徴候のない患者が、充分な説明と同意のもと非手術経過観察を望んだ場合、その対象となり得る。

気管近接、反回神経近傍
FNACやOP勧める
2015年12月11日　東日本大震災復興及び原子力問題特別委員会　生活の党と山本太郎となかまたち：山本太郎〈山本太郎事務所 加工・作成〉
6

れ全国の子供たちに福島県の子供たちと同様の検査、調査、必要じゃないですか。健康調査必要だと思いますよ。言うまでもないですよね。決してこれ、福島県内だけで終わっていい話じゃないんです。

　これ、多発であるという専門家たちの最新の知見を持って、福島県以外の地域にも子供たちの健康調査を広げる、フォローアップする必要性というのをもちろん考えなきゃいけないと思うんですけれども、井上副大臣、いかがお考えですか。

委員長（櫻井充君）　北島部長。

山本太郎君　おかしいでしょう。聞いていないですよ。呼んでいないです。

　副大臣としての見解をお聞きしたい。

副大臣（井上信治君）　福島県外で甲状腺検査を行うことについて、環境省の見解ということでありますが、東京電力福島第一原子力発電所の事故による放射線に係る住民の健康管理については、医学等の専門家の御意見を十分に尊重した上で、コンセンサスが得られた科学的知見に基づいて進めることが何よりも重要であると認識をしております。

　詳細については事務方の方から答弁をさせます。

山本太郎君　事務方からの答弁は結構です。

　要は、これ二〇一四年の一二月のあり方会議、ここから内容を引いてきているんですよ、環境省は、見解として。でも、それ古いんですよ、もう。見直してくださいよ。最新の結果を反映させてください。

このあり方会議に参加されてきた方々の見解が変わってきているんですよ。どう変わってきている、これは多発だなって、原因は何かははっきりしないけれども多発であることは間違いがないというような見解になってきている。だとするならば、最新の知見を持って、この検討会であったりとか、そして、これからフォローアップどう広げていくかということを、つなげていかなきゃいけないと思うんです。

もう一度井上副大臣にお聞きしたいんです。

この二〇一四年一二月の考え方から引いてくるんじゃなくて、最新の知見を持ってこのフォローアップにしろ検討会の話の内容というのを考えていかなきゃいけないと思うんですけれども、いかがお考えでしょうか。

副大臣（井上信治君） 先ほど申し上げたとおり、この問題につきましてはやはり科学的知見ということが非常に重要だと思っておりますので、引き続きそれに基づいた対応をしていきたいと思っております。

山本太郎君 科学的知見を用いるというならば、最新の内容、そして最前線の医師たちの考えていること、知見というものを考えなきゃいけない。逃げないでいただきたい、環境省。去年の一二月の考え方を引きずらないでいただきたい。現場の最新の知見を利用してこれに対処しないと大変なことになります。よろしくお願いいたします。

ありがとうございました。

付3 第185回～189回国会における質疑テーマ（参考人氏名は敬称略）

2013.8.2 国会初登院（「新党今はひとり」）

●第185回国会
（臨時国会 2013.10.15～12.8）

11.5（内閣委員会、以下「内」）原発作業員の健康と賃金。福島県民健康管理調査。食品の安全基準。

11.26（内）国家戦略特区。同日に強行採決された「特定秘密保護法案」に対し十全な審議要請。同法案への質問主意書への答弁書の誤り指摘。

12.6（内）脱法ハウス。生活保護。国家戦略特区法法案イメージ中の容積緩和から低所得者の住宅問題、貧困問題を問い、最低限の住宅保障を要請。

●第186回国会
（2014.1.24～6.22）

2014.3.13（内）オリンピック招致プレゼンでの総理の「健康問題、今までも今も未来もまったく問題ない」発言と国連人権委員会のグローバー氏勧告。子供と原発作業員への継続的な健康調査要請。

3.17（内）小児甲状腺がん。再生可能エネルギー。川内原発再稼働のリスク。原発作業員へのアンケートのプライバシー。

3.27（以降、「新党ひとりひとり」／内）株式会社地域経済活性化支援機構法の一部を改正する法律案。JAL再生、労働者救済支援。原発収束作業員への日給1万円増、本人たちに行き渡っているか。

4.3（内）国家公務員制度改革基本方針における「議員内閣制の政治主導強化」。国家戦略スタッフ顧問・参与等の人数、報酬等。原発事故時の住民避難計画とSPEEDI。

4.8（内）参考人質疑（牧原出・東大先端研センター教授、清水敏・早大副総長・常任理事、晴山一穂・専修大学法科大学院教授）国家公務員法等の一部を改正する法律案に賛成か否か。天下り。誤った政治主導について。

4.8（内）消費税引き上げと国会議員、幹部職員の歳費減額と東日本大震災の復興財源。福島原発事故データから川内原発事故時の放射性物質拡散予測図作成の必要性。

4.10（内）引き続き拡散予測図について。天下り先と金銭交付。

4.22（内）廃炉・汚染水対策と科学技術イノベーション。

5.13（内）医療の産官学の癒着の構造。子宮頸がんワクチン問題、実態の徹底調査要請。

5.15 内閣委員会参考人質疑（永井良三・自治医科大学学長、濱口道成・名古屋大学総長、武村義人・全国保険医団体連合会副会長）。長期低線量被曝について。

5.20（内）「美味しんぼ『鼻血』問題」と低線量被曝の影響。

5.23 難病対策法案に唯一人反対票を投じる。（理由→「山本太郎の小中高生に読んでもらいたいコト http://ameblo.jp/yamamototaro1124/」）

5.27（内）「日米指紋照合・情報提供システム協定」条文の数と一覧表を請求。特定秘密保護法との類似。日弁連による6つの問題点。

5.29（内）日米原子力協定。子宮頸がん被害者救済。奨学金返還問題。低線量被曝問題。水素エネルギー。

6.3（内）参考人質疑（太陽ASG有限責任監査法人総括代表社員・梶川融、慶應義塾大学経済学部教授・土居丈朗、東京法律事務所弁護士・平井哲史）。天下り問題。「もんじゅ」と税金の無駄遣いについて。奨学金問題。

6.5（内）もんじゅ問題。減容化のための使用済核燃料から超ウラン元素分離は可能になっているか。

6.12（内）放射性物質拡散シミュレーションと原発再稼働。

6.19（内）田中俊一原子力規制委員長に、放射線防護措置実施地域への放射性プルーム防護対策（PPA）を質問。

○第186回国会・法案審議と採決。山本議員一人、7本の法案に反対。

●第187回（臨時国会）
（2014.9.29～11.30 解散で終了）

10.16（内）特定秘密保護法。国産食品の安全とアメリカの輸入停止。ヤマトシジミチョウ研究から見る内部被曝問題。

詳細は→http://www.taro-yamamoto.jp/

10.21（内）原子力規制の基準は「世界で最も厳しいもの」と言えるか。低線量被曝のリスク。PPA対策。

10.23（内）サイバーセキュリティ基本法案。サイバー攻撃の定義と個人情報。第三者機関制定の必要性。

10.30（内）「銃砲刀剣所持等取締法の一部を改正する法律案」修正案動議と反対討論。防衛装備移転三原則の閣議決定と武器国際展示会（ユーロサトリ2014）でのアピール。銃の規制緩和について。

11.11（内）政府参考人への質疑（丸山淑夫、笹島誉行、有村治子、山本達夫、加藤久喜）。「公務員の給与をめぐる3法案」への反対討議と復興予算。原発収束作業員へのサポート。官製ワーキングプア。法的瑕疵のある埋立承認取り消しについて。

11.18（内）「テロ資金凍結法案」「収益の移転防止法案（マネーロンダリング対策）」への反対討論。

○第187回国会全法案36本のうち、山本議員一人、3本の法案に反対。

●第188回（特別国会）

(2014.12.24～12.26)

●第189回国会

(2015.1.26～9.27)

2.6（内）「テロ非難決議」を途中退席。理由については http://ameblo.jp/yamamototaro1124/

3.4（以降「生活の党と山本太郎となかまたち」／内）国の統治機構等に関する調査会参考人質疑（西尾勝・東京大学名誉教授・地方公共団体情報システム機構理事長、人羅格・毎日新聞論説委員）。大阪都構想と道州制に矛盾はないか。選挙年齢の引き下げと被選挙権、供託金。

3.23（行政監視委員会）参考人質疑（後藤和正・徳島県神山町長、高田担史（独）中小企業基盤整備機構理事長、山谷清志・同志社大学政策学部・大学院総合政策科学研究科教授）。地方再生と中山間地域の活性化。農家の所得保障制度。子ども手当。最低保障年金等。

3.26（内）「刑事訴訟法等改正案」と司法取引。盗聴法拡大。冤罪、取り調べ可視化。オレオレ詐欺。

3.27（東日本大震災復興及び原子力問題特別委員会）東電福島原発問題。東電と政府の被災者への賠償と補償。オリンピック招致プレゼンでの総理発言について。除染作業員の被曝限度。Codomo-Rescue。原発白書。

4.6（東日本大震災復興及び原子力問題特別委員会）汚染水問題。ストロンチウム測定。

4.7（内）若者の貧困と住宅問題。非正規雇用。生活困窮者自立支援法の問題点。少子化問題。

4.15（内）国の統治機構に関する調査会参考人質疑（湯崎英彦・広島県知事、神野直彦・東京大学名誉教授、秋月謙吾・京都大学大学院法学研究科教授）。格差の是正と少子化対策。住宅政策と出生率。辺野古基地建設。

4.16（内）「道路交通法の一部を改正する法律案」、日本精神神経学会から批判的な意見。国立長寿医療研究センターの認知症高齢者の自動車運転を考える家族介護者のための支援マニュアル。高齢者へのフォロー。認知症の施策推進総合戦略。

4.22（東日本大震災復興及び原子力問題特別委員会）「福島復興再生特別措置法の一部を改正する法律案」への反対討論。被災県と国のやりとりの黒塗り文書。

5.13（東日本大震災復興及び原子力問題特別委員会）川内原発再稼働問題と鹿児島県伊藤祐一郎知事発言。避難計画への疑問。弾道ミサイルの原発直撃へのリスク。

5.13（国の統治機構に関する調査会）参考人質疑（森田朗・国立社会保障・人口問題研究所所長／東京大学名誉教授、片山健也・ニセコ町長）。格差是正と少子化対策についての国の役割と地方の役割。ニセコでのカジノ案について。

5.14（内）子どもの貧困。生活保護と奨学金。

5.20（国の統治機構に関する調査会）「国と地方の役割について」、会派としての意見表明。格差是正と少子化対策の財源。

5.21（文教科学・内閣連合審査）東京オリンピック、パラリンピック特措法案。安倍総理のオリンピック誘致プレゼン「汚染による影響は第一原発の港湾内0・3平方キロメートル範囲の中で完全にブロックされております」。

5.26（内）「個人情報の保護に関する法律及び行政手続における特定の個人を識別するための番号の利用等に関する法律の一部を改正する法律案」について。個人情報と個人識別符号。

5.28（内）マイナンバー法案の改正案。個人情報の保護と利活用。プライバシーの権利と基本的人権。新経済連盟。個人識別符号。制度の悪評について。

6.1（東日本大震災復興及び原子力問題特別委員会）自主避難者のみなし仮設住宅打ち切り問題。

6.2（内閣・財金連合審査）個人情報

保護法及びマイナンバー法改正案。日本年金機構からの125万件の年金情報流出とセキュリティレベル。税番号制度。法人税率の引き下げ。

6.2（内）参考人質疑「個人情報保護法及びマイナンバー改正案について」（山本隆一・東京大学大学院医学系研究科特任准教授、城田真琴・株式会社野村総合研究所ＩＴイノベーション推進部グループマジェナー上級研究員、田島泰彦・上智大学文学部新聞学科教授）。保護されるべき個人情報について。自己情報コントロール権と利便性。第三者による業務監視組織の必要性。日本年金機構の職員の雇用状況。ＩＴ戦略本部のマイナンバー制度利活用推進ロードマップ案。システム整備費。官製ワーキングプア。

6.4（内）参考人質疑「個人情報保護法及びマイナンバー改正案について」（水島藤一郎、向井治紀、時澤忠）。日本年金機構情報流出問題と重要事項の周知徹底、コスト、職員の雇用形態について。マイナンバーへのパブリックコメント要請、アメリカの例。

6.8（行政監視委員会）参考人質疑（諫山親・日本郵政常務取締役／日本郵便副社長）。郵政非正規職員問題。日本年金機構の非正規職員問題。官製ワーキングプア等について。

6.11（内）「漏れた年金問題」、年金情報漏えい事件と内閣サイバーセキュリティセンターＮＩＳＣの対応。マイナンバーのリスク。サイバーセキュリティとヒューマンセキュリティ。

6.16（内）規制強化としての「風営法改正案」、「遊興」「歓楽的雰囲気」「享楽的雰囲気」の定義。

7.2（内）国家戦略特別区域法の目的について。リニア新幹線とヘリウムの必要量および安定供給。国庫助成金について。

7.6（行政監視委員会）小児甲状腺がんの多発と最新の知見について。

7.7（内）「国家戦略特区及び構造改革特区一部改正案」について。外国人家事支援労働。労働者派遣法の改正。漁業生産組合の設立要件等の見直し、漁業権の民間開放。サイバーセキュリティの強化について。

7.7（内）「国家戦略特別区域法及び構造改革特別区域法の一部を改正する法律案」への反対討論。

7.8（東日本大震災復興及び原子力問題特別委員会）事故時のテレビ会議の動画公開の中断について。福島第一原発の1号機・2号機の排気筒耐震安全性評価（廣瀬直己・東京電力社長、山田知穂・原子力規制委員会）。

7.14（内閣委員会・文教科学委員会連合審査会）新国立競技場問題について。正直で真にコンパクトなオリンピック・パラリンピックを。年間12日のコンサートに屋根付きスタジアムの件。

7.29（我が国及び国際社会の平和安全法制に関する特別委員会、以下「安」）原発への弾道ミサイル着弾の影響→本書P15

7.30（安）航空自衛隊のイラク派遣。→本書P46

8.3（安）経済的徴兵制と奨学金制度。→本書P65

8.4（内）ＤＶ問題の救済、支援、一時保護所入所、婦人相談員の処遇改善。

8.6（内）女性活躍法案・参考人質疑（松浦民恵・ニッセイ基礎研究所生活研究部主任研究員、矢島洋子・三菱ＵＦＪリサーチ&コンサルティング株式会社女性活躍推進・ダイバーシティマネジメント戦略室室長、今野久子・東京法律事務所弁護士）。ＤＶ被害者の増加への支援と女性の職業生活における活躍の推進。男女の格差是正とジェンダー教育の必要性。

8.19 午前（安）「第三次アーミテージ・ナイ・レポート」の提言。→本書P78

8.19 午後（安）集団的自衛権行使容認のよりどころとしての砂川判決について。→本書P91

8.21（安）安保法制への国民理解の深まりについて。→本書P105

8.25（安）戦争犯罪と第三者検証委員会の設立の必要性。→本書P113

8.25（内）「女性活躍法案」とＤＶについて。一時保護以降の長期的な総合アフターケア事業確立、子供含めた精神的ケアの必要性と公的負担。

8.26（安）徴兵制の違憲性。→本書P130

8.27（内）「マイナンバー法案」とセキュリティ。同法案への反対討論。

9.2（安）国外犯処罰規定と自衛隊の立場。→本書P147

9.3（内）年金情報流出問題とマイナンバー。生活保護と大学進学。

9.4（安）自衛隊員の服務宣誓やり直しについて。→本書P167

9.8（安）参考人質疑、民間人への無差別攻撃と戦争犯罪。→本書P181

9.10（内）水道事業の民営化。生活保護と奨学金。

9.14（安）戦争法案と辺野古新基地建設の強行突破について。→本書P193

9.16（安）横浜地方公聴会。自衛隊と戦争犯罪。→本書P214

9.17（安）鴻池委員長不信任動議・賛成討論。→本書P225

山本太郎（やまもと・たろう）

1974年兵庫県宝塚市生まれ。HPは、https://www.taro-yamamoto.jp
2011年3月11日に発生した東日本大震災を経て4月より反原発活動を開始。2013年7月、参議院議員選挙に東京選挙区より出馬、666,684票（11.8%）を得て当選。2014年12月、政党「生活の党」に合流、「生活の党と山本太郎となかまたち」の共同代表に。2015年1月より、内閣委員会、行政監視委員会、東日本大震災復興及び原子力問題特別委員会、国の統治機構に関する調査会に所属。2019年4月、「れいわ新撰組」を設立。2019年7月、参議院議員選挙に比例区より出馬、992,267票を得るも落選。れいわ新選組の得票率が2%を超えたことから、政党要件を満たした党代表となる。
俳優として、1991年、映画『代打教師　秋葉、真剣です！』でデビュー。その後、テレビドラマ『ふたりっ子』（1996年）、『新選組！』（2004年）。映画『バトルロワイアル』（2000年）、『GO』（2001年）など数々のドラマ、映画に出演。また、俳優の仕事以外に『世界ウルルン滞在記』などで、肉体を使った体当たりレポートでも人気を博す。『光の雨』、『GO』で2001年度日本映画批評家大賞助演男優賞を、『MOONCHILD』、『ゲロッパ』、『精霊流し』で2003年度ブルーリボン賞助演男優賞を受賞。ほか、舞台『美輪明宏版椿姫』、主演映画『EDEN』（2012年）など。著作に『母ちゃんごめん普通に生きられなくて』（ぴあ、1998年）『ひとり舞台　脱原発ー闘う役者の真実』（2012年、集英社）

写真提供

朝日新聞社　表紙、扉
朝日新聞社／時事通信フォト　P5（2015年8月30日）
共同通信社　P252～255、257
AFP／時事　P251（下）
インディペンデント・ウェブ・ジャーナル　P259

協力（敬称略）

雨宮処凛
志葉　玲
島袋文子
広河隆一
水上貴央
水島朝穂

入澤眞人
落合美晴
妹尾ふみ
安藤拓朗（「明星」編集部）

山本太郎事務所

＊本書「Ⅰ」本文：国立国会図書館ウェブサイトより（注を除く）

みんなが聞《き》きたい
安《あ》倍《べ》総《そう》理《り》への質《しつ》問《もん》

2016年 1月31日 第1刷発行
2019年12月28日 第2刷発行

著　者　山本太郎《やまもとたろう》

発行者　田中知二

発行所　株式会社 集英社インターナショナル
〒101-0064 東京都千代田区猿楽町1-5-18
電話　03-5211-2632

発売所　株式会社 集英社
〒101-8050 東京都千代田区一ツ橋2-5-10
電話　読者係　03-3230-6080
販売部　03-3230-6393（書店専用）

装　丁　祖父江慎＋鯉沼恵一（cozfish）

印刷所　図書印刷株式会社

製本所　株式会社 ブックアート

ISBN978-4-7976-7313-5 C0036